U0838127

农村公共文化服务供给改革研究

——基于供需视域——

任红梅◎著

中国经济出版社
CHINA ECONOMIC PUBLISHING HOUSE
·北京·

图书在版编目（CIP）数据

农村公共文化服务供给改革研究：基于供需视域 /
任红梅著．—北京：中国经济出版社，2023.9（2025.4重印）
ISBN 978-7-5136-3758-9

Ⅰ.①农…　Ⅱ.①任…　Ⅲ.①农村文化-公共管理-文化工作-体制改革-研究-中国　Ⅳ.①G12

中国国家版本馆CIP数据核字（2023）第157052号

责任编辑　郭国玺
责任印制　李　伟
封面设计　任燕飞工作室

出版发行　中国经济出版社
印 刷 者　北京艾普海德印刷有限公司
经 销 者　各地新华书店
开　　本　710mm×1000mm　1/16
印　　张　15
字　　数　220千字
版　　次　2023年9月第1版
印　　次　2025年4月第2次
定　　价　98.00元
广告经营许可证　京西工商广字第8179号

中国经济出版社　**网址** www.economyph.com　**社址** 北京市东城区安定门外大街58号　**邮编** 100011

本版图书如存在印装质量问题，请与本社销售中心联系调换（联系电话：010-57512564）

版权所有　盗版必究（举报电话：010-57512600）

国家版权局反盗版举报中心（举报电话：12390）　　服务热线：010-57512564

本书为
教育部人文社会科学基金项目
“农村公共文化服务供给改革研究——基于供需视域”
（项目编号：18YJA790066）成果

目　录

导　论 …… 1

第一章　农村公共文化服务研究文献 …… 8

第一节　农村公共文化服务的研究现状 …… 9

一、文献数量时序变化 …… 11

二、相关研究领域国际合作网络 …… 13

三、国内外核心作者 …… 14

四、国内外研究机构 …… 15

第二节　农村公共文化服务的研究热点 …… 17

一、国外关键词与主题聚类 …… 17

二、国外研究热点主题 …… 20

三、国内关键词与主题聚类 …… 22

四、国内研究热点主题 …… 25

第三节　农村公共文化服务的研究前沿 …… 27

一、国外研究前沿 …… 28

二、国内研究前沿 …… 29

第四节　农村公共文化服务研究趋势 …… 32

一、研究关注度持续上升 …… 32

二、研究内容呈细化趋势 …… 32

三、研究领域交叉学科性突出 …… 33

第二章　农村公共文化服务相关理论研究 …………………………… 35
第一节　马克思主义公共产品理论及其启示 ………………………… 35
一、马克思主义公共产品理论 ………………………………… 35
二、马克思主义公共产品理论的启示 …………………………… 39
第二节　农村公共文化服务理论 ………………………………… 42
一、农村公共文化服务内涵界定 ……………………………… 42
二、农村公共文化服务的价值意蕴 …………………………… 44
第三节　农村文化政策演变 ……………………………………… 50

第三章　农村公共文化服务供给及其影响因素 ……………………… 55
第一节　农村公共文化服务供给的发展历程 ………………………… 55
一、农村公共文化服务计划供给（1949—1977 年） ………………… 55
二、农村公共文化服务供给体系形成（1978—2011 年） …………… 56
三、农村公共文化服务供给进入新时代（2012 年至今） …………… 57
第二节　农村公共文化服务供给状况
——基于陕西省的调研数据 …………………………… 59
一、调研基本情况 ……………………………………………… 59
二、农村公共文化服务供给现状 ……………………………… 61
第三节　陕西省农村公共文化服务供给成效 ………………………… 68
一、陕西省公共文化供给政策及资金支持 ……………………… 69
二、陕西省农村公共文化服务先进典型 ………………………… 70
第四节　供给视角的农村公共文化服务满意度 ……………………… 75
一、公共文化服务满意度的测评 ……………………………… 76
二、农村公共文化服务满意度影响因素 ………………………… 78
三、变量选取与数据分析 ……………………………………… 81
四、实证分析 …………………………………………………… 81

第四章　农村公共文化服务需求及其影响因素 …………………… 87
第一节　农村公共文化服务需求 …………………………………… 88
一、农村居民公共文化服务需求内容 ……………………………… 88
二、农村居民文化需求的特征 ……………………………………… 89
第二节　农村文化服务需求概况
——基于陕西省的调研数据 ……………………………………… 91
一、公共文化服务活动需求 ………………………………………… 91
二、农村居民公共文化服务需求类型 ……………………………… 93
三、公共文化服务需求表达途径 …………………………………… 94
第三节　农村公共文化服务需求影响因素 ………………………… 96
一、变量设置 ………………………………………………………… 98
二、农村公共文化活动和公共文化设施需求的描述性分析 ……… 98
三、各变量的相关关系分析 ………………………………………… 102
四、农村公共文化服务需求影响因素分析 ………………………… 105
第四节　需求视角的农村公共文化服务满意度研究 ……………… 109
一、农村公共文化活动需求度对满意度的影响 …………………… 110
二、农村公共文化设施需求度对满意度的影响 …………………… 111

第五章　中国农村公共文化服务供需偏离及其原因 ……………… 114
第一节　我国农村公共文化服务供给困境 ………………………… 114
一、供给总量困境——偏规模式增长 ……………………………… 116
二、供给结构困境——“软”“硬”失衡 ………………………… 118
三、供给效能困境——边际收益的递减 …………………………… 119
第二节　农村公共文化服务供需偏离的原因 ……………………… 122
一、农村公共文化服务供给双重价值偏离 ………………………… 122
二、农村公共文化服务供需中人的因素 …………………………… 123
三、农村居民的文化消费潜力难以激发 …………………………… 125
四、供给主体条块化供给加剧供需偏离 …………………………… 126

第六章　中国农村公共文化服务供需矛盾解决机制 …………………… 127
第一节　网络化供给机制 …………………………………… 128
第二节　多元供给主体机制 ………………………………… 130
一、核心供给主体 …………………………………………… 131
二、社会组织 ………………………………………………… 132
三、帮扶单位参与公共文化服务供给 ……………………… 135
四、乡村精英助力农村公共文化服务供给 ………………… 136
五、农民公共文化服务的自主供给 ………………………… 136
第三节　供给模式创新机制 ………………………………… 137
一、文创带动农村公共文化服务 …………………………… 137
二、志愿服务推进公共文化服务 …………………………… 138
三、传统文化融入公共文化服务 …………………………… 138
四、文旅融合推动公共文化服务高质量发展 ……………… 140
五、公共文化服务纳入网格化治理体系 …………………… 140
六、公共文化服务公益创投 ………………………………… 141
第四节　供给决策的公共选择机制 ………………………… 142
第五节　满意度主导的绩效评价机制 ……………………… 144

第七章　中国农村公共文化服务供给改革路径 ……………………… 146
第一节　供给改革目标：高水平均等化与有效增长 ……… 147
一、农村公共文化服务高水平均等化 ……………………… 147
二、供给打破增长困境——实现有效增长 ………………… 150
第二节　农村公共文化服务供给保障 ……………………… 159
一、党建为农村公共文化服务供给提供政治保障 ………… 159
二、文化立法为农村公共文化服务提供法律保障 ………… 160
三、农村公共文化服务供给的财税支持 …………………… 161
四、农村公共文化服务供给的资金保障 …………………… 163
五、夯实农村公共文化服务人才支撑 ……………………… 164

六、国家审计为农村公共文化服务提供监督保障 …………………… 165
第三节 农村公共文化服务数字化发展策略 …………………… 166
一、农村公共文化服务数字化建设状况 …………………… 167
二、农村公共文化服务数字化建设策略 …………………… 169
第四节 需求导向的农村公共文化服务精准供给 …………………… 172
一、需求导向的农村公共文化服务供给内容 …………………… 173
二、需求导向构建供需直达通道 …………………… 175
第五节 社会力量参与农村公共文化服务 …………………… 177
一、完善政府购买公共文化服务制度 …………………… 178
二、充分激发社会力量参与农村公共文化服务的内在动力 ……… 178
第六节 县级融媒体和新时代文明实践所供给的农村公共文化服务 …………………… 180
一、提高县级融媒体公共文化服务综合效益 …………………… 180
二、发挥新时代文明实践中心文化服务功能 …………………… 196
第七节 发展农村文化产业提高公共文化服务供给效能 ……… 198
一、农村文化产业发展的积极作用 …………………… 199
二、农村文化产业兴旺助推公共文化服务 …………………… 200
第八节 农村公共文化服务供给的评价和监督管理 …………… 204
一、农村公共文化服务效能评价 …………………… 204
二、构建农村公共文化供给监督管理体系 …………………… 205

参考文献 …………………… 208

附录 农村公共文化服务需求问卷 …………………… 221

导 论

历经持久的积淀，乡村文化体现了乡村民众的精神面貌、价值观念和生活方式。乡村振兴战略是新时代中国共产党为了实现乡村全面发展和繁荣而做出的一项重要战略安排。全面推进乡村振兴是全面建成社会主义现代化强国的基础工程，拓展了中国式现代化的“三农”道路。文化所具有的铸魂功能决定了乡村文化建设是乡村振兴实现的关键与基础。习近平总书记明确提出：“随着时代发展，乡村价值要重新审视。”① 中华文明起源于农村，是农村文化优于城市的独特优势。农村文明是中华文明史的主要部分，随着时代的发展、农村文明的发扬光大，需要对乡村价值进行重新审视。面对飞速发展、日益复杂的经济社会形势，要进一步强化文化治理思维，调动各方力量共建共享文明成果。

我国工业化、城镇化的快速推进带来了社会环境的变迁，从 2011 年开始，我国城市常住人口数量首次超过农村，社会结构发生了根本性的变化。农村在工业化发展过程中，社会活力趋于枯竭，在农村社会发展中出现了空心化，赌博、迷信以及金钱至上等不良风气抬头的现象。党的十八大以来，党中央十分重视公共文化服务建设问题，把文化民生建设作为社会主义文化强国建设的重要内容。为了扭转农村持续衰落的局势，解决好“三农”问题，党的十九大报告提出了乡村振兴战略，以产业兴旺、生态宜居、乡风文明、治理有效、生活富裕为总要求，为乡村未来的发展勾勒了蓝图。党的二十大报告指出要“增强文化自信，围绕举旗帜、聚民心、育新人、兴文化、展形象建设社会主义文化强国，发展面向现代化、面向

① 习近平．论坚持全面深化改革［M］．北京：中央文献出版社，2018：202.

世界、面向未来的，民族的科学的大众的社会主义文化”①。

中国式现代化是物质文明和精神文明相协调的现代化，物质富足、精神富有是社会主义现代化的根本要求，物质贫困不是社会主义，精神贫乏也不是社会主义。在不断厚植现代化的物质基础，不断夯实人民幸福生活的物质条件的同时，大力发展社会主义先进文化，加强理想信念教育，传承中华文明，促进物的全面丰富和人的全面发展。2035 年，我国发展的总体目标是：在文化建设方面要基本建成文化强国，国家文化软实力显著增强。2050 年文化建设的目标是：人民精神文化生活更加丰富，中华民族凝聚力和中华文化影响力不断增强，基本公共服务实现均等化。全面建设社会主义现代化国家，必须坚持中国特色社会主义文化发展道路，增强文化自信，围绕举旗帜、聚民心、育新人、兴文化、展形象建设社会主义文化强国，发展面向现代化、面向世界、面向未来的，民族的科学的大众的社会主义文化，激发全民族文化创新创造活力，增强实现中华民族伟大复兴的精神力量。实施国家文化数字化战略，健全现代公共文化服务体系，创新实施文化惠民工程。党的二十大报告进一步提出：“坚定文化自信，铸就社会主义文化新辉煌，以及健全基本公共服务体系，提高公共服务水平，增强均衡性和可及性，扎实推进共同富裕。”②

随着我国经济增长速度的加快、城镇化的推进，农村居民的年均收入持续增长，物质生活水平逐渐提高，与此同时，农村居民文化需求朝多样化、个性化方向发展，要求享有更为便捷、丰富和高质量的公共文化服务供给。由于农村公共文化服务的供给需求失衡、供给效能低下、城乡公共文化服务的不均衡，农民的精神文化生活需求不能得到满足，对实现共同精神富裕目标、农村现代化发展产生不利影响。自 2005 年提出农村文化建设新格局以来，对农村公共文化服务供给的研究成为政府和学界关注的重点问题。深入实地考察农村地区公共文化服务供给需求的现实，定量分析农村公共文化服务供给、需求及其影响因素、失衡状况及其原因，优化农

---

①② 习近平．高举中国特色社会主义伟大旗帜 为全面建设社会主义现代化国家而团结奋斗：在中国共产党第二十次全国代表大会上的报告［M］．北京：人民出版社，2022.

村公共文化服务供给改革，提升公共文化服务供给效能既是建设社会主义新农村的重要内容，是农业、农村现代化发展的必然要求，也是乡村文化振兴的有效途径。农村公共文化服务的供给内容、层次结构、主体结构等是质的规定性，供给投入规模、增长速度、覆盖范围、支付的成本和取得的效能等属于量的规定性。增量和提质两个方面是推进农村公共文化服务供给改革的重点。在量的方面，要对农村公共文化基础设施和公共文化服务活动加大投入力度，扩大覆盖范围，增加供给量，扩大规模；在质的方面，要进行农村公共文化服务供给侧结构性改革，提升公共文化服务效能。破解农村公共文化服务供需失衡问题是解决新时代中国特色社会主义主要矛盾的重要内容。我国农村公共文化服务领域存在广大农民群众对美好文化生活日益增长的需求与公共文化服务供给不充分不平衡的矛盾。本书在梳理国内外有关农村公共文化服务文献的基础上，以马克思主义公共产品理论为理论基础，立足我国农村公共文化服务供给和需求现状，结合新时代生产组织方式——网络化，提出提高农村公共文化服务供给改革的措施。一方面，对公共文化服务理论进行有益探索。对新形势下服务型政府如何在公共服务供给机制中发挥重要作用，促进形成在公共文化服务体系间的协同互动关系进行了理论探讨。另一方面，理论结合实践，为解决社会主义新农村建设中农村公共文化服务供需矛盾提供决策建议，为建立有效的农村公共文化服务供给体系助力，为当代中国乡村文化治理提供新的思路。

马克思主义公共产品理论为完善农村公共文化服务供给提供了理论指导，是对我国公共文化服务理论研究的拓展。完善农村公共文化服务供给体系、实现农村公共文化服务高质量发展是马克思主义中国化的内在要求。公共文化服务建设有助于推动乡村文化振兴、乡村文明建设、乡村社会治理。政府的社会治理水平促进政府向服务型政府发展，提高农村公共文化服务供给效能也有助于改善乡村环境，完成“十四五”规划中构建城乡生态宜居环境的目标。要以人民为中心，从人民的根本利益出发，建设农村公共文化服务体系。以实现人的自由全面发展为目标的公共文化服务体系建设，保障了广大农民的文化权利，改善了他们的精神生活，实现了文化福利的普惠共享，体现了公共产品的公益性，是马克思正义观在公共产品领域的表现。在研究的过程中，始终以马克思主义公共产品理论为基础，考察我国农村公共文化服务供给需求现状。农村公共文化服务呈现供给总量不足，供给在城乡、区域之间存在结构性失衡，需求表达机制不健全，需求不能得到满足的状况，由此提出农村公共文化服务供给改革目标是高质量推进农村公共文化服务体系建设，不断提升农民群众的文化获得感，实现普惠共享。加强公共文化服务供给总量，优化供给结构，根据需求构建多种机制实现供给需求的动态均衡。政府应当在明确农民文化需求的前提下，引导多元供给主体满足农民的多样化文化生活需求，在供需动态发展中采取适合的供给模式，提高供给效能，满足农民的精神文化生活需求，发展社会主义文化事业，实现乡村文化振兴。在此基础上，立足农村居民文化权益的保障，实施城乡公共文化服务体系一体建设，构建农村居民公共文化服务供需矛盾解决机制，提出农村公共文化服务供给改革的政策建议。本书内容安排如下：

第一章为农村公共文化服务研究文献。本书采用信息可视化软件，分析 WOS 核心数据库和中国知网 CNKI 数据库中农村公共文化服务的相关文献，运用文献计量法进行辅助分析，探讨国内外的研究热点和研究前沿发展趋势，多角度、多层次综合分析国内外学者在农村公共文化服务领域的研究成果，厘清研究脉络，把握研究重点，并归纳出研究的趋势和方向。当前我国农村公共文化服务研究主要集中于农村公共文化服务及其体系的内涵、内容，农村公共文化服务体系构建的原则，农村公共文化服务的现状，对农村公共文化供给不足的原因探讨，从供给角度对农村公共文化产品的供给模式、效率及影响因素方面做了一定的理论分析和实证研究。

第二章为农村公共文化服务相关理论研究。以马克思主义公共产品理论为理论基础，研究马克思主义公共产品理论对农村公共文化服务的指导意义。农村公共文化服务具有铸魂、聚力、治理、促进人的全面发展等重要价值，公共文化服务供给是实现人民群众精神富裕的重要途径，是乡村振兴的精神动力、智力支撑，是国家文化治理的重要内容，能够促进乡风文明建设，促进人的全面发展。新中国成立以来，我国农村公共文化服务政策体系以提升公共文化服务质量、满足农村居民公共文化服务需求为目标，不断回应社会发展的变化和农村居民的新要求，从供给和需求两个方面分析农村公共文化服务。

第三章为农村公共文化服务供给及其影响因素。通过对陕西省农村公共文化服务的供给需求现状的实证分析，发现供给方面存在两大问题：一是公共文化服务供给总量不足；二是公共文化服务供给在城乡、区域之间存在不平衡，引发高质量的供给短缺和低质重复供给之间的矛盾。通过对陕西省6个市12个县68个村的实证调查，分析了农村居民公共文化服务满意度的影响因素。从公共文化服务活动举办频率、参与频率及对公共文化活动的满意度、农村公共文化服务整体满意度和公共文化设施的建设情况、公共文化设施的使用频率以及对公共文化设施的满意度等方面研究公共文化服务的供给状况。从供给角度研究发现，农村公共文化服务充裕度、便捷度、均衡度、需求表达处理结果满意度对农村公共文化服务的满意度具有显著的正向影响。

第四章为农村公共文化服务需求及其影响因素。农村居民对农村公共文化设施的需求度较高，要求有更多高质量的公共文化服务设施。将公共文化服务需求因素引入分析框架中，寻求供给需求相互转化的机理，研究公共文化服务供给如何反映并满足需求，提高供给效率。本章运用问卷调查，与村镇干部、农村集体组织成员深入访谈，基于是否有公共文化需求表达渠道、是否有表达公共文化需求的经历、反映公共文化需求的原因、处理结果满意度等问题研究农村公共文化服务的需求状况，调查农村居民对不同公共文化服务活动和服务设施的需求程度。从个体因素、地区经济水平、健康状况等方面研究农村居民文化需求的影响因素，为下一步研究奠定基础。从需求角度考察农村居民公共文化服务满意度的影响因素，根据功能将农村居民对公共文化设施需求分为运动学习场地、政策或其他知识宣传栏和网络场地三项需求，将农村公共文化活动需求分为娱乐活动、学习活动、政策宣传活动和儿童早期阅读四种类型需求，运用回归分析方法研究居住地区、性别、年龄、受教育程度、健康水平、收入水平、地区经济发展水平、参与行为等因素对公共文化服务满意度的影响。

第五章为中国农村公共文化服务供需偏离及其原因。已有研究从偏向于城市发展的工业化战略、公共财政模式的二元结构、农村公共文化服务的制度外供给、基层政府财权事权的不匹配等角度分析了供需失衡的原因。农村公共文化服务供需失衡不利于新时代中国特色社会主义主要矛盾的解决，对社会经济发展产生了不利影响。本书将公共文化服务需求作为内在因素，将供给能力的提升从供给端单方面考虑引入供给需求两端考虑的分析框架。在这一分析框架中，市场这一工具手段应被引入公共文化服务体系中。从供需关系角度分析公共文化服务，克服仅从供给端考虑解决供需矛盾的理论缺陷。农村公共文化服务的供给水平较低、质量不高，不能真正有效地满足人民群众日益发展的、更为多元化的精神文化需求。

第六章为中国农村公共文化服务供需矛盾解决机制。现有公共文化服务与农村居民的文化需求错配，因此解决农村公共文化服务供需矛盾是本书研究的关键问题。应从建立包括社会协作机制、公共文化资源协调和资源共享机制、供给监督管理与绩效评价机制等供需矛盾解决机制，促进供给主体多元化，加强供给模式创新、供给内容行政导向与需求导向相结合等方面解决农村公共文化服务供需矛盾。农村公共文化服务精准供给要以自下而上的需求导向为主，由于需求表达存在理性无知的可能，在需求表达上面，需要发挥政府自上而下的引导作用，才能保证农村公共文化服务供给的效率和公平。

第七章为中国农村公共文化服务供给改革路径。农村公共文化服务供给改革，在于传承农村优秀传统文化，打造城乡融合共生的乡村文明，提升公共文化服务效能，丰富农村居民的精神文化生活。供给改革的目标是高水平、均等化与有效增长，根据农村居民文化需求优化公共文化服务活动及公共文化服务设施规划布局，打造新型公共文化空间，提质增效。农村公共文化服务供给改革中发挥各种保障机制的作用，党建引领农村公共文化服务，加大财政税收对农村公共文化服务项目的支持力度，拓宽多种资金来源渠道，夯实农村公共文化服务人才支撑，加强对农村公共文化服务的审计监督等各方面保障。充分利用数字化、信息化技术优势，实施农村公共文化服务数字化发展战略。一是政府建立公共文化服务均等化战略，根据农村公共文化服务的需求变化，制定提升公共文化服务供给能力的可行路径，以政府为主导发挥公共财政的积极作用。二是积极引导第三部门发展满足农村公共文化服务需求的供给平台，政府支持中小型文化企业向农村市场发展。三是利用数字化时代的新兴技术赋能农村公共文化服务。在数字化浪潮下，数字乡村建设为农村公共文化服务均等化提供了全新的发展空间，因此要引入新兴技术赋能农村公共文化服务发展。应结合我国农村老龄化、人口空心化等现实国情，加强对如何运用数字化等信息技术提升我国农村公共文化服务供给效率问题的探究，以5G、大数据、区块链等信息技术赋能农村公共文化服务供给。四是实施需求导向的农村公共文化服务精准供给，鼓励社会力量参与供给，激发农村居民公共文化服务的内在动力。五是充分发挥“两个中心”在农村公共文化服务供给中的作用，弥补农村公共文化服务供给短板，发展农村文化产业，提高公共文化服务供给效能。

本书的不足之处体现在以下方面：调查研究的范围仅限于陕西省。受新冠疫情影响，没有开展陕西省外调查研究，致使研究的样本范围较小。调查研究了陕西省的陕南、陕北、关中农村地区公共文化服务状况。课题组到陕西省6个市12个县68个村开展了问卷调查和深入访谈，用统计学方法对问卷做了分析。课题组以问卷调查为主，入户访谈、座谈为辅的方式进行调研，通过实地问卷调查和网络问卷调查，共发放问卷500份，回收447份，确定427份为有效问卷。在研究中原设定对农村公共文化服务效率进行测度，由于农村公共文化服务的效率衡量指标体系的相关数据获取难度较大，尤其是农村公共文化服务效率评价包括主观、客观指标，在研究中主要以群众公共文化服务的满意度为效能的替代指标研究。公共文化服务效能测度需要建立一个科学合理、具有可行性的指标体系，评价农村公共文化服务效能是当前应该解决的一个难题。

第一章　农村公共文化服务研究文献

公共文化服务是丰富人民文化生活的重要载体，是实现好、维护好、发展好人民基本文化权益的主要途径。习近平总书记指出：“要完善公共文化服务体系，深入实施文化惠民工程，丰富群众性文化活动，努力让人民享有更加充实、更为丰富、更高质量的精神文化生活。”党的十九届五中全会提出到 2035 年建成社会主义文化强国的伟大目标，在部署“十四五”时期经济社会发展任务中，强调繁荣发展文化事业和文化产业，提高国家文化软实力。公益性的公共文化服务是实现人民群众基本文化权的主要载体，是满足人民对美好生活新期待的重要方式。近年来，在国家高度重视和大力推动下，农村公共文化服务建设工作取得了明显成效，如农村基层公共文化服务设施网络基本形成、服务效能显著提升、服务供给能力日益加强、服务保障机制逐步健全等。农村公共文化服务体系建设是乡村文化振兴的必由之路，但与全面推进乡村振兴的要求相比，农村公共文化服务建设仍相对薄弱，存在农村公共文化财政投入与社会经济发展水平不适应、重点公共文化服务设施品质不高、设施建设与区域布局不均、公共文化发展内生动力不足、服务监督考核与保障机制有待优化等问题。因此，助力农村公共文化服务供给侧结构性改革，逐步缩小城乡公共服务差距，让农村公共文化服务体系效率更高，从而不断提升广大农民群众的获得感、幸福感，成为学界和社会关注的重要问题。

第一节　农村公共文化服务的研究现状

中国对农村公共文化服务的关注开始于2005年的社会主义新农村建设政策。相应地，学术界从2005年开始关注农村公共文化服务主题。根据社会经济发展的不同阶段，关注的主题也有所侧重。对农村公共文化服务研究大致经历了2005—2011年的初始发展阶段和2012年至今的高速发展阶段，我国农村公共文化服务研究主要集中于农村公共文化服务及其体系的内涵、内容，农村公共文化服务体系构建的原则，农村公共文化服务的现状，对农村公共文化供给不足的原因探讨以及解决农村公共文化服务供需矛盾的对策等方面。国外关于公共服务的研究主要集中在公共服务均等化、公共服务供给等方面。

本书采用信息可视化软件CiteSpace 5.8R3版本进行分析，以WOS核心数据库和中国知网CNKI数据库中农村公共文化服务的相关文献作为研究样本，运用文献计量法进行辅助分析，多角度、多层次综合分析国内外农村公共文化服务领域研究成果，梳理研究的重点、脉络，把握研究的趋势和方向，为公共文化服务理论研究提供借鉴，以期为推动我国农村公共文化服务供给效能、不断满足人民群众日益增长的精神文化需求、建成完善城乡融合发展的公共文化服务体系提供思路。用信息可视化软件CiteSpace可视化分析工具对我国农村公共文化服务领域已发表的研究文献进行计量分析，绘制出一系列能够分析该研究领域的演化方式和发展前沿知识图谱。通过知识可视化对已有研究成果进行文献梳理和总结，相比某些文献单一的内容分析法，更具有科学性和客观性①。

数据来源的质量及数据全面性是运用CiteSpace进行有效分析的前提条件。在进行数据筛选之前，明确农村公共文化服务主题的基本概念，从而

① 陈悦，陈超美，刘则渊，等.CiteSpace知识图谱的方法论功能［J］.科学学研究，2015，33（2）：242-253.

提高数据的查全率与查准率。农村公共文化服务可以理解为以公共财政为主要资金来源，面向农村群众提供公共文化服务以及为提供服务所需要的基础设施，公共文化品的生产与供给网络、资金保障等系统的总称。农村公共文化服务以建设传播社会主义先进文化、提高农民群众文化素养为目的，以建设社会主义核心价值体系为重要任务。① 本书在理解农村公共文化服务内涵的基础上，试用不同的检索词，并且对检索结果进行比较分析，最终确定文献的检索策略是使用论文数据库中的高级检索功能，以“农村” or “乡镇” or “乡村” 为主题词进行检索，后以“公共文化服务” or“公共文化产品” 为主题词在结果中进行检索或两者进行组配式检索。为确保所分析的数据更具说服力，外文索引数据库选择“Social Science Citation Index—SSCI” 数据库，中文索引数据库选择“Chinese Social Sciences Citation Index—CSSCI” 与 “核心期刊”。

国外研究数据来源于全球权威的英文科学文献数据库 Web of Science（WOS）核心合集。为了数据的查全率和查准率，数据采集策略采用组配检索式，即农村领域检索方式为：主题 = “Countryside” or “Rural area” or “Village”，时间跨度选择 1900—2022 年，文献类型选择“Article、Review”，数据库选择“SSCI”，检索得到 72961 条数据；公共文化服务领域检索方式为：主题 = “public cultural services” or “public cultural products”，文献类型选择 “Article、Review”，检索数据库选择 “Social Science Citation Index—SSCI”，检索得到 4337 条数据。通过 WOS 数据库中的高级检索功能，将所得到的数据进行组配式检索，即选中这两组检索记录进行“and” 组配，得到 227 条检索记录。剔除 “书评” “会议摘要” “书信” “新闻报道” 以及其他无关文献后，最后得到有效记录 209 条。国内研究数据来自国内权威的中国知网 CNKI 数据库，以主题= “农村” or “乡村” or “乡镇” 等进行检索，文献来源类选择 “CSSCI” 和 “核心期刊”，再以主题= “公共文化服务” or “公共文化产品” 在以 “农村” 为主题检索的结果中进行检索，得到 972 条检索记录。经过手动剔除 “会议记录” “传

① 王富军. 农村公共文化服务体系建设研究［D］. 福州：福建师范大学，2012.

记报告”“征稿启事”以及其他无关文献后，最后得到有效记录884条。

在导入文献数据后在其功能区进行相关参数调整，发现检索得到的外文文献最早出现时间为1992年，中文文献最早出现时间为2005年，因此在外文数据分析过程中Time Slicing时间切片节点选择“1992” to “2022”，中文数据分析过程中Time Slicing时间切片节点选择“2005” to “2022”，在进行不同的节点分析时，分别选择国家合作分析功能“Country”、作者分析功能“Author”、机构分析功能“Institution”、关键词分析功能“Keyword”等，并根据数据运行的状况进行阈值调整。

一、文献数量时序变化

衡量某一个学科领域期刊论文数量的时序变化能够较好地反映该领域的发展历程，也对分析该领域现阶段状况、未来发展趋势动态具有重要指导意义①。

国外检索关于农村公共文化服务的文献最早出现于1992年；国内关于农村公共文化服务的研究起步较晚，“公共文化服务”概念的正式提出是在2005年党的十八届五中全会上，我国农村公共文化服务最早的文献也发表于当年。因此为了便于统计，将起始横坐标的统计年份设定为2005年（见图1-1）。根据所收集的国内外研究整理发文时间分布，国外1992—2005年一共发表了12篇文献。

① 邱均平，杨思洛，宋艳辉．知识交流研究现状可视化分析［J］．中国图书馆学报，2012，38（2）：78-89.

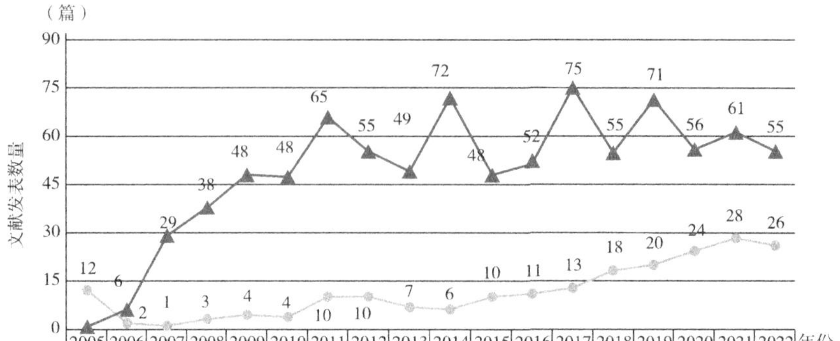

	2005	2006	2007	2008	2009	2010	2011	2012	2013	2014	2015	2016	2017	2018	2019	2020	2021	2022
国外发文数量	12	2	1	3	4	4	10	10	7	6	10	11	13	18	20	24	28	26
国内发文数量	1	6	29	38	48	48	65	55	49	72	48	52	75	55	71	56	61	55

图 1-1　2005—2022 年国内外农村公共文化服务研究发文时间统计

由图 1-1 可知，国外关于农村公共文化服务的文献年发表量由平稳态势逐渐转变为上升趋势，说明学者们开始逐渐重视该主题领域研究。国内文献时间分布可以分为两个阶段：第一个阶段为起步阶段（2005—2011 年），图 1-1 呈现出“初始发展”趋势，2005 年中共中央办公厅、国务院办公厅印发的《关于进一步加强农村文化建设的意见》①，首次提出加强农村公共文化建设，丰富农民群众精神文化生活，相关研究便开始呈爆发式增长。第二个阶段为高速平稳发展阶段（2012—2022 年），这 10 年以来，国家层面相继印发《国家基本公共文化服务指导标准（2015—2020 年）》②、《关于加快构建现代公共文化服务体系的意见》③，出台实施《中华人民共和国公共文化服务保障法》④ 以及《关于推动公共文化服务高质量发展的意见》⑤ 等，明确了我国公共文化服务体系建设的重点，为

① 关于进一步加强农村文化建设的意见［EB/OL］. http：//www. gov. cn/gongbao/content/2006/content_ 161057. htm.

② 国家基本公共文化服务指导标准（2015—2020 年）［EB/OL］. http：//www. scio. gov. cn/zhzc/10/Document/1397882/1397882. htm.

③ 关于加快构建现代公共文化服务体系的意见［EB/OL］. http：//www. gov. cn/xinwen/2015-01/14/content_ 2804240. htm.

④ 中华人民共和国公共文化服务保障法［EB/OL］. http：//www. gov. cn/xinwen/2016-12/26/content_ 5152772. htm.

⑤ 关于推动公共文化服务高质量发展的意见［EB/OL］. https：//www. mct. gov. cn/preview/whhlyqyzcxxfw/zhgl/202105/t20210506_ 924235. html.

我国农村公共文化服务指明了发展方向并提供了强有力的法律保障，能够从理论层面更好地指导我国农村公共文化服务的发展。

二、相关研究领域国际合作网络

运用 CiteSpace 软件对 WOS 数据库的 209 篇国际期刊文献所属国家或地区进行分析，得到发文国家或地区合作网络图谱（见图 1-2）。

图 1-2 1992—2022 年发文国家或地区可视化知识图谱

图 1-2 中每一个圆点（即节点）都代表了一个国家，图谱中节点轮廓的大小与该国的论文发表数量呈正相关关系，即发文数量越多，圆圈越大。两个节点之间的连线则代表两国或地区在该研究领域的学术合作关系，连接线条越粗则表示合作关系越密切。根据图 1-2 中节点大小与发文数量依次排序，排在前五位的国家或地区分别为美国、中国、英国、西班牙、芬兰。由图 1-2 可以看出，在农村公共文化服务的研究中，发文量最多的是美国。从节点的连线也可以看出，美国与中国、英国、芬兰、澳大利亚、加拿大等国都形成了密切的合作关系。美国学术界在农村公共文化服务研究领域处于核心地位，且形成了一定规模的学术研究成果，具有较高的影响力。中国学术界农村公共文化服务研究成果在国际上位列第二，从图 1-2 中节点连线可以看出，我国农村公共文化服务研究领域已经迈向国际化，与多个国家建立了学术合作交流关系，在国际上具有一定的影响力。但中国与美国、英国相比还存在着较大的差距，主要体现在与其他国

家学术合作交流相对较少以及高质量的学术论文成果相对较少。

三、国内外核心作者

为了探究农村公共文化服务研究领域作者的合作情况，本书使用 CiteSpace 的作者分析功能“Author”对其进行有关分析，将数据导入后得到国内外作者合作网络图谱（见图 1-3、图 1-4）。

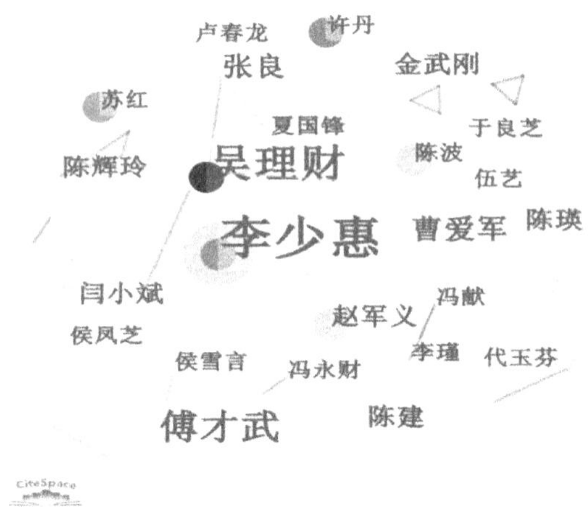

图 1-3　国内作者合作网络可视化知识图谱

图 1-4　国外作者合作网络可视化知识图谱

从作者合作网络图谱中可以挖掘出该研究领域的相关学者，为探寻该领域的高影响力的研究人员提供了一个新的视角，也能够揭示该研究领域的学科结构、发展现状以及变化情况。图中节点之间的连线粗细和节点的大小分别代表学者之间合作程度与论文发表数量。由图1-3可以看出，我国农村公共文化服务研究领域的作者节点连线较为稀疏，说明大部分研究者在合作上不够密切。通过节点的大小可以看出我国农村公共文化服务的相关研究论文数量是比较多的，说明大多数研究者都开展了相对深入的研究，反映出我国在该研究领域具有一定的深度和广度，李少惠、吴理财和傅才武等属于该研究领域的论文高产学者，其中李少惠发文数量最多。

由图1-4可以看出，国外关于农村公共文化服务研究领域的作者节点连线较为密集，说明国外学者在该领域合作较为密切，研究视角多样，切入点各有差异。通过节点的大小可以看出，国外关于农村公共文化服务的相关论文数量较少，还没形成较大规模的研究团体，且研究比较分散。这反映出国外农村公共文化服务的研究领域还欠缺深度和广度，不同作者的发文量相对于论文总量占比都较小，核心作者不明显，说明大多数作者缺乏相对深入的研究。

四、国内外研究机构

为了探究农村公共文化服务研究领域在机构之间的合作情况，使用CiteSpace的机构分析功能“Institution”对其进行有关分析，得到国内外机构合作分析图谱（见图1-5、图1-6）。图中节点的大小反映了机构之间合作的次数，图中的连线代表不同机构之间存在的合作关系。

由图1-5可知，机构合作网络共有节点416个、连线102条，网络整体密度（Density）为0.0012，华中师范大学、兰州大学管理学院、武汉大学国家文化发展研究院是我国农村公共文化服务研究领域的主要研究机构，这些大学共同形成了一个明显的研究机构团队，同时各省市的图书馆、文化研究所以及各高校的图书馆也是我国农村公共文化服务研究的主力军。但国内研究机构之间的连线都较为稀疏，说明研究机构合作关系不够密切，部分有合作的研究机构多为同一学校的不同院系，如北京大学、信阳师范学院等。

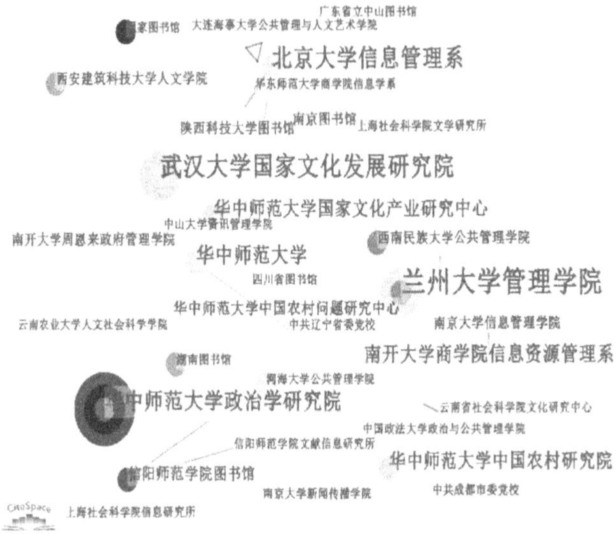

图 1-5　国内研究机构合作网络可视化知识图谱

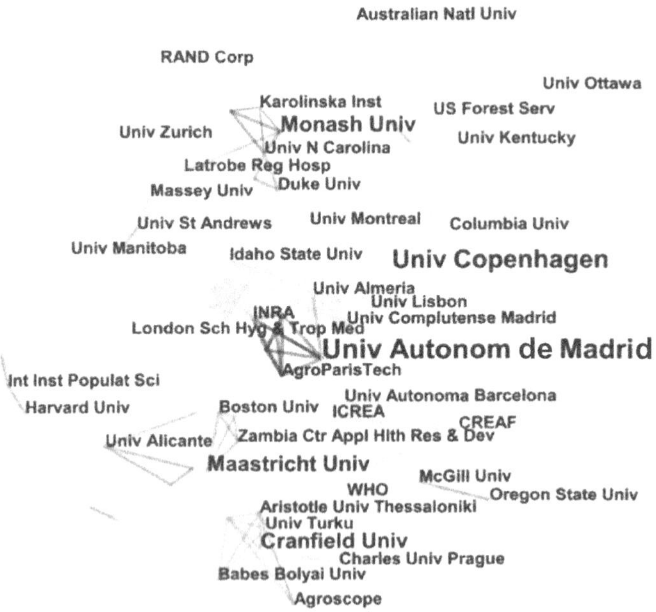

图 1-6　国外研究机构合作网络可视化知识图谱

由图 1-6 可知，国外机构合作网络共有节点 305 个、连线 420 条，网络整体密度（Density）为 0.0091。研究机构分布以欧美发达国家为主，多为科技创新和产学研合作程度较高的国家和地区，如以 University Autonoma de Madrid（马德里理工大学）、Maastricht University（马斯特里赫特大学）、Cranfield University（克兰菲尔德大学）和 University Copenhagen（哥本哈根大学）为主要研究机构，且每个机构之间的连线非常多，机构合作程度较高，但从研究的节点来看，国外研究机构暂未形成明显的研究团队。

总的来说，国内各个科研机构之间研究节点较大但连线的密度较小，我国农村公共文化服务相关研究领域形成了具有凝聚力和强影响力的科研团体，但团体之间相对独立、分散，缺少合作。国外研究机构之间节点较小但连线密度较大，缺少较为核心的科研团体，但国际机构间合作多于国内机构，机构间合作主要发生在欧美发达国家之间。

第二节　农村公共文化服务的研究热点

一、国外关键词与主题聚类

CiteSpace 的关键词共现主题聚类分析功能有助于分析某一科学领域研究的热点问题。① 通过 CiteSpace 参数调整后得出国外农村公共文化服务研究领域的高频关键词聚类图谱（见图 1-7），并且通过统计获取前 10 个中心性大于 0.1 的关键词制作成表格（见表 1-1）。关键词中心性表示的是相同节点在某领域中的中介作用，通常情况下，该指标大于 0.1 即为较强。通常 CiteSpace 的关键词聚类后，模块值 Modularity = Q>0.3，说明聚类结果是可信的，平均轮廓值 Mean = S>0.5，说明聚类是合理的。

① 李杰，陈超美．CiteSpace：科技文本挖掘及可视化［M］．北京：首都经济贸易大学出版社，2017.

图 1-7　1992—2022 年国外高频关键词聚类图谱

由图 1-7 可知，国外农村公共文化服务相关研究领域的关键词共现聚类图谱 Q 值 = 0.7275>0.3，S 值 = 0.8808>0.5，说明该聚类是显著的。该图谱中一共有 391 个节点、1195 条连线，节点的大小则与关键词出现的频次成正比。图谱中各节点间连线表示不同关键词之间具有共现关系，连线的粗细代表共现关系的强度。由图 1-7 和表 1-1 可知，benefit（平衡）、rural area（农村地区）、conservation（保护）、service（服务）、health care（健康护理）等主要关键词多出现在 1996—2003 年或更早，反映了国外主题研究起步较早。land use（土地使用）、management（管理）、policy（政策）、community（社区）、ecosystem service（生态服务系统）等中心词汇代表了近期国外研究的热点关键词。

表 1-1　1992—2022 年国外文献关键词排名（依据中心度）

序号	中心度	频率	年份	关键词
1	0.27	23	1996	benefit（平衡）
2	0.24	15	2003	conservation（保护）
3	0.19	11	1994	rural area（农村地区）
4	0.17	15	2012	land use（土地使用）
5	0.16	31	2003	health care（健康护理）

续表

序号	中心度	频率	年份	关键词
6	0.14	43	2012	ecosystem service（生态服务系统）
7	0.14	32	2015	management（管理）
8	0.12	8	2016	policy（政策）
9	0.11	10	2015	community（社区）
10	0.10	19	1994	service（服务）

对这些高频关键词进行共现聚类分析后，得到国外农村公共文化服务主题聚类图谱。其中一共包含了 12 个主题聚类，分别是#0 “cultural ecosystem services”（文化生态服务系统）、#2 “impact”（影响）、#3 “mortality”（死亡率）、#4 “cultural diversity”（文化多样性）、#5 “choice experiment”（选择实验）、#7 “public health”（公共健康）、#8 “poverty”（贫困）、#9 “place-based effects”（基于地点的影响）、#10 “forest relics”（森林遗迹）、#11 “decollectivization”（去集体化）、#12 “public participation ”（公众参与）、#14 “clientelism”（客户主义）。

本书根据关键词排名表和关键词主题聚类图谱，对国外相关文献主题词进行梳理，将国外农村公共文化服务的研究热点具体归纳为“农村公共文化服务政策影响研究”“农村公共文化服务供给机制研究”和“公共文化服务与环境保护研究”3 个主题，每个主题选取该领域高被引论文、代表性学者论文和最近发表的论文进行综述，以期明确国外农村公共文化服务研究的主要动向。

表 1-2 列举了各个聚类的规模、平均年份及其代表性词语。平均年份最早的是聚类 #7 public health（公共健康），规模为 18，主要覆盖词为“生活模式；幸福感；寻求健康的行为；医疗保健系统”，表明国外早期农村公共文化服务主题研究多聚焦于乡村的公共服务产品供给。平均年份最新的聚类为#0 cultural ecosystem services（文化生态服务系统），规模为 58，平均年份为 2018 年，主要覆盖词为“娱乐；公众认知；审美偏好；生态服务系统”，表明近年来国外对于农村公共文化服务主题研究处于概念拓展和研究深化阶段，同时带来了主题研究热点向环境保护视角的转变。

表 1-2 国外农村公共文化服务高频突现主题词共现聚类

聚类	大小	轮廓值	覆盖标签词	平均年份
#0 cultural ecosystem services（文化生态服务系统）	58	0.848	娱乐；公众认知；审美偏好；生态服务系统	2018
#2 impact（影响）	31	0.855	参与方式；利益相关者；采用	2010
#3 mortality（死亡率）	27	0.824	可访问性；空间剥夺；贫穷	2009
#4 cultural diversity（文化多样性）	30	0.848	公共部门；社会工作；元合成；人性化服务	2008
#5 choice experiment（选择实验）	24	0.932	耕地撂荒；社会偏好；遗产保护；估值	2013
#7 public health（公共健康）	18	0.934	生活模式；幸福感；寻求健康的行为；医疗保健系统	2002
#8 poverty（贫困）	18	0.984	状态；大众媒体；社会变革	2007
#9 place-based effects（基于地点的影响）	15	0.952	生命历程；农村；地域不平等；定性研究	2013
#10 forest relics（森林遗迹）	14	0.822	或有估值法；耕地多功能；空间同步方程模型	2011
#11 decollectivization（去集体化）	14	0.95	知识；农村医疗保健；合作医疗	2005
#12 public participation（公众参与）	11	0.925	保护区；南部高地	2016
#14 clientelism（客户主义）	10	0.967	有利于穷人的增长；良好的治理；社会资本	2010

二、国外研究热点主题

（一）农村公共文化服务政策影响研究

农村公共文化服务政策影响研究包括聚类 #2 “impact”（影响）、#3 mortality（死亡率）、#4 “cultural diversity”（文化多样性）、#7 “public health”（公共健康）、#9 “place-based effects”（基于地点的影响）等，包含的关键词有“policy”（政策）、“stakeholders”（利益相关者）、“happiness”（幸福感）、“geographical inequality”（地域不平等）、“public sector”（公共

部门）、“human services”（人性化服务）等。Tulimiero 等（2021）提出不同文化背景农民的公共文化服务需求，如公共卫生问题、文化服务问题、语言障碍问题等，并建议为其提供创新性的服务模式与政策支持。①

（二）农村公共文化服务供给机制研究

农村公共文化服务供给机制研究包括聚类#5“choice experiment”（选择实验）、#8“poverty”（贫困）、#11“decollectivization”（去集体化）、#14“clientelism”（客户主义）等，包含的关键词有“land use”（土地使用）、“benefit”（平衡）、“community”（社区）、“service”（服务）、“management”（管理）等。尽管国外侧重城市居民公共文化供给的研究，但是在农村地区公共文化供给等方面也有很多可借鉴之处。Real 等（2014）认为农村公共文化服务之间的差距不仅是技术基础设施薄弱的问题，还需要加强数字化发展以缩小农村和城市之间的数字包容差距。②

（三）农村公共文化服务与环境保护研究

农村公共文化服务与环境保护研究包括聚类#0“cultural ecosystem services”（文化生态服务系统）、#10“forest relics”（森林遗迹）、#12“public participation”（公众参与）等，包含的关键词有“ecosystem service”（生态服务系统）、“conservation”（保护）、“cultivated land multifunction”（耕地的多功能性）等。McNeely（2020）认为大自然为人们提供了巨大的利益，特别是生活在保护区内的人们。保护区的生态服务系统可以连接和改善对更多非农业用地的管理，并提供公共文化服务，如提供更好的健康服务、改善旅游基础设施和为后代留下遗产。③ Guri 等（2021）认为生态文化旅游的发展可以在精神上振兴和促进当地的传统和文化价值，使退化

---

① Tulimiero M，Garcia M，Rodriguez M，et al. Overcoming barriers to health care access in rural Latino communities：An innovative model in the Eastern Coachella Valley［J］. The Journal of Rural Health，2021，37（3）：635-644.

② Real B，Bertot J C，Jaeger P T. Rural public libraries and digital inclusion：Issues and challenges［J］. Information Technology & Libraries，2014，33（1）：6-24.

③ McNeely J A. Today's protected areas：Supporting a more sustainable future for humanity［J］. Integrative Zoology，2020，15（6）：603-616.

的生态资源恢复活力。①

三、国内关键词与主题聚类

通过 CiteSpace 参数调整后得出国内农村公共文化服务研究领域的高频关键词聚类图谱（见图 1-8），并且通过统计获取前 10 个中心性大于 0.1 的关键词制作成表格（见表 1-3）。由图 1-8 可知，国内农村公共文化服务相关研究领域的关键词共现聚类图谱 Q 值=0.7593>0.3，S 值=0.9394>0.5，说明该聚类是显著的。该图谱网络中 N=368，E=412，说明各时间段排在前 50 的文献中一共包括了 368 个关键词，图谱中各节点间的 412 条连线代表不同关键词之间具有共现关系，连线的粗细代表共现关系的强度，节点的大小与关键词出现的频次成正比。

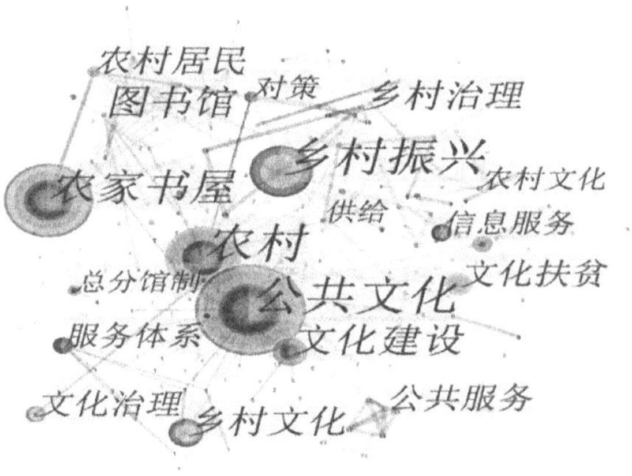

图 1-8　2005—2022 年国内文献高频关键词图谱

由图 1-8 和表 1-3 可以看出，国内农村公共文化服务研究领域，出现频次最高的词是公共文化，一共出现 109 次。高频词反映出的以公共文化为中心的其他关键词节点还包括了农村、乡村振兴、农家书屋、对策、文化扶贫、乡村文化、文化治理、文化建设和服务体系等。公共文化、农

① Guri A I, Osumanu I K, Bonye S Z. Eco-cultural tourism development in Ghana: Potentials and expected benefits in the Lawra municipality [J]. Journal of Tourism and Cultural Change, 2021, 19 (4): 458-476.

村、农家书屋、对策、乡村文化等主要关键词多出现在2005—2006年，说明我国在该主题研究中起步较晚，研究主要围绕当时会议精神与政策要点展开。文化治理、乡村振兴、文化扶贫、文化建设、服务体系等中心词汇代表了近年来国内该主题研究的热点关键词。

表1-3　2005—2022年国内文献高频关键词统计排名（依据中心度）

序号	中心度	频率	年份	关键词
1	0.25	109	2005	公共文化
2	0.25	83	2006	农村
3	0.21	89	2017	乡村振兴
4	0.18	97	2005	农家书屋
5	0.17	23	2006	对策
6	0.15	43	2018	文化扶贫
7	0.13	32	2007	乡村文化
8	0.11	35	2014	文化治理
9	0.10	15	2016	文化建设
10	0.10	19	2016	服务体系

结合我国农村公共文化服务研究主题聚类图谱、国内农村公共文化服务高频突现主题词共现聚类表（见表1-4），可以看出进行关键词共现聚类分析时，得到了12个热点主题聚类词，分别为#0乡村振兴、#1公共文化、#2农村、#3农家书屋、#4图书馆、#5文化建设、#6保障机制、#7文化扶贫、#8乡村文化、#9新农村、#10乡村治理和#11公共服务。表1-4列举了各个聚类的规模、平均年份及其代表性词语。

其中，最大的聚类为乡村振兴，规模为30，发表年份为2014年；发表年份最早的是聚类#5文化建设和聚类#6保障机制；聚类#5文化建设的规模为17，主要覆盖词为当代中国、文化权利、文化民生、社会主义新农村，聚类#6保障机制的规模为16，主要覆盖词为信息服务、农村文化、农民工、文化需求。这说明早期国内农村公共文化服务主题研究处于建设与探索阶段，主要聚焦于宏观机制构建与文化服务建设方向。发表年份最新的是聚类#10乡村治理，规模为11，主要覆盖利益悖论、农村现代化压力型、内生动力等。这说明近年国内研究围绕乡村振兴战略进行主题拓展，进一步延伸农村公共文化服务的内涵，由宏观建设转变为以人为本的微观发展阶段。

表 1-4 国内农村公共文化服务高频突现主题词共现聚类

聚类	大小	轮廓值	覆盖标签词	发表年份
#0 乡村振兴	30	0.941	新公共文化空间、空间壁垒、供需、农村公共文化服务	2014
#1 公共文化	29	0.977	实践经验、服务供给、服务体系	2013
#2 农村	27	0.954	有效供给、对策、西部农村、路径	2011
#3 农家书屋	27	0.988	农村居民、公共阅读、获得感、公共文化服务	2012
#4 图书馆	21	0.917	总分馆制、社会力量、均等化、公共文化	2014
#5 文化建设	17	0.916	当代中国、文化权利、文化民生、社会主义新农村	2010
#6 保障机制	16	0.925	信息服务、农村文化、农民工、文化需求	2010
#7 文化扶贫	15	0.91	建设、供给制度、供需错位、上下联动	2016
#8 乡村文化	14	0.842	协同设计、城乡融合、服务共创、文化振兴	2014
#9 新农村	14	0.956	需求、供给、农民、创新服务	2012
#10 乡村治理	11	0.959	利益悖论、农村现代化压力型、内生动力	2017
#11 公共服务	10	0.928	作用、农村电影、党的十九大、全面建成小康社会	2016

根据关键词主题聚类和高频关键词图谱网络，结合中心性的排序分析，可以得知目前国内农村公共文化服务的研究热点，为了让读者更好了解当前热点主题的研究成果，结合热点主题的不同聚类标签，将国内农村公共文化服务的研究热点具体归纳为“公共服务”“农村公共文化服务体系建设与政策机制研究”“农村公共文化服务供给研究”“农村公共文化服务与扶贫研究”等3个热点主题。从关键词的发展趋势可以看出，当前农村公共文化服务

的基础性研究逐渐引申出新的趋势，与乡村振兴、文化扶贫、乡村治理等实践问题紧密结合。每个主题选取该领域高被引论文、代表性学者论文和最近发表的论文进行综述，以期明确国内农村公共文化服务研究的主要动向。

四、国内研究热点主题

(一) 农村公共文化服务体系建设与政策机制研究

农村公共文化服务体系建设与政策机制研究包括聚类#0 乡村振兴、#3 农家书屋、#4 图书馆、#5 文化建设等，包含的关键词有总分馆制、文化民生等。在农村公共文化服务体系建设与政策机制研究上，专家、学者多以服务体系的概念内涵为逻辑起点，依次从建设主体、建设原则和建设模式等展开论述，并分析建设中存在的问题及其原因，提出对策建议。李国新（2019）分析了当前农村公共文化服务体系建设中存在的问题，认为应从文化承接组织、政府监督观念、政策体系等方面完善。① 许丹（2021）根据我国所处的新发展阶段，提出从服务理念、主体联动、智治行动、政策创新四个方面高质量构建农村公共文化服务体系。② 在乡村振兴战略背景下，学者们立足现实，结合实际，积极探寻农村公共文化服务体系的突破方向与路径方法。金武刚（2019）分析了新时代农村图书馆建设的重点任务，提出从设施网络、资源整合、环境品质、服务供给和队伍培养方面加强农村图书馆的建设。③ 张斌（2021）认为农村电影对公共精神培育具有重要价值，并提出农村电影高质量发展的路径探寻。④ 耿达（2019）从“空间重塑”视角，提出打造一种“内嵌型”公共文化空间，目的是在农村公共文化建设中让农民群众确立文化主体性地位。⑤

① 李国新．关于加强农村公共文化服务建设的思考［J］．中国图书馆学报，2019，45（4）：4-11.

② 许丹．中国农村公共文化服务高质量发展：基本内涵、问题清单与行动框架［J］．社会科学研究，2021（5）：115-123.

③ 金武刚．公共文化服务体系中的图书馆创新发展研究［J］．图书馆，2019（5）：1-8.

④ 张斌，陈朝彦．新时代农村电影高质量发展的语境与路径［J］．编辑之友，2021（11）：70-76.

⑤ 耿达．公共文化空间视角下农村公共文化服务体系建设研究［J］．思想战线，2019，45（5）：137-146.

（二）农村公共文化服务供给研究

农村公共文化服务供给研究包括聚类#1 公共文化、#2 农村、#6 保障机制、#8 乡村文化、#9 新农村等，包含的关键词有“供给”“供给制度”“需求”“对策”“均等化”“供需错位”等。由于国内研究起步较晚，“供给”问题一开始就成为我国农村公共文化服务的核心问题，也是一个持续的研究热点。陈建（2017）、董帅兵和邱星（2021）研究发现，农村公共文化服务的供给侧结构性改革是解决供需失衡问题的着力点，必须优化供给内容、供给主体与供给方式，提高公共文化服务的质量，推动乡村文化振兴。①② 近年来，农村公共文化服务供给端持续优化，但也带来了一些其他问题，傅才武和刘倩（2020）认为随着市场经济的发展，政府主导的格式化供给模式会导致公共文化服务中结构性失衡。③ 因此，部分学者也开始研究社会主体在公共文化服务中的作用，如李少惠和邢磊（2021）研究发现，社会组织通过制度、专业、服务、技术嵌入农村公共文化服务中时能够有效地提升服务效能。④ 在多元服务主体下，就需要对政府购买的农村公共文化服务绩效以及供给满意度进行评估，如寇垠和刘杰磊（2019）、王家合等（2021）构建不同的满意度指标体系对不同地域农村居民进行调查，结果显示，文化服务供给应从保障机制、监督机制、信息公开、服务主体公信力方面进行优化。⑤⑥

（三）农村公共文化服务与文化扶贫研究

农村公共文化服务与文化扶贫研究包括聚类#7 文化扶贫、#10 乡村治

① 陈建．超越结构性失灵：农村公共文化服务供给侧改革研究［J］．图书馆建设，2017（9）：37-43.

② 董帅兵，邱星．供给侧视角下我国农村公共文化服务的有效振兴：基于全国 31 省 267 个村庄的调查分析［J］．图书馆学研究，2021（2）：30-36.

③ 傅才武，刘倩．农村公共文化服务供需失衡背后的体制溯源：以文化惠民工程为中心的调查［J］．山东大学学报（哲学社会科学版），2020（1）：47-59.

④ 李少惠，邢磊．社会组织嵌入：农村基层公共文化服务效能提升路径研究［J］．图书馆学研究，2021（10）：32-38.

⑤ 寇垠，刘杰磊．东部农村居民公共文化服务满意度及其影响因素［J］．图书馆论坛，2019，39（11）：79-86.

⑥ 王家合，杨硕，杨德燕，等．县域政府购买农村公共文化服务绩效的空间差异：以湖北省咸宁市咸安区为例［J］．经济地理，2021，41（1）：165-172.

理等，包含的关键词有内生动力、相对贫困、农村现代化等。在信息化时代，农村脱贫地区所折射出的文化贫困开始受到社会各界的关注，如孙晓宁和甄瑾慧（2022）研究发现，当前农村居民数字化素养偏低、数字化意识不强，表现为数字化物质贫困，应加强数字化的普及、支持与体验，帮助农村居民削减数字贫困。① 因此应制订科学合理的文化扶贫计划，激发贫困群体的文化创新力以及内生动力，从而实现以文化扶贫的目标。刘璐和苏锋（2020）认为农村电影作为公共文化服务多元聚合的文化形式，只有充分展现电影文化的社会效益，促进贫困群体内在力量的生长，方能从实质上增强其扶贫效能。② 曾粤亮等（2021）基于公共图书馆文化扶贫现状，提出应优化文化扶贫的策略，完善数字基础设施，面对不同群体打造线上线下特色服务项目，提升文化水平以防止返贫、增强公共文化服务可及性、实现贫弱群体文化资源与服务精准供给的需要。③

第三节　农村公共文化服务的研究前沿

研究前沿（Research Front）代表着某一领域的最新学术动态，一般由新兴的主题和理论所组成，是动态概念和潜在的研究问题，通过研究当前学术的关注热点和思想，进而可以预测出未来的研究方向。在某一时段内，对突现词（Burst Terms）进行分析和综合判断，可探测领域的研究热点并预测领域的研究趋势。④ 突现强度体现热点词的受关注程度；突现时

① 孙晓宁，甄瑾慧．农村居民数字贫困成因、状态及其关系结构研究：基于山西省晋中市的田野调查［J］．中国图书馆学报，2022，48（3）：112-129.

② 刘璐，苏锋．公益服务、文化创新与意象空间：电影与扶贫多元文化互动的内涵与实践［J］．出版广角，2020（21）：16-19.

③ 曾粤亮，韩世曦，梅潇．我国中西部省级公共图书馆数字文化精准扶贫实践现状、问题与策略研究［J］．图书馆学研究，2021（13）：7-17.

④ 陈超美，李杰．citespace 科技文本挖掘及可视化［M］．北京：首都经济贸易大学出版社，2017：78-89.

间的长短是主题词被认可程度的标志。① 当前学术界对研究前沿的探究方法主要包括突现词分析、内容分析以及将前两种方法结合的复合关系分析法。复合关系分析法能综合突现词分析和内容分析的优点，进而受到学术界的普遍认可。② 基于此，本书采用复合关系分析法，即以突现词及关键词时区（Time Zone）视图相结合的方式探究国内外农村公共文化服务的前沿研究领域，同时也为科研工作者未来的研究方向提供一定的参考。

一、国外研究前沿

通过对 209 篇文献关键词突现分析，选取前 14 个影响力较大的突现关键词，得到国外农村公共文化服务研究关键词突现图谱（见图 1-9）；同时调整相关参数与功能，绘制国外农村公共文化服务研究关键词时区视图，具体可划分为两个阶段。

关键词	年份	影响力	起始年份	终止年份	1992—2022年
health	1992	2.13	2003	2010	
rural area	1992	1.98	2003	2012	
contingent valuation	1992	2.37	2012	2017	
land use	1992	2.07	2012	2014	
barrier	1992	2.15	2014	2017	
access	1992	1.91	2014	2016	
decision making	1992	2.21	2015	2018	
service	1992	1.85	2015	2016	
management	1992	4.04	2016	2022	
ecosystem service	1992	3.53	2016	2022	
conservation	1992	3.87	2018	2020	
impact	1992	1.91	2018	2022	
value	1992	2	2019	2022	
policy	1992	2.53	2020	2022	

图 1-9　1992—2022 年国外农村公共文化服务研究关键词突现图谱

第一阶段：2003—2015 年共 8 个突现词，health（健康）最先出现，

---

① 孙雨生，仇蓉蓉，邓兴．国内知识图谱研究进展：基于 CiteSpace Ⅱ的分析［J］．现代情报，2014，34（1）：84-88.

② 许晓阳，郑彦宁，赵筱媛，等．研究前沿识别方法的研究进展［J］．情报理论与实践，2014，37（6）：139-144.

这一阶段国外学者们关注点主要与农村公共文化服务建设相关，与其关联的突现词有 rural area（农村地区）、contingent valuation（或然估值）、land use（土地使用）、barrier（壁垒）、access（访问）、service（服务）等。在很长的一段时间内，国外公共文化服务的发展受制于公共财政的支出，鉴于公共文化的特征，市场很难发挥作用，尤其是在边远农村地区，政府必须提供有效的公共产品甚至提供财政补贴才能确保农村公共文化服务的有效供给，因此在一段时间内农村地区公共文化服务建设等相关问题成为众多学者追捧的热点问题。第二阶段：2016—2022 年共 6 个突现词。在这一阶段内，management（管理）、ecosystem service（生态服务系统）、conservation（保护）、impact（影响）、value（价值）、policy（政策）成为研究的热点关键词，并一直持续至今，说明当前国外学者针对农村公共文化服务的研究更倾向于公共政策的选择及其相关主体的影响方面。

2022 年来新兴关键词主要有 residential aspiration（居住愿望）、low income youth（低收入青年）、geographic inequality（地域不平等）、family structure（家庭结构）、agricultural policy（农村政策）和 place-based effect（地方性效应）等，也是倾向于公共政策对农村公共文化服务的影响效应，所得结果与图 1-10 分析情况相近，这也客观形象地分析了国外农村公共文化服务发展研究热点主题的演变与研究前沿的形成过程。

综上所述，根据国外农村公共文化服务研究关键词突现图谱第二阶段的突现词：management（管理）、ecosystem service（生态服务系统）、conservation（保护）、impact（影响）、value（价值）和 policy（政策）等，笔者经过归纳整理将国外学者的研究前沿总结为农村公共文化服务的相关政策影响效应与价值效应研究以及政策对相关主体的影响研究，如居民、环境等方面。

二、国内研究前沿

通过对 884 篇我国农村公共文化服务文献关键词突现分析，选取前 25 位影响力较大的突现关键词，绘制关键词突现图谱（见图 1-10），具体可划分为两个阶段：

关键词	年份	影响力	起始年份	终止年份	2005—2022年
协同设计	2005	2.28	2005	2010	
共享工程	2005	1.84	2007	2011	
延伸服务	2005	2.23	2008	2010	
保障机制	2005	1.96	2008	2011	
信息服务	2005	2.73	2009	2014	
农村	2005	2.27	2009	2010	
农村文化	2005	2.85	2010	2012	
对策	2005	3.44	2011	2012	
农民	2005	2.26	2011	2016	
文化建设	2005	2.15	2011	2016	
免费开放	2005	2.09	2011	2013	
服务体系	2005	3.3	2013	2014	
当代中国	2005	2.93	2015	2016	
图书馆	2005	2.37	2015	2017	
均等化	2005	2.36	2015	2019	
文化服务	2005	2.34	2015	2016	
文化扶贫	2005	5.7	2016	2018	
贫困地区	2005	4.49	2016	2017	
公共文化服务均等化与服务满意度	2005	1.98	2016	2018	
乡村振兴	2005	14.27	2018	2022	
文化治理	2005	4.92	2018	2022	
乡风文明	2005	2.19	2018	2019	
供需失衡	2005	1.82	2019	2022	
乡村文化	2005	4.23	2020	2022	
文化振兴	2005	2.7	2020	2022	

图 1-10　2005—2022 年国内农村公共文化服务研究突现词图谱

第一阶段：2005—2015 年共 16 个突现词，此阶段持续了 10 年，“协同设计”最先出现。这一阶段学者们关注点主要与农村公共文化服务体系设计、文化基础建设及文化服务机制保障相关，与其关联的突现词有共享工程、延伸服务、保障机制、信息服务、对策、文化建设、免费开放、服务体系、图书馆等。原因可能是 2005 年起中共中央办公厅与国务院办公厅印发了《进一步加强农村文化建设的意见》以及 2007 年 3 月新闻出版总署等八部委联合发布《“农家书屋”工程实施意见》的通知，标志着政府主导的农村文化建设重大工程启动，其相关问题开始成为众多学者追捧的热点问题。

第二阶段：2016—2022 年共 9 个突现词，在这一阶段，文化扶贫、贫困地区、满意度、乡村振兴、文化治理、乡风文明、供需失衡、乡村文化、文化振兴等关键词频率骤升，关键词“乡村振兴”突现强度最大，为 14.27，文化扶贫次之，突现强度为 5.7，这可能与党的十九大报告对“三农”问题的相关论述有关，即“三农”问题是关系国计民生的根本性问题，实现乡村振兴战略是建设现代化经济体系的重要基础。2015 年 11 月，习近平总书记在中央扶贫工作会议上指出，要坚持精准扶贫、精准脱贫。在该主题的研究过程中，笔者揭示了文化精准扶贫的相关问题，主要是农村文化阵地建设不足、文化产业扶贫道路不宽、农民基本文化权益不均衡等。

通过突现词可以看出，从 2016 年至今我国学者对乡村振兴背景下的农村公共文化服务研究问题研究最为强烈，其中包含了文化治理、供需失衡、乡村文化、文化振兴、公共服务均等化与服务满意度方面的研究。由图 1-11 可知，2022 年的新兴关键词主要有供给公平、协同发展、数字中国、数字贫困、多元共治、供需关系、文旅融合、农民阅读等，也是倾向于乡村振兴背景下农村公共文化服务的发展研究，其中出现的公共文化服务与数字中国、数字贫困方面是值得学者关注的研究点，图谱所得结果与图 1-10 分析情况相近。

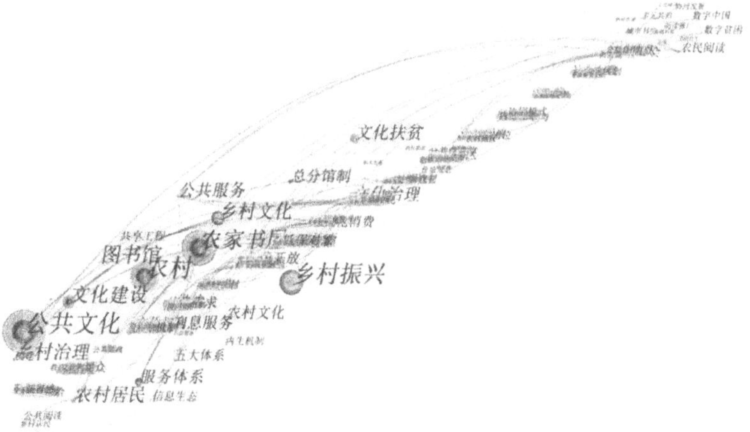

图 1-11 国内农村公共文化服务研究关键词时区视图

综上所述，根据国内农村公共文化服务研究关键词突现图谱第二阶段的突现词：文化扶贫、贫困地区、公共文化服务均等化与服务满意度、乡村振兴、文化治理、乡风文明、供需失衡、乡村文化、文化振兴等，笔者经过归纳整理将国内学者的研究前沿具体总结为，乡村振兴战略背景下的农村文化治理与振兴研究、公共文化服务与防返贫研究、公共文化服务均等化与满意度研究以及数字化浪潮对农村公共文化服务的影响研究。

第四节　农村公共文化服务研究趋势

本书选取 WOS 数据库和 CNKI 数据库中农村公共文化服务研究相关文献，运用 CiteSpace 软件对农村公共文化服务领域进行文献年度发文统计、国家合作网络、作者合作网络、机构合作网络、关键词词频、关键词聚类、关键词突现以及时区视图等可视化分析，主要得出以下结论。

一、研究关注度持续上升

国外对农村公共文化服务领域的研究起步较早，近年来对该研究领域的关注度持续上升，发文量逐渐升高。我国对农村公共文化服务的研究大致经历了 2005—2011 年的初始发展阶段和 2012—2022 年的高速平稳发展阶段，虽然国内研究起步较晚，但其学术成果在国际领域的影响力逐渐提升，发文数量也不断增多。从作者合作网络图谱和研究机构合作网络图谱中可以看出，国内作者中已经形成以李少惠、吴理财为代表的核心研究团队，具有较强的研究影响力，但国内不同学者、不同机构之间合作网络较为稀疏，表明国内学者之间、高校科研机构之间合作较少；国外作者虽未形成核心的研究团队，不过学者之间合作紧密，国际机构间合作多于国内机构，欧美国家在国际影响力上仍占据主导。

二、研究内容呈细化趋势

通过高频关键词与主题聚类分析发现，目前国内外对于农村公共文化服务的研究热点存在相似部分，在主题所聚焦的研究方向上存在差别。国外农村公共文化服务的研究热点集中在“农村公共文化服务政策影响研究”“农村公共文化服务供给机制研究”和“公共文化服务与环境保护研究”；国内农村公共文化服务的研究热点集中在“农村公共文化服务体系建设与政策机制研究”“农村公共文化服务供给研究”“农村公共文化服务与扶贫研究”。国内大量研究将关注点放在农村公共文化服务的具体活动形式或者某种公共文化设施，研究如何提升农村公共文化活动及设施的可及性及有效性。

三、研究领域交叉学科性突出

通过关键词突现与关键词时间视图分析，热点研究主题与研究前沿有一定的相关性。研究发现，国外农村公共文化服务研究前沿可以总结为农村公共文化服务的相关政策影响效应与价值效应研究以及政策对相关主体的影响研究，如居民、环境等方面。国内研究前沿可以总结为乡村振兴战略背景下的农村文化治理与振兴研究、公共文化服务与防返贫研究、公共文化服务均等化与满意度研究以及数字化浪潮对农村公共文化服务的影响研究。

总体而言，我国农村公共文化服务领域的研究虽然取得了丰硕的成果，但在研究深度和广度方面，还存在着许多不足。我国农村公共文化服务研究还可以从以下方面进行突破与完善：第一，在理论层面，研究农村公共文化服务的理论基础，包括农村公共文化服务的价值内涵、农村公共文化服务融入国家治理的机制等方面。第二，在应用层面，运用数字化等信息技术，加强对我国农村公共文化服务领域的探究。数字化的浪潮下，数字乡村建设为农村公共文化服务均等化提供了全新的发展空间，因此要引入新兴技术赋能农村公共文化服务发展。结合我国农村老龄化、人口空心化等现实国情，探索农村公共文化服务新型发展模式，以丰富公共服务的理论研究。第三，在农村公共文化服务研究的学科层面，学者之间以及机构之间应该积极开展协同合作。我国高等院校是农村公共文化服务研究的重要科研力量，目前在已发表文献中也占很大比重。农村公共文化服务这一研究领域包含经济学、管理学、社会学、图书馆学、心理学、民族学等多学科，涉及不同行政级别、宏微观等多层次的研究内容。在乡村振兴战略的大背景下，需要跨学科之间的互相合作才能研究出更多的具有创新性和实践性的研究成果，继而对提升农村公共文化服务供给效率提供参考。因此，必须加强团队之间、高校之间、机构之间、机构与高校之间的合作，不断提高科研成果的竞争力和影响力，促进更高质量的学术研究成果，为提高我国乡村文化治理效能、实现乡村文化振兴贡献力量。

第二章　农村公共文化服务相关理论研究

第一节　马克思主义公共产品理论及其启示

一、马克思主义公共产品理论

公共产品理论是现代公共经济学的基石，随着资本主义市场经济的发展而逐渐丰富。马克思没有明确提出公共产品的概念，但蕴含了公共产品的思想。马克思对公共产品的内涵、本质、生产等方面的内容进行了阐明，构成了马克思的公共产品理论。马克思主义关于公共产品理论的研究以社会总产品的分配问题为逻辑起点，研究了公共产品的根本属性、供给的基本条件、供给量三个方面的核心内容。① 马克思对公共产品既未进行单篇系统的论述，也没有进行明确界定，但是马克思的公共产品理论在其经典著作中有所体现，比萨缪尔森的公共产品概念早了 80 年。

（一）公共产品的根本属性是满足社会共同利益需要

马克思主义公共产品理论主要体现在 1875 年《哥达纲领批判》中的《德国工人党纲领批注》，公共产品是社会总产品中满足社会存在和发展的共同需要的部分，是社会总产品的分配。公共产品具有排他性，即任何人均可享用该产品，并可从该产品中获益。马克思认为，政府应当从总收入中划拨出一部分，专门用于公共产品和公共服务，通过社会福利的分配，

① 高艳．马克思主义公共产品理论研究及其当代启示［J］．法制与社会，2014（17）：7-8.

尽可能缩小贫富差距。① 马克思的这一论述尽管没有“公共产品”的直接提法，但却蕴含着公共产品及其理论的深刻思想和理念。社会总产品进行必要的扣除，适用于满足人民生存与发展的社会公共利益的需求，“用来满足共同需要的部分，如学校保健设施等；为丧失劳动能力的人等设立的基金”“用来应对不幸事故、自然灾害等的后备基金或保险基金”②。同时，公共产品还具有非竞争性，对该产品的消费不会影响其他人对该产品的消费，还阐述了公共产品的本质属性是社会总产品做出的“扣除”。马克思认为社会总产品的这种“扣除”是必要的，做这些扣除，是因为这些扣除属于“公共基金”③，事关整体社会发展与公民基本生存的公共利益，需求必须得到优先满足，“同生产没有直接关系的一般管理费用”属于维护性公共产品和公共服务，“用来满足共同需要的部分，如学校保健设施等”和“为丧失劳动能力的人等设立的基金”属于社会性公共产品和公共服务，而用于满足再生产需要的作为生产资料的扣除部分则涉及经济性公共产品和公共服务。④ 马克思认为公共产品的非竞争性和非排他性的本质根源在于公共产品满足的需求指向是社会发展的公益性部分。因此，公共产品的供给主体与社会经济发展状况息息相关。

（二）公共产品的供给主体是两类主体

马克思在《不列颠在印度的统治》一文中提出，两类主体“私人企业家”“中央集权的政府”是主导水资源利用的主体。同时提出，根据社会经济发展水平的不同，公共产品的供给主体可以是多元化的。布坎南和马斯格雷夫也认为：“由于市场存在失灵问题，公共物品和有益物品应由政

① 朱巧英．坚持以马克思民生思想为指导推进基本公共服务建设［J］．中国党政干部论坛，2019（11）：76-78.

② 马克思，恩格斯．马克思恩格斯选集：第3卷［M］．中共中央马克思恩格斯列宁斯大林著作编译局，译．北京：人民出版社，1995：302.

③ 马克思，恩格斯．马克思恩格斯选集：第3卷［M］．中共中央马克思恩格斯列宁斯大林著作编译局，译．北京：人民出版社，1995：304.

④ 王同新．马克思公共产品理论及其现实启示［J］．闽江学院学报，2014（6）：34-39.

府提供。”① 国家执行公共管理职能，需要提供有利于社会共同利益的公共资源，并对这些资源进行分配、管理和维护。公共职能的执行是国家在维护公共利益和私人利益之间平衡的必需。马克思提出，社会创立国家政权来保护社会共同利益。② 国家通过向社会提供公共产品的方式来实现其公共管理职能，财政为公共职能顺利执行提供物质保障，体现了国家财政公共思想性。马克思主义国家职能理论认为，国家的内部职能分为政治职能和社会职能。两种职能在不同的国家形态中所占的比例不同。在社会主义国家中，随着社会经济的发展、阶级差别、阶级斗争范围缩小，政治职能作用的范围亦将逐渐缩小。经济和社会发展要求社会管理职能日益增强和扩展。社会职能的履行是提供更多的基本公共服务，满足人民日益增长的美好生活需要。随着我国社会主义国家的发展，政治职能的范围也将逐渐缩小，而更多地体现为替补社会职能及提供基本公共服务。公共文化服务是基本公共服务中的一个重要组成部分。因此，随着我国经济和社会发展，提供更多的、更高质量的公共文化服务是社会管理职能的体现，也是国家治理的主要方向。马克思通过论证国家的公共服务职能，揭示了国家执行的公共事务具有服务特性，属于非生产性劳动。这种劳动的特殊使用价值取得了服务这个特殊名称，是因为劳动不是作为物，而是作为活动提供服务的。③ 国家在履行公共服务职能的过程中，考虑到公共利益的实现并且通过分配满足社会共同需要。公共产品的非排他性决定了国家必然是公共产品的供给主体。马克思研究了不同区域公共产品的供给主体不同，他认为“亚洲的一切政府都不能不执行一种经济职能即举办公共工程的职能”④。

（三）公共服务要实现均等化

国家执行社会公共服务职能的要求是实现公共服务均等化的必要条

① 詹姆斯·M. 布坎南，理查德·A. 马斯格雷夫. 公共财政与公共选择两种截然对立的国家观［M］. 类承曜，译. 北京：中国财政经济出版社，2000：1.

② 马克思，恩格斯. 马克思恩格斯选集：第4卷［M］. 中共中央马克思恩格斯列宁斯大林著作编译局，译. 北京：人民出版社，1972：249.

③ 马克思，恩格斯. 马克思恩格斯全集：第26卷［M］. 中共中央马克思恩格斯列宁斯大林著作编译局，译. 北京：人民出版社，1972：435.

④ 马克思，恩格斯. 马克思恩格斯全集：第9卷［M］. 中共中央马克思恩格斯列宁斯大林著作编译局，译. 北京：人民出版社，1961：145.

件。每一个社会成员都应该享受平等的公共服务。社会成员享有生存权和发展权，保障基本生活，满足基本健康需求，实现社会成员共同的价值目标——公共服务均等化，有利于化解社会发展不平衡、不充分的矛盾，保障弱势群体的基本权利，提升社会成员的幸福感和获得感，从而有利于夯实国家政权的合法性与合道德性基础，使得政府权力运行具有牢固的基础。马克思的公共产品理论体现了公共产品满足社会需求的属性，社会共同需要属于社会总产品的分配，满足社会共同需要的产品，应优先从集体的劳动所得——社会总产品里面扣除，满足社会共同需要的公共产品和服务，具有共享性价值。社会共同需要保障了社会正常运转，社会共同需要的实现依赖国家对社会剩余产品的强制性分配。公共服务均等化必须以社会生产力的高度发展和社会总产品的充足供给为前提，才能满足社会共同需要，随着社会生产力的发展而不断提高，公共服务的均等化要通过国家财政来保障。

（四）公共产品供给量受生产力水平影响

马克思认为，公共产品的供给量受多方面因素影响，与社会生产力发展水平及社会经济制度所想获得的利益大小有关。在不同的社会发展阶段，社会经济制度为公共文化建设而做出的财政支出影响公共文化产品的供给量。随着社会的发展而日益增长的生产力水平发展程度决定了社会总产品中用来满足共同需要量的份额。社会经济制度想要获得的利益大小决定了财政支出的量，影响着公共产品的供给量。

马克思在《1844年经济学哲学手稿》以及《人类笔记学》中，关于农村问题的论述蕴含着农村文化建设的思想。马克思认为农村文化建设首要的任务是改造农民落后思想。马克思通过对小农经济局限性分析发现了农民群众具有反抗性与革命性双重属性，革命性对于民主主义革命具有重要作用，但同时农民保守落后的思想之下隐藏了反抗性。“他们根深蒂固的私有观念，暂时还阻碍他们这样做”①，农民反对土地国有化，是因为没

① 马克思，恩格斯．马克思恩格斯选集：第4卷［M］．中共中央马克思恩格斯列宁斯大林著作编译局，译．北京：人民出版社，2012：359.

有认识到土地国有化对他们的益处。而要想改变这种现象，就必须改变农民落后的思想，通过教育来增强他们的革命意识。农村文化封闭落后的状态，只能通过改造农民落后思想来打破，进而促进整个社会文明的发展和进步。马克思认为，“物质劳动和精神劳动最大的一次分工，就是城市与乡村的分离，城乡之间的对立是从野蛮向文明的过渡、部落制度向国家的过渡、地方局限性向民族的过渡而开始的，它贯穿着文明的全部历史直至现在”①。农村文化向城市文化过渡要通过消除野蛮、走向文明，缩小城乡差距来实现。马克思在《共产党宣言》中肯定了资本主义的进步性，认为“资本主义是农村屈服于城市的统治。它创立了巨大的城市，使城市人口比农村人口大大增加起来，因而使很大一部分居民脱离了农村生活的愚昧状态”②。马克思肯定资本主义城市中蕴含着丰富的文化资源和工业文明。这种文明推动了整个社会文明进步发展，是社会进步发展的动力。农村公共文化服务一方面提高了农民的文化认同感，培育了农民个体的公共理念、文化自觉；另一方面克服了农民的思想狭隘性，在社会层面推动共识凝聚，促进了农村文化的繁荣和振兴。

二、马克思主义公共产品理论的启示

公共文化服务供给是满足农村居民美好生活精神需求的重要途径，是实现共同富裕中精神富裕的重要措施。农村居民对公共文化的需求反映了农村居民对幸福生活的追求，优质的文化服务供给能够提升人们的幸福生活指数。根据马斯洛的需求层次理论，人的需求呈螺旋递进形态，当低层次的生理、安全等需求得到满足以后，便向高层次的自我发展和自我实现需求发展。目前我国已经成为世界第二大经济体，人民已经解决了温饱问题，进入了全面建成小康社会决胜阶段，社会的主要矛盾已经转变为人民日益增长的美好生活需要和不平衡不充分的发展之间的矛盾，满足人民日

① 马克思，恩格斯．马克思恩格斯选集：第1卷［M］．中共中央马克思恩格斯列宁斯大林著作编译局，译．北京：人民出版社，2012：184.

② 马克思，恩格斯．马克思恩格斯选集：第1卷［M］．中共中央马克思恩格斯列宁斯大林著作编译局，译．北京：人民出版社，2012：405.

益增长的精神文明生活需要和公共文化服务的不平衡不充分的矛盾依然存在。城乡和地区间公共文化服务还存在差异，农村地区的公共文化服务供给效能不高，供需错配使得这种不平衡不充分的问题更为显著。农村居民尤其是农村特殊群体对公共文化服务的需求日益增加，农业农村现代化发展需要实现农民现代化，制定更为完善的农村公共文化政策、加快农村公共文化服务供给改革十分迫切，而马克思公共产品理论为解决这一矛盾提供了指导，为农村公共文化服务供给效能提升、优化供给机制、实现供给模式创新提供了理论依据。

(一) 政府充分发挥农村公共文化供给职能

马克思的公共产品理论提出了政府在公共产品供给中的重要作用。公共产品具有非排他性和非竞争性，公共产品不具有收益性，私人企业不愿进行投资。如果政府不进行公共文化产品的供给，那么农村地区公共文化服务就会面临萎缩。农村公共文化产品和服务的本质是对社会总产品剩余的分配，具有公益性的特点。这种分配需要由政府这一外生力量主导，为其提供主要的动力因素。政府还要对农村公共文化服务产品的供给进行支配和调控，统筹规划社会多元化的合作，鼓励社会组织积极参与农村公共文化服务供给和维护。政府在农村公共文化服务供给中起主导作用，关系到农村居民精神生活能否得到满足。公共文化产品理论要求构建公共文化服务保护机制，对公共文化的管理和运行进行监督管理。马克思公共产品理论在唯物论和辩证法基础上，揭示了公共产品的公益性本质，为满足社会发展共同需要，从提升社会成员基本生活需要的角度来说，公共产品具有公益性，决定了公共产品的供给只能由国家来执行。马克思公共产品理论为强化政府在农村公共文化服务供给的职能、推动政府根据社会发展需要进行公共文化服务供给改革、补齐农村公共文化服务落后短板、满足农村群众的文化需求、改善农村文化环境质量、提供更多优质的农村公共文化产品指明了方向，极大地丰富了社会文化治理思想。

(二) 农村公共产品供给主体多元化

马克思指出公共产品供给和生产力发展水平相关，政府供给并不是唯一的形式，在生产力水平较高的西方国家，用水问题的供给方式可以是由政府和私人企业家组成联合的供给。公共产品的供给主体与社会经济发展状况有关，由于社会经济发展水平不同，公共产品的供给主体可以是多元化的。公共产品的本质在于公益性，是满足社会存在与发展的公共利益需求的产物。在消费上具有特殊属性，具有非竞争性和非排他性。政府具有提供公共产品的功/职能，并主导公共产品供给。我国根据社会主义市场经济发展水平，确定公共产品供给模式为政府主导，同时发挥市场的重要作用。政府是农村公共文化产品的核心供给主体，在市场和社会形成的多元化供给模式中，具有统筹规划和指导职能。多元主体参与到公共产品的生产和供给中，提高全体社会成员的精神文明程度，以满足社会成员对良好公共文化产品的需求。

（三）促进农村经济发展，提升公共文化供给效能

根据马克思主义公共产品理论，社会生产力的水平与公共产品供给水平相关。社会生产力水平越发达，公共产品的供给水平则越高。经济发展水平和产业结构升级对本地区和邻近农村公共文化服务供给质量提升具有促进作用。我国农村地区经济发展水平落后于城市，公共文化服务具有投资金额大、收益时间长的特征，受城乡二元等级体系发展的长期影响限制，农村居民在获取公共文化服务方面远落后于城市居民。农村文化产业发展不仅提升了农村整体经济水平，给农村居民带来了一定的经济收益，同时改善了人居环境，缩小了城乡公共文化服务的差距。因此，大力发展农村经济，壮大农村企业，为向农村居民提供更高质量、更适宜的公共文化服务提供了物质保障。

马克思坚持唯物论和辩证法，立足满足人类社会存在与发展的最基础的利益需求，探讨并揭示了公共产品产生的真正原因、本质及供求的问题。① 马克思公共产品理论从满足社会发展需要和公民基本生存需要的公益性本质出发，对公共产品的供给问题进行了深入探讨。马克思的公共产

① 胡钧，贾凯君．马克思公共产品理论与西方公共产品理论比较研究［J］．教学与研究，2008（2）：9-15.

品理论对我国农村公共文化供需矛盾的解决具有丰富的理论和现实指导意义，对农村公共文化服务体系构建，政府在公共文化供给中的职能以及农村社会全面可持续发展提供了有力指引。我国公共文化服务的价值基础应该建立在马克思公共产品理论之上，深入挖掘和全面把握马克思公共产品理论当代价值，加强我国公共文化服务体系建设，完善农村公共文化服务制度体系，提升公共文化服务供给效率。

第二节 农村公共文化服务理论

一、农村公共文化服务内涵界定

文化对政治、经济、生活都具有重要作用。随着党和国家对“三农”问题的重视，农业农村现代化包括农民现代化的推进，国家加大了农村公共文化的供给，农村公共文化的建设逐步被提上了重要的议程并得到了显著的改善和发展。农村公共文化设施的数量和质量都得到了极大改善，国家实施的文化惠民工程自上而下地将文化输送到农村地区，极大地丰富了农村居民的精神文化生活。将社会主义核心价值观融入农民的文化生活中，农民群体科学文化素养得以提升，乡村文明建设得到了极大改善，加快了城乡公共文化一体化建设步伐。农村公共文化服务是为满足农村民众的文化需求而由政府主导，企业社会团体和个人自愿参与进行的普及文化知识、传播先进文化、提供精神食粮、保障农民群众文化权益的文化产品及服务的供给活动。① 彭益民（2012）根据社会学分析理论，提出农村公共文化服务是指在坚持政府主导下，鼓励社会参与，投入人力、物力、财力，以具体的服务项目为载体实施，最终构建以实现满足农民基本公共文化权益为目的的系统工程。② 李少惠（2014）认为农村公共文化服务是指

① 张红娟，李少惠．我国农村公共文化研究综述［J］．图书情报工作，2011（19）：53-57，48.

② 彭益民．农村公共文化服务体系建设的几点思考［J］．湖南行政学院学报，2012（5）：5-9.

需要公共部门和准公共部门在宏观层面的合力规划引导和微观层面的实践互补下，以满足农民公共文化需求为目的，向农民群众提供农村公共文化产品和服务的行为。① 高静、王闪闪、丁甜甜（2019）从宏观构成体系、微观构成体系和特征三大板块入手，分析得出农村公共文化服务的责任和服务主体是由政府和非营利社会组成，客体是农民群众，以公益性文化机构为基本载体。② 农村公共文化服务是由政府向农村居民提供不具有竞争性与排他性的公共文化服务。农村公共文化服务保障农村居民的文化权利，满足农村居民日益增长的精神文化需求，提升农民群众的幸福感和获得感，也是共享改革发展成果的必然要求。从具体内容来看，农村公共文化服务包括：①组织和提供公共文化服务活动，建设公共文化服务设施，为农村居民提供电视、广播和表演节目等文化活动；②建设文化站、文化活动中心，建设公共文化活动设施等提供给农村居民；③建设农村公共文化服务网络、构建以农民为主体的公共文化服务发展平台等。

首先，农村公共文化服务具有非营利性特征。农村公共文化服务以公益性为基础，为农村居民提供公共性的文化服务产品和公共文化设施，是政府的基本职能。各级政府基于社会全体成员的共同利益，以普遍实现公共文化权益为准则，体现公共文化服务的公益性。农村公共文化服务向农村居民免费开放，每位居民都有权参与。农村公共文化服务是由政府主导，以公共财政为主要依托，普及基本文化知识，保障农村居民平等享有文化权益，具有显著的正面效应。农村公共文化服务中的各类公共产品和公共设施具有公共产品性质，因此具有开放性和免费性的特征。其次，公共文化服务具有平等性。政府提供的公共文化服务要惠及全体居民。享受基本的公共文化服务是现代社会公民具有的基本权利之一，城乡居民应平等享受公共文化服务。政府提供农村公共文化服务的服务目标具有非差异性，要向全体农村居民提供公平、均等的基本公共文化服务。公共文化服

---

① 李少惠．互动和整合：甘南藏区农村公共文化服务发展研究［M］．北京：中国社会科学出版社，2014.

② 高静，王闪闪，丁甜甜．需求导向下农村公共文化服务供给模式研究：重庆实践［M］．重庆：重庆大学出版社，2019.

务可以为农村弱势群体提供公共文化产品和服务，保障他们能平等享有文化权益。在以生存保障为主导的社会中，文化生活差距极易被忽视。随着人的生活需求被满足并逐渐上升到精神文化层面，文化上的差距会降低社会成员的主观获得感。因此，公共文化服务均等化与公平正义相联系，是关系到社会公平正义的永恒性课题。最后，公共文化服务内容具有多样性。公共文化服务的内容针对公民的不同文化需求，呈现多样化、多方面、多层次的特点。各级政府在向农村提供公共文化服务时要承认不同区域农村居民文化需求的差异，相应的公共文化服务标准具有差异性。

在全球化时代，尽管我国公共文化服务概念的形成受到了服务型政府理论和新公共管理理论的影响，但大多数学者认为，公共文化服务更多地表现为通过本土化的研究和本土化的实践而提出的具有中国特色的话语体系。

二、农村公共文化服务的价值意蕴

党的二十大报告提出“健全现代公共文化服务体系，创新实施文化惠民工程”“统筹乡村基础设施和公共服务布局，建设宜居宜业和美乡村”。基于达到人民群众精神共同富裕、乡村文化治理改革、实现乡村文化振兴的目标任务，在中国式现代化道路上，按照党中央决策部署，健全现代公共文化服务体系，补齐农村公共文化服务短板，推进农村公共文化服务高质量发展具有重要价值。

（一）农村公共文化服务供给是实现人民群众精神富裕的重要途径

党的十九届六中全会报告明确提出，建设社会主义文化强国是中国式现代化的重要内容。经济、文化、科学和教育等因素是大国实力的重要衡量因素。从经济和文化角度对世界经济体进行衡量，可以反映各国经济文化综合实力。通常综合国力的衡量包括了经济、文化、科学、教育、政治、军事等内容。文化是一种软实力，关系一国的国际竞争力和国际地位。文化产品和服务承载了一个国家的文化理念、文化价值和文化追求，其在综合国力竞争中的地位和作用凸显。联合国经济、社会及文化权利国际公约将为自己及家庭获得相当的生活水准的权利、享有最高的体质和心理健康权利、受教育权以及享受科学文化生活的权利等包含明显文化需求的权利列入了公约内容，以保障提升本国居民相应的权利。教科文组织的《未来八年发展战略规划（2014—2021年）》，包含教育、科学、文化、传播和信息五大领域的工作，将提升人的权利、满足人的精神文化需求作为宗旨。人的多层次文化精神需求和文化权利的实现既是综合国力的重要体现，也是社会发展变迁的必然要求，是人的全面发展的重要标准。随着经济发展水平不断提高，在基本生活需求得到满足的基础上，更高的文化需求愈加突出。马斯洛从人的需求层次不断提升的角度，阐述了经济发展所带来的人的需求不断增进的趋势。恩格斯的对于人的发展不同需要的论证，反映了从物质丰裕到精神富足的跨越。恩格斯在《论住宅问题》中提出，“每个人都有充分的闲暇时间获得历史上遗留下来的文化中一切真正有价值的东西”。这句话指明了人们有共同享受人类文明、实现自由发展的权利。人的需求随着经济的发展向满足多样化精神需求——文化、休闲娱乐、教育、康养等领域的活动和消费方向发展。马克思从人的自然属性和社会属性相统一的人性出发，在肯定人的物质需要满足的客观性同时，强调了人的精神需要满足的重要性。共同富裕不仅蕴含着贫穷不是社会主义的本质规定，而且蕴含着精神贫乏、精神颓废也不是社会主义的价值追求。精神共同富裕是人类对美好生活、美好社会的一种价值追求，高度体现了中国特色社会主义本质要求和中国式现代化的重要特征。促进共同富裕，通过完善公共文化服务政策制度体系，提升公共文化服务水平达到精神共同富裕。在实现脱贫攻坚任务迈向小康社会道路上，精神生活的富裕成为人民群体最关心的领域，应精准提供基本公共文化服务，保证弱势群体能够享受基本文化权利。在公共文化服务领域提供超出地区经济发展实力的文化服务是难以维持的，必将带来公共文化服务的不可持续发展。

公共文化服务也有利于建立生态宜居农村环境。改善农村人居环境，建设生态宜居乡村，是实施乡村振兴战略的一项重要任务，事关全面建成小康社会。农村公共文化服务供给可为农民提供优质文化服务，增强农民文化自信。农村公共文化建设中注重保护传统村落风貌，促进发展乡村文明建设。以人与自然和谐共生为指导，极大地激发了农村居民潜在的文化活力和创造力。在农村公共文化服务推进的过程中，不断地增强农民的主体参与意识，培养他们的科学文化素质，进一步提高农村居民对自我发展和提升的愿望和能力，从而在精神生活方面提升幸福感、获得感，实现精神富裕。

（二）农村公共文化服务助力乡村文化振兴

习近平总书记指出，“乡村振兴，既要塑形，也要铸魂”“实施乡村振兴战略要物质文明和精神文明一起抓，特别要注重提升农民精神风貌”。乡村振兴战略是“党中央从党和国家事业全局出发、着眼于实现‘两个一百年’奋斗目标、顺应亿万农民对美好生活的向往做出的重大决策”，[①] 是“新时代‘三农’工作总抓手”，是“关系全面建设社会主义现代化国家的全局性、历史性任务”。[②] 习近平总书记强调：“乡风文明，是乡村振兴的紧迫任务，重点是弘扬社会主义核心价值观，保护和传承农村优秀传统文化，加强农村公共文化建设，开展移风易俗，改善农民精神风貌，提高乡村社会文明程度。”[③] 党的十九届五中全会提出“要把满足人民日益增长的文化需要与提高人民的精神素质相结合”，政府公共文化服务积极推动构建文化强国的进程。[④] 乡村文化振兴是乡村振兴战略的重要内容，是以社会主义核心价值观为引领，推动传统文化传承与创新，培育文明乡风，提高乡村社会文明程度，实现社会主义先进文化繁荣。

文化建设在乡村振兴过程中发挥了重要作用，丰富了村民精神生活、构建和谐乡村等。乡村振兴战略的推进，为我国农村公共文化服务营造了良好的外部环境。农村公共文化服务是文化建设在农村的集中体现，是推进乡风文明建设的重要方式，也是促进乡村文化振兴的重要途径。农村公共文化服务的目标是在满足人民群众文化需求的基础上，提高人民群众的

---

① 习近平．习近平关于“三农”工作论述摘编［M］．北京：中央文献出版社，2019：6.

② 习近平．习近平谈治国理政：第3卷［M］．北京：外文出版社，2020：255-257.

③ 习近平．习近平谈治国理政：第3卷［M］．北京：外文出版社，2020：259.

④ 王淑荣．满足人民文化需求与增强人民精神力量相统一［J］．思想教育研究，2020（12）：18-22.

科学文化素养，激发农民群众对更高精神文化的需求，促进乡村文化振兴对农村经济发展产生更大的推动作用。农村公共文化服务是保障农村居民享受文化权益，满足精神生活需求，推进城乡居民基本公共文化服务均等化，从而实现乡村文化振兴的重要举措。农村公共文化服务在乡村文化振兴中发挥着不可替代的作用，是乡村振兴的精神动力、智力支撑。高质量的农村公共文化服务供给可以提高农村居民的思想道德素质和科学文化水平，培养具有文化素质、劳动技能、技术知识的新型农民，促进农民全面发展，为乡村振兴提供人才支撑。具备劳动技能和科技素养的农民在农业生产中能够迅速地实现增收致富，为农村经济的发展提供智力支撑，为实现乡村生活富裕奠定良好基础。

地方政府抓住乡村振兴战略实施中的各项政策机遇，不断完善农村公共文化服务体系，创新公共文化服务供给模式，以社会主义核心价值观为引领，将社会公德、优秀家风、优秀传统文化、文明意识、健康生活方式等文明要素融入农村发展和农民生活，为广大农村居民提供丰富、多元化的公共文化服务活动，建设高质量高标准的公共文化设施，使农村居民享有更加充实、更为丰富、更高质量的精神文化生活。农村公共文化服务是满足农民群众精神文化生活、推进乡风文明建设的重要方式，也是促进乡村文化振兴的有效途径。“十三五”期间，我国公共文化服务建设投入稳步增长，覆盖城乡的公共文化设施网络日益健全，文化惠民活动精彩纷呈，不断滋养着群众生活。党的十九届五中全会提出到2035年建成社会主义文化强国的伟大目标，在部署“十四五”时期经济社会发展任务中，强调繁荣发展文化事业和文化产业，提高国家文化软实力。农村公共文化服务体系的完善也为农村经济社会发展提供智力支撑，同时从提供技术支持、产业振兴等方面为乡村振兴战略的落实提供了重要的推动力。为农村居民提供公共文化服务，充分发挥聚民心、兴文化的功能，弘扬社会主义核心价值观，提高农村居民的思想道德素质、科学文化素质和身心健康素质，激活人们参与文化活动热情，培养文化价值认同感，提高社会文明程度。

(三) 农村公共文化服务是乡村文化治理的重要内容

社会治理可分为硬治理和软治理。与组织治理、法律制度治理等外在约束组织和社会成员的硬治理不同，思想文化的治理属于软治理。它以价值观为引领，使组织与社会成员自觉约束自身行为。这种约束是自觉的、广泛的，不需要任何执行机构和监督机构，具有稳定性和长期性的优势。从实际效果来看，软治理的作用也常在硬治理之上。在不同的发展时期，文化成为实现一定时期国家发展目标的治理工具。公共文化是构建社会共同体的信仰、价值观念和行为方式的重要工具，对于规范社会生活秩序具有重要意义。农村治理是我国社会治理的重要组成部分。农村公共文化既是农村治理的重要内容，也是农村治理的重要工具之一。中国乡村公共文化治理实践在经历了计划经济时期的强政治面向、市场经济时期的强经济面向后，目前正处于文化强国建设时期兼顾“政治—经济—文化”三重面向的新阶段，更加注重发挥乡村公共文化的复合治理功能，并且以实现乡风文明为价值取向。从社会治理角度来看，农村公共文化服务是对农民开展思想教育和文化素质培养的一种方式。农村公共文化服务供给的根本目的是培养公民道德、公民素质和公民品质。各种形式的公共文化教育是公共文化服务的最核心内容。在农村开设道德讲堂、政策宣传等文化教育活动，消除拜金、盲目攀比、权力至上等不良思想，引导农村居民形成正确的价值观，树立和弘扬社会主义核心价值观，引导农村居民养成更加高雅的审美趣味和更加积极健康的生活方式，可培育和形成良好的社会风气。

公共文化是以丰富多样的公共文化服务活动和公共文化设施建设为依托，传播一定的价值观念，发挥着核心价值引领、公共文化需求导向和文化秩序建构的功能。农村公共文化建设不但具备满足农村居民日益增长的精神文化需求，保障农村居民权、文化权利的现实功能，而且具备建构农村新型文化秩序、实现价值引领的软治理功能。

(四) 公共文化服务助力乡风文明建设

随着改革开放的不断深入，农村基层社会发生了结构性转型，由传统的以地域血缘为纽带的熟人社会转向半熟人社会，静态的社会结构受经济发展的影响而变迁。农村转型带来了思想文化领域的变化，农村乡土文化日渐式微，逐渐渗透、融合了新兴的现代文化。社会转型时期农村社会存在利益分化、规则多元及不平等竞争等现象，农村居民的生活被世俗化、自私化的思想意识形态包围，互助、互惠、合作的群体意识为金钱至上的现实观念所打败，农村社会的文化秩序被破坏。在农村文化发展中，与市场经济相适应的现代乡村道德观念和价值文明体系尚未形成，各种不良的文化，如利己主义、消费主义侵占农村文化空间；各种迷信、赌博等不良的社会行为在农村出现。传统的乡村道德、宗族观念在市场经济的影响下逐渐解体，工业化、实用化的市场经济秩序使部分农民群众产生了自私狭隘、精神空虚、道德失范等心理问题。

文化建设促进乡村文明建设，可满足农村居民不断增长的精神文化需要。公共文化服务担负着修复乡土文化衰落与塌陷，即重建乡土文明价值的重要使命。通过公共文化事业发展，提升乡土文化价值功能，农村公共文化事业建设成为传统文化重建的基本路径。随着经济社会发展，城市和农村的文化产生一定程度的冲突对抗，在农村公共文化服务中占主体的文化惠民项目已经不能满足农村居民日益增长的精神文化生活需求，农民群众的参与性和满意度降低。农村居民的文化需求向多元化方向发展，农民自组织的民间文化活动成为农民需求的主要方向、主要内容。公共文化服务在推动精神文明建设，遏制农村不良风气、陈规陋习中提出明确标准，严格禁止天价彩礼、婚丧嫁娶大操大办、封建迷信盛行等不良社会风气，崇尚文明新风气，开展移风易俗活动，创建文明乡村。

农村公共文化服务有助于加强农村文化自信，通过将农村传统文化元素融入农村经济发展中，可以有效地加强农民对于新时代经济社会发展的认同感，并在农村社会治理中唤醒农民对于农村发展的自信。农村公共文化建设有助于农村法治建设，良好的文化建设法治环境和农村自治体系可以促使农民积极参与到基层自治中，维护好农民当家作主的民主权利。此外，文化自信可以鼓舞农民群众更多地参与到农村经济建设中，推动乡村经济发展，促进乡村振兴。

（五）农村公共文化服务促进人的全面发展

人是一切社会关系的总和，人的社会交往具有普遍性。从社会整体发展来看，人的全面发展是人类社会关系的全面发展，体现了人类理想追求的价值目标。人的全面发展是社会进步的重要内容。这是一个长期的历史实践过程，逐步发展并不断深化。从个体发展来看，人的全面发展是人作为个体在物质生活与精神生活方面的全面发展，在身体素质和精神素质方面的全面发展，决定于人的物质和文化需求的满足。人的全面发展不仅是个人的全部能力、智力、体力、人格方面的全面发展，还是个人的全部现实观念和观点、关系的全面发展。经济发展和社会进步必然带来产业、人口以及公共资源聚集，这一过程就是城镇化过程，影响着人类社会发展的进程。城镇化的发展目标之一就是人的全面发展，是现代社会发展的根本诉求。新型城镇化更注重农村文化的提升和城镇化的发展关系，注重城乡人口文化素质的优化及提升。农村现代化道路要打破城乡二元结构，实现城乡一体化发展目标，促进城乡之间资源要素的自由流动、重新配置，打破城乡分离的公共文化服务体系，推动城乡基础设施和公共服务均等化，创新体制机制，促进文化市场发展一体化，改善整个社会的福利状况。

第三节　农村文化政策演变

中国农村文化政策已成为现代化进程中改善民生的重要制度保障，影响着国家治理体系和治理能力现代化的速度与质量。农村文化政策属于国家文化政策的组成部分，是国家关于农村文化建设的部署要求、指导思想和目标任务的规定。政府制定和实施农村公共文化政策，对农村公共文化事业实行有效管理，为农村地区提供公共文化服务，以达到特定目的，是对社会公共资源在农村的权威性分配，对农村文化活动予以规范、引导和激励。

1949—1978 年我国农村文化建设的主要特点是确定大众文化发展方

向，实行“重心向下，面向工农”的发展战略。文化建设的主要内容是由基层政府主导开展群众性文化建设活动。在经济建设方面实行计划经济体制，文化建设方面也实行政府主导的计划供给策略，构建了有线广播网、电影放映网、文艺演出网，针对普通群众文化程度低、文盲率高的人口文化素质状况，开展了扫盲运动，形成了供给主体以农村基层组织如公社、大队为主，县级政府为辅的公共文化供给体系。发挥有一技之长的农民文化优势，为农村基层群众提供公共文化服务。新中国成立后，我国各行各业都面临着发展的迫切任务。在文化建设上，我国以大众文化为发展方向，采取了大规模的文化扫盲活动以及集中统一供给、公开免费开放等措施，提高了运行效率，极大地满足了基层群众最基本的文化需求，提高了人口的文化素质。①

21 世纪初国家加大资金投入，开展农家书屋、村图书室等农村文化基础设施建设，并实施了农村电影数字化放映“2131”工程、信号入户等农村文化服务活动，丰富了文化活动的内容。供给方式逐渐从政府单向直接供给的传统供给方式转向市场配置资源，采取政府购买、补贴以及服务合同外包等方式供给农村公共文化服务。这一时期，农村公共文化服务资金由财政保障，通过转移支付、建立专项资金等方式为农村地区文化事业建设提供资金支持，同时通过积极引导社会投资拓宽资金渠道，增加资金保障。这些方式缓解了农村公共文化服务的资金困难、资金不足问题。

2005 年 10 月，党的十六届五中全会提出了建设社会主义新农村的重大任务，提出乡风文明、村容整洁、管理民主等具体要求，统筹城乡经济社会发展，推动我国农村的公共文化、乡村公共文化治理出现新的转向。社会主义新农村建设是一项惠及亿万农民，关系国家长治久安的战略举措，是社会主义现代化建设关键时期必须完成的一项重要使命。在乡村公共文化治理中实现城乡公共文化均等化，政府组织实施了大规模、持续化的农村文化惠民工程，以增加农村地区的文化资源，推动整个国家现代化

① 朱高林 . 1949—1978 年农村公共文化生活的运行经验及历史启示［J］. 学术界，2021（5）：178-190.

的进程。农村文化下乡实践、农村文化服务等活动逐渐在农村开展，彰显了文化的公共属性，农村公共文化空间逐渐形成，提升了农村居民的文化生活质量。因此，以服务为取向的公共文化供给，成为乡村公共文化治理的常态。

2006年中共中央办公厅、国务院办公厅《关于进一步加强农村文化建设的意见》中，提出了始终把握社会主义先进文化的前进方向，按照建设社会主义新农村的要求，经过5年的努力，基本形成适应社会主义市场经济体制，符合社会主义精神文明建设规律的农村文化建设新格局。县、乡、村文化基础设施相对完备，公共文化服务切实加强。2011年10月18日，党的第十七届六中全会通过《中共中央关于深化文化体制改革推动社会主义文化大发展大繁荣若干重大问题的决定》，界定了公共文化活动和人民的基本文化权益，提出要建立并完善覆盖城乡、结构合理、功能健全、实用高效的公共文化服务体系，提出“建设社会主义文化强国”的战略目标。2014年，党的十八届四中全会明确提出：“要制定公共文化服务保障法以促进基本公共文化服务标准化、均等化。”① 2015年初，中共中央办公厅、国务院办公厅印发《关于加快构建现代公共文化服务体系的意见》和《国家基本公共文化服务指导标准》，对构建现代公共文化服务体系做出了全面部署，提出了2020年实现“公共文化服务体系基本建成”的战略目标。② 党的十八届三中全会明确提出“建设综合性文化服务中心”的改革任务。2015年10月2日，国务院办公厅印发《关于推进基层综合性文化服务中心建设的指导意见》，提出到2020年，全国范围的乡镇（街道）和村（社区）普遍建成“基层综合性公共文化设施和场所”，“使基层综合性文化服务中心成为我国文化建设的重要阵地和提供公共服务的综合平台，成为党和政府联系群众的桥梁和纽带，成为基层党组织凝聚、服

① 习近平．在党的十八届四中全会第一次全体会议上的讲话［N］．人民日报，2014-10-20（1）．

② 中共中央办公厅、国务院办公厅．关于加快构建现代公共文化服务体系的意见［N］．人民日报，2015-04-14（2）．

务群众的重要载体”。①

2016年12月25日，《中华人民共和国公共文化服务保障法》经十二届全国人大常委会第二十五次会议审议通过，2017年3月1日正式施行。该法明确规定了公共文化服务的概念，是政府和社会力量提供的公共文化设施、文化产品、文化活动和其他相关服务，以满足公民的基本文化需求。这部法律标志着我国公共文化服务开始走上法治的轨道，是我国公共文化事业发展史上的里程碑，进一步完善了我国文化法律制度体系，为明确政府责任、更好地保障人民群众的基本文化权益提供了重要的法律依据。

党的十八大报告指出：坚持面向基层、服务群众，加快推进重点文化惠民工程，加大对农村和欠发达地区文化建设的帮扶力度，继续推动公共文化服务设施向社会免费开放，农村公共文化服务得到了大力发展。党的十八大以来，社会发展的民生取向不断强化，“十二五”规划明确提出，政府要致力于改善民生，建立健全基本公共服务体系，并把农村文化、广播电视、读书、送书送报等公益性文化服务纳入基本公共服务建设的重点任务。《文化部“十三五”时期文化发展改革规划》强调，经济发展进入新常态，文化在稳增长、促改革、调结构、惠民生方面将发挥更加重要的作用。新常态下构建现代公共文化服务体系，要加大贫困地区公共文化服务体系建设力度。2018年9月，中共中央、国务院印发《乡村振兴战略规划（2018—2022年）》，提出了“要按照有标准、有网络、有内容、有人才要求健全乡村公共文化服务体系”，② 并针对如何加强农村公共文化服务建设做出了明确的解答。2017年10月，党的十九大报告指出，中国特色社会主义进入新时代，我国社会主要矛盾已经转化为人民日益增长的美好生活需要和不平衡不充分的发展之间的矛盾。乡村振兴中文化振兴可以解决这一矛盾，公共文化服务是享受美好文化生活的重要形式。

---

① 国务院办公厅．关于推进基层综合性文化服务中心建设的指导意见［EB/OL］．［2015-10-20］（2022-02-25）．中华人民共和国中央人民政府网，http：//www.gov.cn/zhengce/content/2015-10/20/content_ 10250.htm.

② 中共中央、国务院印发《乡村振兴战略规划（2018—2022年）》［N］．人民日报，2018-09-26（1）．

2021年1月发布的《中共中央、国务院关于全面推进乡村振兴加快农业农村现代化的意见》强调，在农村文化建设中要“深入挖掘、继承创新优秀传统乡土文化，把保护传承和开发利用结合起来，赋予中华农耕文明新的时代内涵”，为乡村文化振兴指明了方向。

2021年6月10日，文化和旅游部发布《“十四五”公共文化服务体系建设规划》，明确了“推进城乡公共文化服务体系一体建设是公共文化服务高质量发展的基础”。2022年8月16日，中共中央办公厅、国务院办公厅印发了《“十四五”文化发展规划》，提出城乡区域文化发展更加均衡协调、人民精神文化生活日益丰富的目标，加强农村思想道德建设，创新文化、科技、卫生“三下乡”长效机制。党的二十大报告提出，“健全现代公共文化服务体系，创新实施文化惠民工程”“统筹乡村基础设施和公共服务布局，建设宜居宜业和美乡村”。自新中国成立至今，我国农村文化政策体系以满足农村居民精神生活需求为目标，不断回应社会发展的变化和农村居民的新需求。

第三章 农村公共文化服务供给及其影响因素

我国通过实施广播电视村村通、乡镇综合文化站建设、农家书屋建设、农村电影放映工程、全国文化信息资源共享工程等文化惠民工程，为农民提供基本农村公共文化服务。截至2021年底，全国共有公共图书馆3215个、文化馆3316个、乡镇（街道）文化站4.02万个、村级综合性文化服务中心57.54万个，且全部免费开放。截至2022年6月，全国分别有2674个县（市、区）建成文化馆总分馆制、2642个县（市、区）建成图书馆总分馆制，在全国县（市、区）一级占比分别达94%和93%。例如，2022年开展的全国“村晚”示范展示活动参与人次超1.18亿。2021年，以庆祝中国共产党成立100周年为主题的“唱支山歌给党听”大家唱群众歌咏活动参与人次超1.77亿。①

第一节 农村公共文化服务供给的发展历程

一、农村公共文化服务计划供给（1949—1977年）

新中国成立后，我国计划经济时期确立了全民所有制和集体所有制经济体系，在文化建设方面实行一元化的文化治理，农村大多数居民仍然遵守的是乡村传统道德规范。公共文化服务供给主要经历了互助组、初级社到高级农业生产合作社为责任主体的阶段。农村集体经济承担公共文化供

① 王彬. 公共文化服务这十年：让百姓文化生活更有获得感［N］. 中国文化报，2022-10-10（1）.

给的成本。20 世纪 50 年代，我国建立了包括文化艺术系统、文物系统、广播电视电影系统、新闻出版系统等比较完备的文化事业体系，以事业体制推进文化建设。① 在农村地区，人民公社和生产队是文化治理主体，开展以精英文化和主流文化为核心的文化治理，发挥公共文化的教育功能和丰富群众文化生活的功能，在公共文化供给中占据领导权。农村广播电视、文化馆承担了政策宣传、师资教育、文艺活动组织及普及科学知识的文化职责，是公共文化服务供给的主要部门。公共文化建设以控制和教育为主，对农村居民的精神文化生活进行一体化治理，扫除了宗族、宗教组织等传统文化网络。这一时期，国家文化建设的政治倾向比较明显。在农村培育符合国家政权建设的社会主义、马克思主义和唯物主义的价值观。这一时期，通过人民公社进行文化治理，指引农村居民的道德规范、价值信仰和文化生活。农村公共文化建设是政治治理的实践过程。在计划经济时期，我国文化产品和服务全部或者几乎全部被纳入文化事业发展模式，政府和文化事业单位计划供给，降低农村文盲率的任务紧迫，提升了农村居民的文化素质。

二、农村公共文化服务供给体系形成（1978—2011 年）

1978 年党的十一届三中全会召开，计划经济向市场经济体制转变。市场经济发展下乡镇企业逐渐崛起。在经济快速增长的同时，现代价值观念和经济理性文化生活意识逐步流入农村。农村具有开放性，夹杂着市场经济现代性，有崇尚劳动致富、服从市场竞争规则的优良特性，同时个人主义、拜金主义、赌博迷信等不良文化风气也在农村流行。在市场经济体制下，偏向于经济发展的倾向导致文化事业发展缓慢。农村实行了家庭联产承包责任制，集体经济被家庭个体经济取代，在公共文化建设及公共文化设施建设上缺乏资本保障。这一时期，农村公共文化服务供给缺乏体系化的制度保障，农村地区的文化发展以私有文化设备为主，电视机和 VCD 成为农村居民获得文化信息的主要方式。这一时期，政府供给的公共文化资

① 赵军义．元治理视角下的乡村公共文化治理：回顾与前瞻［J］．图书馆，2022（2）：1-10.

源严重不足，尤其缺乏村庄集体经济组织的供给。党的十一届三中全会召开，实行改革开放政策，在文化建设上确定了广播电视台的中心任务是为经济建设服务，为实现四个现代化服务。20 世纪 90 年代初期，国家加大了对农村文化建设的财政支持，通过公共财政增加了专项建设资金。1993 年实施文化扶贫战略和文化、科技、卫生“三下乡”活动。文化扶贫战略主要包括万村书库工程、手拉手工程、电视扶贫工程、为农村儿童送戏工程等项目。实施这些文化项目，目的在于提升欠发达地区农村居民的科技文化素养，满足农村居民的文化需求，从而推动农村社会经济发展。公共文化服务供给打破了传统的与计划经济体制相适应的公共文化管理的模式，采用了服务型公共文化模式。这一时期，由于以经济建设为中心的主导方向，以经济指标作为考核的标准，基层政府的核心任务在发展地方经济上，对农村公共文化建设的重视程度不够。

党的十六届五中全会通过的《中共中央关于制定国民经济和社会发展第十一个五年规划的建议》正式提出了加大政府对文化事业的投入，逐步形成了覆盖全社会的比较完备的公共文化服务体系。公共文化服务体系建设成为国家文化战略部署并开始启动。2006 年，首次提出“公共文化服务”概念，构建了公共文化服务体系，农村公共文化服务被正式纳入了财政预算体制①。

21 世纪初，我国为了解决农村空心化现象，解决农村居民精神生活匮乏与物质生活不同步的问题，先后实施了一系列的文化惠民工程，以满足农村居民的公共文化服务需求，保障其基本公共文化权益，致力于解决公共文化建设的“最后一公里”难题。启动文化惠民工程，重点实现普惠为主，向村一级下沉延伸。

三、农村公共文化服务供给进入新时代（2012 年至今）

公共文化服务契合了服务型政府建设的要求，新时代对农村公共文化服务供给的主要目标是：使农村居民具备较高的素质和修养，充分认知中

① 赵军义．元治理视角下的乡村公共文化治理：回顾与前瞻［J］．图书馆，2022（2）：1-10.

华民族优秀传统文化，不断增强文化自觉，坚定文化自信。党和国家高度重视文化建设任务，建设社会主义文化强国，弘扬社会主义先进文化被提升为国家战略。党的十八大以来，中国特色社会主义进入新时代。2013年，财政部、文化部出台文件，开展了“三馆一站”① 免费开放工作。2015年，国务院办公厅出台文件推进了基层综合性文化服务中心的建设。全国乡镇（街道）和村（社区）创建集宣传文化、党员教育、科学普及、普法教育、体育健身等功能于一体的综合性文化服务中心。这一时期，农村公共文化服务具备了公共属性和服务属性。农村公共文化服务的主要内容为开展农村基本公共文化服务体系建设，促进乡村优秀传统文化资源的创造性转化与创新性发展，推进乡村文旅融合发展项目，推动文明建设等。在新时代，农村公共文化服务以社会主义核心价值观为引领，开展社会主义精神文明建设，以提升农村居民整体文化素养、道德认知为目标。随着脱贫攻坚任务的完成，农村公共文化服务标准化体系不断健全，确立了政府主导、多元参与的供给体系。国家激励多元供给主体参与，出台各项优惠政策，引导民间资本向农村公共文化服务领域投资。在税收制度上颁布了向社会力量购买农村公共文化服务以及对公益事业捐赠减免税收的相关政策，提高了市场上社会力量参与农村公共文化服务供给的积极性。在财政保障上，国家设定强制性指标和财政支出比例，规定各级政府履行公共文化服务建设的职责。这一时期农村公共文化服务管理逐渐向以需求为导向的协同运行管理体制方向转变，集聚各方力量提供更加多样的农村公共文化服务产品。

新时代中国农村公共文化服务的改革发展随着国家治理现代化的推进呈现新的趋势。进入新时代，高质量发展已经成为国家发展的最新指向，农村公共文化服务以高质量发展为发展方向。农村公共文化服务高质量发展强调了农村公共文化服务的需求导向。公共文化服务中农民的参与性至关重要，忽视农民需求的供给会严重影响农村公共文化服务供给的精准性和有效性。农村公共文化服务制度要在尊重农民意愿的基础上，一方面，

① “三馆一站”指文化馆、图书馆、艺术馆和文明服务实践站。

培育农民公共意识和公共责任，提高农民参与农村公共文化服务的能力和主体地位；另一方面，农民要参与到农村公共文化服务制度的建设中。信息技术的发展为农村公共文化服务数字化发展提供了技术支撑。农村公共文化服务的供给方式向数字化、智能化方向发展。新时代数字化技术赋能农村公共文化服务。政府部门精准判断农村居民的公共文化需求，构建需求体系，建立相应的互动协调机制、信息资源共享机制、信息网络集成机制以及技术协同机制，保障农村公共文化的智慧化建设和智能化发展。

从农村公共文化发展的历程可以看出，农村公共文化服务取得的巨大成效及阶段性转变受到了国家战略的影响，是对国家政策号召的响应。如乡村振兴战略推动了乡村文化振兴发展，推动了农村公共文化服务体系的建立健全。随着科教兴农战略的实施，农民科技教育的培训体系逐渐在农村地区建立，为当地农民举办各种技术培训班，开设与当地农业生产相关的课程，为农村居民提供实用的农业技术知识，提升了农村居民的农业科技素养。

第二节　农村公共文化服务供给状况

——基于陕西省的调研数据

一、调研基本情况

为了真实了解农村居民的公共文化需求，把握农村公共文化服务供给的状况，调研组从 2019 年 7 月 15 日至 8 月 15 日到陕西省 6 个市 12 个县 68 个村开展了问卷调查和深入访谈。课题组以问卷调查为主，入户访谈、座谈为辅的方式进行调研，通过实地问卷调查和网络问卷调查，共发放问卷 500 份，回收 447 份，确定 427 份为有效问卷。在本书的调研中，将农村公共文化服务分为公共文化设施和公共文化活动。参考研究文献结合农村公共文化服务供给和需求的内容及满意度影响因素构建调研问卷。问卷共设计了 31 道题，基本信息题为 8 道。从公共文化服务活动举办频率、参与频率以及对公共文化活动的满意度、农村公共文化服务整体满意度和公共文化设施的建设情况、公共文化设施的使用频率以及对公共文化设施的满意度等方面研究公共文化服务的供给状况。从公共文化资源充足度、均衡度、便捷度等方面，调查农村公共文化服务供给效率。在需求方面，从是否有公共文化需求表达渠道、是否有表达公共文化需求的经历、反映公共文化需求的原因、处理结果满意度等方面研究农村公共文化服务的需求状况，调查农村居民对不同公共文化服务活动和服务设施的需求程度。

本次调研以陕西省 6 个市 12 个县 68 个村农村居民为调研对象。根据表 3-1，在居住地方面，居住在农村的为 56.67%，居住在城区的为 33.49%，居住在乡镇的为 8.9%；在社区类型中，农村最高，为 62.3%；在性别方面，男性占 49.18%，女性占 50.82%；在年龄结构方面，0~18 岁、19~25 岁、26~45 岁、46~65 岁、66 岁及以上各年龄段分别占 1.19%、6.21%、59.67%、29.36%、3.58%，占比最大的为 26~45 岁；在文化程度方面，小学及以下、初中、高中或中专占比合计为 59.53%，大专和大学本科及以上占 40.47%；在健康状况方面，“一般”的占比最高，为 42.62%，“比较好”的为 35.6%；经济状况“平均水平”的为 61.12%，“高于平均水平”和“远高于平均水平”的合计 14.76%，“低于平均水平”和“远低于平均水平”的合计为 24.12%；受访对象认为村庄经济水平“一般”的占比为 48.24%，“比较好”的占比为 27.40%，认为“很差”的占比仅为 1.17%，可以看出，农村居民认为村庄经济水平普遍较好，也反映了农村经济水平的提高。

表 3-1　被调研农村居民人口分布

变量	最大值	最小值	均值	标准差	占比
居住地	4	1	2.25	0.94	1. 城区：33.49% 2. 乡镇：8.9% 3. 农村：56.67% 4. 其他：0.94%
社区类型	5	1	1.85	1.24	1. 农村：62.3% 2. 城中村及老城区：11.94% 3. 单位社区或保障性住房社区：6.32% 4. 普通商品房小区：17.80% 5. 其他：1.64%

续表

变量	最大值	最小值	均值	标准差	占比
性别	2	1	0. 50	1. 23	1. 男：49. 18% 2. 女：50. 82%
年龄	80	16	41. 18	12. 24	1. 0~18 岁：1. 19% 2. 19~25 岁：6. 21% 3. 26~45 岁：59. 67% 4. 46~65 岁：29. 36% 5. 66 岁及以上：3. 58%
学历	5	1	3. 21	1. 39	1. 小学及以下：10. 59% 2. 初中：26. 82% 3. 高中或中专：22. 12% 4. 大专：11. 53% 5. 大学本科及以上：28. 94%
健康状况	5	1	3. 65	0. 83	1. 非常差：0. 47% 2. 比较差：4. 22% 3. 一般：42. 62% 4. 比较好：35. 6% 5. 非常好：17. 10%
经济状况	5	1	2. 88	0. 70	1. 远低于平均水平：3. 75% 2. 低于平均水平：20. 37% 3. 平均水平：61. 12% 4. 高于平均水平：14. 29% 5. 远高于平均水平：0. 47%
村庄经济水平	5	1	3. 09	0. 79	1. 很差：1. 17% 2. 比较差：20. 84% 3. 一般：48. 24% 4. 比较好：27. 40% 5. 非常好：2. 34%

二、农村公共文化服务供给现状

（一）农村公共文化活动

政府所提供的公共文化活动包括放电影，文艺演出，组织群众歌舞，农业技术知识培训，进行外出就业指导，举办花灯、花会、灯会、庙会活动，健康知识宣传，国家政策宣传，儿童早期阅读等。

被访地区公共文化活动的举办频率，从农村居民问卷情况来看，进行外出就业指导“没有举办过”的占比最高，为28.17%；“很少举办”占比最高的是儿童早期阅读，为42.15%。“有时举办”占比最高的是组织群众歌舞活动，为37.34%。农村居民认为，国家政策宣传是“经常举办”的文化活动，比例达15.93%，而进行外出就业指导，“很少举办”占比为41.55%（见表3-2）。经调研，很多居民认为公共文化活动参与起来很便利，居民们文化生活还是比较丰富的。农村居民在农忙时节打麻将等娱乐活动比较普遍；雨天或者冬季，居民的文化活动内容和形式受到限制；缺少室内的文化活动项目，未设置适宜儿童的早期阅读场所；图书室提供的儿童书籍较少；中老年尤其是妇女大部分参与打麻将等活动；大部分年轻人外出务工，缺少适合留守儿童参与的文化活动和文化设施。居民认为，电影放映不实用，手机、电视上都能看到电影，而且有时由于放映地距离家较远，有时天气较冷，放的电影比较陈旧，缺乏吸引力，群众不太愿意观看公映的电影。农业技术培训一年可以举办7~8次，村上的农业技术指导一般实行到户指导，根据农作物生产节点和重要节气安排到户指导。村上有县农业农村局下派的驻村技术指导员。有放映队到农村定期开展电影放映活动，还有市文化剧团为当地农村居民开展文化演出，但是，群众观看得比较少。在访谈中，村干部反映，由于社会发展、经济发展，农村居民的公共文化需求有所改变，农村群众的文化兴趣点发生了转移；智能手机和无线网络的普及，使获取各种文化资源更加便利，旧的文化活动形式已不能满足农村居民的文化需求。

表3-2　被访地区公共文化活动举办频率　　单位：%

公共文化活动	没有举办过	很少举办	有时举办	经常举办
放电影	13.11	41.92	37.7	7.26
文艺演出	15.96	39.67	35.68	8.69
组织群众歌舞活动	16.86	35.6	37.34	10.3
农业技术知识培训	21.78	40.98	29.74	7.49
进行外出就业指导	28.17	41.55	26.53	3.76
花会、灯会、庙会活动	20.61	39.11	35.13	5.15
健康知识宣传	16.86	39.34	32.08	11.71

续表

公共文化活动	没有举办过	很少举办	有时举办	经常举办
国家政策宣传	17.56	37	29.51	15.93
儿童早期阅读	25.06	42.15	24.36	8.43

（二）农村公共文化设施

公共文化设施是农村公共文化服务的基本保障和物质载体，是社会大众参与文化活动、接受公共文化服务的主要媒介，为社会公众提供高品质的精神文化产品，主要目标是解决广大人民群众参加公共文化活动的基本场所和设施的需求。根据《中华人民共和国公共文化服务保障法》规定，基本公共文化设施主要包括城市文化基础设施、广播电视设施、体育健身设施、流动性设施和配套辅助性设施五大类。根据我国公共文化设施建设实践和理论界学者的研究，公共文化设施主要包括阅览设施、文娱设施、体育健身设施和表演设施等。阅览设施主要有农家书屋、图书馆、阅报栏、宣传栏等。体育健身设施主要有文化广场、运动场、运动器材以及室内活动中心等。文娱设施和表演设施包括文化礼堂、音响设备、乐器、表演服装等。公共文化设施不仅涉及公共图书馆、博物馆，还包括农村综合文化站、基层综合性文化服务中心、文化馆、体育广场等其他公共文化设施。根据各地实际还有名人故居、展览馆以及文化讲堂等。随着数字化技术的发展，数字图书馆、各种数字活动平台也成为公共文化设施之一。基层建立的新时代文明实践中心是在文化站、文化活动中心等基础上建设的公共文化活动场所。县级融媒体通过建立数字平台为农村居民提供公共文化服务。国家大力推进农村公共文化基础设施建设。我国农村公共文化设施建设近年来得到了长足发展，在有效满足农村居民公共文化生活方面起到了积极作用。

在实地调查中发现，各地农村已经建设了完备的公共文化设施网络，基本的公共文化设施主要有：运动学习场地、网络和政策知识宣传栏、图书馆、有线数字电视、老年活动中心以及无线网络。在问卷调查中，从农村居民视角了解他们对当地公共文化设施的知晓度，如表 3-3 所示。回答有体育场地、政策或其他知识宣传栏、有线数字电视、无线网络等文化设施的比例较高，超过了50%。由于Wi-Fi的普及，公共网吧逐渐减少，被村文化站和活动中心的电脑室所取代。回答有图书馆的比例为47.07%，反映了农民对村设置图书室或阅读室的知晓率不高。

表3-3 被访者所在村庄现有的公共文化设施　　单位：%

公共文化设施	没有	有
体育场地	31.38	68.62
图书馆	52.93	47.07
公共网吧	58.96	41.04
有线数字电视	33.72	66.28
老年活动中心	38.88	61.12
政策或其他知识宣传栏	23.42	76.58
无线网络	37.7	62.3

公共文化设施的便捷度、充裕度和均衡度等因素影响了其利用率。一些村民不知道乡镇、乡村文化站和图书馆（农村书屋）的存在，对村活动中心、老年活动中心知晓率较低。农村公共文化设施的管理和维护缺少监督和制约，导致公共文化设施老旧损坏、无人修复等情况时有发生。在调查中发现，企业和非营利性组织较少参与农村公共文化设施的建设，供给主体主要为政府和文化部门，供给内容较少，供给种类单一，农家书屋的书籍来自各单位的捐赠，书存量及书内容与农村居民的需求不相适应。

根据实地调研，不同村镇的文化设施差异较大。有线电视基本实现了村村通，但存在费用差异，信号质量不好，可供免费观看的频道和节目较少。农村公共文化资源丰富，设有图书馆、学习场所。有居民反映许多文化设施是形象工程，文化宣传费用的支出过大，将过多的资源用于面子工程。文化中心只是建起来了，但是并不能定期定时向居民开放。儿童早期阅读比较缺乏。黄堡书院是一个文化院，但是没有对外开放，很多群众有距离感，没有参观过。有的偏远村镇还未建立公共文化设施，正在筹划建设之中。无线网络基本上都有，但存在网络信号有时不好、资费较高等问题。

陕西省A县X镇的各村与城区距离较近，公共文化服务各项工作均较先进，公共文化设施齐全，能够定期更换文化宣传栏，村容村貌较好。有部分居民反映公共文化设施分布不合理，村委会距村庄较远，活动场所和设施一般建在村委会附近，距离远的居民参与活动不便利。

某果业专业合作社为居民购置了健身器材，建设了文化活动室和老年活动室，但没有建设儿童阅览室。B县X镇Y村建有村办的幼儿园，合作社办有图书馆。合作社的创始人谈道："合作社有1000多亩的桃园。20世纪80年代，桃子比较有名，销售收入高，当地成为80年代有名的万元村。当时家家有电视，成为有名的电视村，村上出钱购买电视，一户一台。每年都举办桃花节，桃花节一般由村里举办，总共举办了11届。交通支出由村里投入。居民们有跳广场舞的场所，有室内活动室。承包果园的企业和村民建立了合作社，统一商标，统一质量，统一生产资料的购买和果品销售。一般6月底和9月底是销售季，统一销售，资金由合作社统一记账。合作社对农村公共文化服务有一定的资金支出。"

A县X镇Y村，是由镇上划拨文化建设资金，村委自筹资金开展一些文化活动的。村民捐助设备和资金，组建了秧歌队，开展各种老年人活动。村建有图书室，藏书量有2000余册，内容主要涉及科技文化和小说。图书主要是由省里一些单位对口支援，比如报社捐赠，还有省市图书馆的捐赠。这些村镇距城区仅26.2公里，财政上给每个村拨付的文化经费达到7000元/年，城乡公共文化服务供给的差异较小，组织的群众文艺活动比较多。每个村一般在春节、国庆和元旦会集中会演，建有16个村文化站，周末一般不开放，没有专门的儿童阅读场所和适合学龄前儿童阅读的书籍。文化站配有十几台电脑，文化基础设施比较健全。文化站经常会组织一些合作社员以及种植大户、职业农民进行培训。每个村都设有电子商务，没有大型的农村产品批发市场，由农产品的经纪人来解决农产品经销问题。当地的主要经济作物有苹果、樱桃、花椒、西红柿，收入每年达到10520元/人，有的村能达到15000元/人以上。开展的公共文化活动主要有放映电影。老年人常去看，但年轻人觉得这些电影过时，不爱看。一般没有举办灯会、庙会，每年夏季有一个月的纳凉大会。

A县X镇各村的文化基础设施有文化广场、图书馆、棋牌室、广播室。村里组织了演出队、腰鼓队，有表演服装，还配备有乐器等，一般在春节期间举行社火。村里组织的各项文化活动比较丰富，群众农忙之后到文化广场跳广场舞。农村居民的主要娱乐活动为下棋或者是打麻将。有一个小庙会，是土地庙的。封建迷信活动比较少。

村里建有一个大型的舞台，广场上建有县体育局出资安装的体育健身器材。健康检查一年开展一次，主要是医院下派人员到村进行体检，主要是针对老年人的体检，体检项目较少，没有骨密度、动脉硬化等项目。医护人员下乡开展健康教育讲座，宣传健康知识，指导农民群众树立健康心态，培养健康习惯、健康行为。有线电视实现了全村通，电视频道包括所有卫视、中央台和专业频道。县级各部门给予各种支持，县教育局捐3万棵树苗，合作社捐款购买了音响。村里的文化广场由文化名人或私人公司捐赠建设。文化惠民活动由省文化和旅游厅实施，惠民演出支出巨大，但是成效并不显著，不能满足群众的文化生活需求。

A县Y镇属于红色景区，景区集团的保安、保洁都是当地农民。从传统农业生产方式转变为工业化的生产生活方式。A县Y镇人口为8000多人，有3所小学，但是一个年级才有七八十名学生，学生较少，大部分学生都在镇上或者县里就读，甚至到市里去上学。A县Y镇Z村总共有428户1660人，人均年收入达16090元，经济收入水平在镇上是最高的。群众文化活动比较丰富，村上组织了秧歌队，在文化广场上为村民组织广场舞活动。在文化建设上，主要是财政部门、企业、文化和旅游局、帮扶单位等提供活动资金和捐建文化设施。每年正月初一到初五都有文化活动。老年活动中心已经建设起来，但是尚未投入使用。去图书馆阅读的群众不是很多。因为农村居民的文化水平普遍比较低，没有形成良好的阅读习惯。就他们的文化需求而言，文化设施数量和质量还不能满足需求，健身器材比较少，尤其是缺乏适合老年人群体的健身器材。村里迫切需要建立儿童活动场所。村里留守儿童比较多，缺乏儿童活动场所，应建立一个针对留守儿童的早期阅读场所。在开展的农业技术指导活动中，存在农业技术指导针对性不强、对种植中的病虫害防治技术指导效果不明显、灾害天气应对指导不及时等问题。当地的农村居民大部分土地已经流转，流转面积约1500亩。市就业局在村镇上开展就业指导，当地居民就业比较容易，直接就能在当地就业，存在空岗，公益性岗位较多。居住也比较集中，对于健康体检来说，60岁以上实现了免费体检，不检查骨密度、动脉硬化等，只是检查一些常规的项目。建议为老年人设置检查骨密度、动脉硬化等项目。村办企业集团给老年人、所有中年人开展健康体检。居民的收入全部来源于务工收入。

群众认为健身器材比较少，因为村子比较分散，健身器材的分布不均，农业技术培训比较少，嫁接管理、果树管理、修剪等技术培训需求度较高。参加外出务工培训发劳工费50元/天。在村会议室或者文化讲堂设有道德讲堂，一个月讲一次。村民代表和党员支部书记、驻村工作队轮流讲课。但群众参与度不是很高，听课的人数大约每次在20人。

C县X乡Y村的公共文化设施种类不多，数量比较少，很多村还没有安装健身器材，村民的满意度比较低。C县Y镇Z村，公共文化设施不健全，没有体育场地和健身器材，村民数量较少，群众活动很难组织起来。有一个庙，一年有一次庙会。不是村上组织，而是常年形成了惯例，农村公共文化活动比较少，农村公共文化设施的数量、质量以及种类都比较少，难以满足农村居民的公共文化需求。

（三）乡村风俗

乡村是农民栖身的家园，也是都市人回望乡愁的心灵归处。乡村振兴超越了产业发展和经济范畴，是关乎农村产业、生态、文化建设等诸多方面的综合课题。传统的民俗就是世代相传的民间生活风俗，在农村婚丧嫁娶、日常劳作都与之息息相关。民俗文化来自人民，传承于人民，内化于人民的行为、语言和心理之中。良好的传统民俗文化不仅催生了乡村文明，推动了乡村发展，还具有凝聚民心、教化民众、淳化民风的重要作用。在实地调研中，农村民俗文化正向着文明、和谐方向发展。A县X镇村上的婚丧嫁娶礼金等超过5万元，但是丧葬费一般都比较节约，为1万~2万元，以土葬为主。过世随礼一般为50~100元。Y镇Y村有190户713

人，人均收入达 8948 元，建有一个庙。经过调研，Y 镇 Y 村婚丧嫁娶比较节俭，娶媳妇的费用一般是 5 万~6 万元，嫁女办婚礼一般是 3 万~8 万元。家境贫寒的人要得多，家庭富裕的反而要得少。A 县 X 镇 Y 村，村中制定了村规民约，婚丧嫁娶、红白事按照文明公约，彩礼一般是 1 万~2 万元，丧礼一般是 1 万元左右。

第三节　陕西省农村公共文化服务供给成效

乡村是中华文明的发祥地，也是华夏农耕文明的起始地。陕西省境内狭长，纵跨长江、黄河流域，承启东西，覆盖南北中山区，是多个朝代建都选址地，历史文化遗产丰厚。陕西省地域跨度较大，根据传统文化和地形地貌被划分为陕南、陕北和关中地区。农村传统文化是人类生产生活的经验和思想的综合，表现形式包括农村习俗、传统节庆、乡村艺术、耕种方式等。传统文化具有一定的载体，包括戏曲、舞蹈剧目、曲艺、工艺美术、杂技、针灸等，还包括流传的家风、家训，如父慈子孝、耕读传家、勤俭持家、兄友弟恭、乡邻和睦的传统文化及一些乡约、村规等。

2021 年，陕西不断推动文化事业全面深化发展，实现了“十四五”陕西文化发展的良好开局，全省文化事业日益繁荣，文化产业在一系列有力的政策和资金支持下，克服新冠疫情影响稳步发展，为经济发展提供了新活力。在做好常态化疫情防控的同时，陕西还举办了一系列文化活动，包括第五届丝绸之路国际博览会、第二十届西安国际音乐节、第七届丝绸之路国际艺术节等。此外，陕西新闻出版行业、广播电视领域、电影电视事业、文博和非遗事业、文旅融合工作等均取得了斐然成绩。① 从陕西省公共文化服务的投入和产品数量的产出来看，按照标准化体系已经建成农村公共文化服务体系，公共文化服务从种类到数量都已经有了较大增长，农村公共文化服务已经实现了规模增长。从调研的实际情况来看，农村居民

① 《陕西文化发展报告 2022》。

在公共文化服务和公共文化设施的需求上表现出了对种类和数量需求的降低以及对公共文化服务活动和公共文化设施的质量要求提高的趋势。公共文化服务的投入要建立在效益增长的基础上，实现服务的边际收益始终高于边际成本，才能提升公共文化服务效能。

一、陕西省公共文化供给政策及资金支持

《陕西省“十四五”文化和旅游发展规划》明确了未来5年陕西省公共文化服务体系提质增效的重点任务：一是在“十三五”公共文化设施网络基本建立的基础上，从公共文化设施提档升级、增加产品供给、提升服务效能、推进城乡一体化建设等方面实施一批重大工程，实现以基本公共文化服务标准化、省级公共文化服务体系高质量发展示范县区创建为引领，统筹城乡公共文化服务体系均衡发展，探索更加便捷高效、群众满意度更高的文化惠民活动，逐步健全陕西的现代公共文化服务体系。二是关于优秀文化的保护、传承、弘扬。

2021年，为提高偏远贫困地区、革命老区公共文化服务保障能力，陕西省文旅厅向省内78个此类地区选派1115名文化工作者，下拨2230万元的专项资金，为偏远贫困地区培养文艺辅导员和文艺演出队伍，提高公共文化服务保障水平。① 2021年7月，陕西乡镇综合文化站和村综合文化服务中心分别达到1323个和18661个。陕西省大力推进公共文化数字化建设工作，建成了近60个陕西地方特色优秀文化信息资源库，资源总量约130 TB。②

“十四五”时期，创建省级公共文化服务体系高质量发展示范县，成为公共文化服务体系高质量发展的一项重要内容。自2021年7月，陕西省第一批省级公共文化服务体系高质量发展示范县区创建工作启动以来，分三批创建示范县区，总数为30~40个，每一批以两年为一个工作周期，按照梯次推进的原则，2021年、2022年和2023年推进三批。

---

① 陕西省文旅厅．在实事实办中作为［EB/OL］．陕西省人民政府网，(2022-11-20)［2023-02-23］．http：//www. shaanxi. gov. cn.

② 柏桦．我省文化惠民工作深受群众欢迎［N］．陕西日报，2021-07-28（3）．

二、陕西省农村公共文化服务先进典型

截至“十三五”末，陕西省基本建设完成了五级公共文化服务网络，其中各级公共图书馆、文化馆、乡镇街道综合文化站、村（社区）综合性文化服务中心分别达到118家、119家、1342家、19271所。

（一）国家公共文化服务体系示范区

2021年免费向社会公众开放所有的公共图书馆、文化馆。① 以国家公共文化服务体系示范区项目为引领，铜川王益区公共文化建设领域“一心多点”服务模式，创建乡村文化理事会等公共文化服务示范性品牌。自铜川市2019年3月获第三批国家公共文化服务体系示范区授牌以来，王益区文化和旅游文物局持续巩固和提升示范区创建成果，探索实践乡村文化治理和公共文化服务供给侧结构性改革。通过引入理事会理念，成立乡村文化理事会，建设乡村文化大院，完善乡村文化治理体系，推进村民文化自治，增强文化自觉，坚定文化自信，重塑乡村文化生态，解决了传统体制下乡村文化传承出现的断层性危机、文化服务和产品供给与村民文化需求不平衡、群众的文化主体性发挥不充分结构性矛盾问题。2019年5月，罗寨村建成全市首个乡村文化理事会和5个乡村文化大院。目前王益区已建成3个乡村文化理事会、19个“一院一特色”的乡村文化大院，受到广大群众好评。② 在农村公共文化服务的重点环节和关键领域开展积极的研究和探索，总结群众满意度高，可复制、可推广的公共文化服务典型案例。

（二）文旅融合先进典型

农村公共文化服务供给要从直接输送向涵养培育方向发展。一方面，依托地方农业文化遗产资源，将农耕文化融入休闲农业，推动文旅融合，促进群众增收致富和文化可持续发展，用现代文化信息开发利用传统文化。另一方面，要利用好现有的文化资源，并以博物馆、文化馆为载体，

---

① 司晓宏，白宽犁，王长寿．陕西省文化发展报告2022［M］．北京：社会科学文献出版社，2022：222.

② 引领乡村文化自觉 坚定文化自信［EB/OL］．铜川市文化和旅游局，http：//whlyj.tongchuan．gov．cn/html/wldt/jcdt/202008/16267．html.

涵养文化根脉。党的二十大报告系统论述了构建现代乡村产业体系的立场观点方法论，提出以文塑旅、以旅彰文，推进文化和旅游深度融合发展。旅游村、重点村镇文旅融合发展能带动公共文化服务效能提升。文旅部和国家发展改革委公布了全国乡村旅游重点村镇，陕西省多个村镇入选。2021 年 8 月，陕西 6 个村入选第三批全国乡村旅游重点村，3 个镇入选第一批 100 个国家乡村旅游重点镇（乡），3 个入选镇为石泉县后柳镇、商南县金丝峡镇、礼泉县烟霞镇。6 个入选村为蔡家坡村（西安市鄠邑区石井街道办）、周家庄村（宝鸡市金台区金河镇）、南社社区（渭南市合阳县黑池镇）、汉山村（汉中市南郑区汉山街道办）、法官庙村（商洛市山阳县法官镇）、佛道坪村（延安市宝塔区万花山镇）。

自 2018 年以来，渭南市开展文化下基层、戏曲进乡村和流动服务等文化活动达到 2800 余场，服务群众 465 万人次。[①] 渭南将历史文化与旅游相结合，充分利用丰富的历史文化资源，发展旅游业。如司马迁祠景区、尧头窑文化旅游生态园区、关古城桥陵景区、丰图义仓、梁带村芮国遗址博物馆、党家村景区均为 4A 级景区，充分利用文物保护单位，将文化和旅游相结合，提升公共文化服务效能。

延安市安塞区拥有丰富的文化资源，是中国腰鼓之乡、剪纸之乡、曲艺之乡、民歌之乡、民间绘画之乡，充分发挥文化和旅游融合的优势，促进旅游业发展。制定了安塞区全域旅游发展规划等文件，改造提升了位于王家湾的毛主席旧居、位于碟子沟村的中央军委二局旧址和张思德纪念地等景点，打造红色旅游项目。[②]

（三）文明村镇创建典型

在调研中铜川市耀州区在农村公共文化服务建设中积累了好的经验。近年来，耀州区着力推进新时代文明实践试点和乡村“复兴少年宫”试点工作，全面推进农村精神文明建设。区委常委班子指导印发了《耀州区社

---

① 渭南市公共文化为群众美好生活赋能，国家公共文化服务体系示范区创新发展成果综述［EB/OL］.［2021-12-16］（2022-02-25）. 渭南市文化和旅游局，http：//wlj. weinan. gov. cn.

② 安塞区融媒体中心. 安塞：“五张文化名片”变成群众致富源泉［EB/OL］.［2021-11-10］（2022-02-25）. 延安市安塞区人民政府，http：//www. ansai. gov. cn.

会主义核心价值观“六进两融入”工作实施方案》《铜川市耀州区文明村镇、文明单位创建管理办法》《铜川市耀州区关于开展“树清廉家风　创最美家庭”清风传家主题实践活动的通知》等各类涉及乡村精神文明建设的指导性文件，明确工作思路，明确工作要求，抓好工作谋划。以文明村（镇）创建为重要载体，打造文明村（镇）品牌，倡导新风尚，焕发农村精神文明建设新气象。以建立健全红白理事会为切入点，引导鼓励“一约四会”群众自治组织在助力脱贫攻坚、抗击疫情、树文明新风等方面发挥作用，培育出了董家河镇王家砭村、石柱镇马咀村、石柱镇活龙村、小丘镇独石村等一批移风易俗、文明乡风的典范。注重抓好典型示范的宣传培树和示范引领，破除铺张浪费、天价彩礼、大操大办、薄养厚葬、封建迷信等陈规陋习，推动形成文明乡风、良好家风、淳朴民风。建立健全移风易俗长效机制，结合本地实际制定相应的村规民约，鼓励村民以实际行动移风易俗，让文明新风深入民心，努力形成良好家风、文明乡风。采取文化墙、文化快板、文化节目、文化诗社等形式广泛宣传，使勤俭节约成为村民共识。广泛开展节俭评比、文明创评、道德讲堂、文明餐桌、文明婚礼等活动，评选“十星级文明户”“好公婆”“好媳妇”“新时代好少年”、身边好人、道德模范、文明家庭，营造讲俭约、讲文明、讲奉献的良好氛围。

通过点单派单评单新模式，全面满足群众的需求。一是通过宣讲强化乡村思想政治引领。“红”孩儿宣讲、“草根”宣讲、“银发初心”宣讲等创新做法遍地开花，主题宣讲深入田间地头，用快板等群众喜闻乐见的形式，推动习近平新时代中国特色社会主义思想走深走细。二是推进文明乡风在农村唱响主旋律。持续开展各类先进典型评选，培育出王家砭村好人群体、全国道德模范张水珍等省市好人道德模范 162 人次。全国文明村王家砭村依托新时代文明实践站“文化大礼堂”举办红白事，移风易俗倡新风。三是助推乡村传统文化大繁荣。大力保护陈家坡会议旧址、药王故里等 28 处文物，建立耀州瓷、泥塑、面塑、剪纸、书画等非遗保护名录项目 44 项，古城古迹得到保护，文化文艺得到传承，乡村魅力彰显。四是通过举办文化活动掀起乡村文化热潮。在区级示范朗读活动和“沮水微澜”平台带动下，不断引领乡村诵读和文艺文化活动掀起热潮，乡村文艺创作群体争相涌现，“东塬人”等民间微信平台持续运营五年，刊登了大量接地气的乡土文章，书香文香浸润了群众心田。五是通过评选文明先进典型，发挥示范效应。以“八星励志”促振兴为主题，更新完善“八星”设置，在评星争星活动中激发农民群众争做文明村民的强大内驱力。

（四）公共文化服务创新典型——“文明大篷车”

志丹县是全国十个新时代文明实践中心建设试点工作重点联系县之一，创新发展了文明大篷车志愿服务项目，破解了基层文化生活动力不足、资源利用率不高、活动的吸引力不强、参与度不高以及志愿服务的临时化等问题。针对陕北地区群众居住分散的特点，志丹因地制宜探索出“文明大篷车志愿服务项目”，深入开展各类文明实践活动。“文明大篷车”进乡村开展志愿服务，受到群众的普遍欢迎。充分利用农村婚嫁庆典、集市、节会等人口聚集多、受众广的有利节点，以群众喜闻乐见的形式，传播党的政策、法律法规、科普知识、移风易俗等内容。特别是开进婚嫁现场，紧贴了群众需求，既为群众省下一笔不小的婚庆费用，还将最新的惠民政策、文艺节目等送到群众身边，受到群众好评。志愿者指导群众把故事编排成小品、快板等节目，提升了文艺作品的吸引力和感染力。“文明大篷车”志愿项目集中原来的普法、农业科技等 8 个类别的服务，让群众一次享受多种文化服务，通过文明大篷车志愿服务项目为群众提供丰富的文化活动，起到了教育群众、凝聚群众的积极作用。“文明大篷车”贴近群众，走到了群众的身边，打通了宣传群众、教育群众、服务群众的“最后一公里”。同时，文明大篷车把文明风气带入了农村，对于深入开展移风易俗活动、遏制传承多年的婚丧嫁娶攀比风起到了积极的作用。

（五）创建文化活动馆

陕西省礼泉县的范超文学馆是由陕西省青年作家范超在自己老宅基础上建设的文化活动场所，是践行文艺工作者“深入生活 扎根基层”的宗旨，在陕西省内建立的首家文学馆。文学馆集文化活动室、农家书屋、乡风展示等功能于一体，开展多种形式的文化活动。由眉县横渠书院倾力打造的中国美学图书馆及以六艺馆（礼乐射御书数）为主题的横渠书院之“六艺坊”在陕西太白山落成，馆内面积4000平方米，可供当地群众体验君子六艺、美学、中国非物质文化遗产等中华优秀传统文化。

（六）县级融媒体助力农村公共文化服务

为了提供多种信息，陕西各县级融媒体利用“两微一端”以及“抖音”“今日头条”等商业媒体发布热点新闻，确保新闻在全域内覆盖。其中“爱系列”App是一款“新闻+政务+服务”的客户端，是利用图文匹配、电视广播融通、直播转播结合等全媒体形式，集新闻、资讯、百姓问政、文化旅游、便民服务等内容为一体的党政宣传平台，并具有评论、顶踩、网友爆料等新闻互动模式。收录了来自全省（市）党政机关、事业单位等机构的网站发布的信息，建立了“一地一端，一单位一端”模式。通过“用户画像”技术，使客户端能够对海量数据进行深度挖掘整理，为用户推荐有价值的、个性化的信息，实现新闻送达的“千人千面”。

1. 生产内容时效性强

“秦岭云”秉持“一朵云、一张网、多厨房”的发展模式，在短时间内形成全省县级融媒体中心的快速部署。各县区在省级融媒体的统一领导下，拥有独立裁量权。通过云化各县级融媒体数据和资源，实现技术、内容、舆情的上下联动。特别是突发的紧急事件以及当下的重大事件，如“爱系列”上线的“战疫情”“脱贫攻坚”“乡村振兴”“二十大”等热点事件，都是关乎国家发展、民众关注的大事件，在舆论引导和思想传播上起到重要作用。

2. 服务功能多样性

服务性是陕西县级融媒体中心的基本职能。“秦岭云”根据县区内的民众需求和发展状况，创造性地打造了“新闻+政务+服务”的综合平台。在新闻方面，各县级融媒体中心均设置了“X县头条”“热点”等政治板块、“名校风采”“学习强国”等教育板块、“文化旅游”等文旅板块，以及“农高会”等社会板块。在政务方面，“爱系列”App都设置了“百姓问政”“秦务员”等板块。在服务方面，设置了“便民服务”，包括“特色服务”“同城服务”“充值缴费”等多种服务。

第四节　供给视角的农村公共文化服务满意度

公益性的公共文化服务是实现人民群众基本文化权的主要载体，是满足人民对美好生活新期待的重要方式。农村公共文化服务供给效能是人民群众文化获得感和国家文化软实力增强的关键，提升农村公共文化服务供给效能对满足人民群众文化需求、建设社会主义文化强国、提高民族文化自信具有重大的现实意义。服务满意度是公共文化服务绩效评价的核心指标，体现了国家治理体系和治理能力现代化水平。农村居民公共文化服务满意度是指农村居民对本地区所提供的公共文化服务活动和建设的公共文化服务基础设施的满意度，体现了对公共文化服务的心理感受和主观评价。农村公共文化服务的满意度体现了农村公共文化服务的供给效率，也是公共文化服务效能最基本的评价标准。对农村居民公共文化服务满意度进行研究对于提升农村公共文化服务供给效能、实现乡村文化振兴和助力农村居民满足精神文化需求意义重大。随着我国农村城镇化、现代化和信息化的发展，公共文化政策因惯性依赖和谨慎原则导致农村公共文化服务供给呈固定模式发展。农村公共文化供给规模的扩大没有带来供给效能的提升，供给效能下降影响农村居民对公共文化服务的满意度。以陕西省 6 个市 12 个县 68 个村的农村居民为研究对象，采用问卷法和访谈法，调查农村居民对公共文化服务的满意度及其影响因素。研究发现，农村公共文化服务充裕度、便捷度、平衡度、需求表达处理结果满意度对农村公共文化服务的满意度具有显著的正向影响。农村居民对需求表达的处理结果满意度不高，表达渠道知晓率呈现出明显的不足。对农村公共文化设施的需求度较高，要求有更多高质量的、更便捷的公共文化服务设施，提供更为具体的、形式多样的公共文化服务活动才能满足农村居民的公共文化服务需求。

一、公共文化服务满意度的测评

关于公共服务满意度的测评主要起源于西方国家。20世纪80年代，运用比较广泛的分析方法是公共服务顾客满意度指数模型，它用于测量顾客对服务或产品质量的满意程度，其核心指标是期望质量、感知质量、感知价值、顾客满意、顾客忠诚和顾客抱怨。Chiara等（2014）认为政府文化工作绩效评价体系能够有效促进政府服务效能，其中，提升公众参与程度，把满意度纳入评价体系，并且更好地提供多样化产品，能够促进政府服务效能。① Alemán等（2018）认为公共部门对社会治理的主要贡献是公共文化服务的满意度，也是推进公共部门工作的关键驱动因素。② 国内研究主要是借鉴了国外研究的顾客满意度指标和新公共服务理论，对我国公共文化服务的公众满意度进行了分析。陈瑛（2013）通过对深圳市光明新区公共文化服务满意度的调查，从公共文化服务设施免费开放的认知度、公共文化服务参与度、公众公共文化服务需求等方面评价公共文化服务的满意度。③ 寇垠、刘杰磊（2019）科学评估了东部农村居民公共文化服务满意度及其影响因素，研究发现数量满意度、便利性满意度、宣传满意度和质量满意度构成了综合满意度。职业、文化程度、个人幸福感对所有类别公共文化服务的满意度都有显著影响，而年龄、收入、重要性评价对不同类型公共文化服务的满意度存在显著性差异。在构建公共文化服务体系中，要根据居民个体差异，以居民生产生活中的重要性作为方向，提高服务针对性。④ 贺彦煜（2019）从公共文化服务管理的规范性、服务专业性、便民可靠性、经济可获取性以及其他外部因素等方面研究农村公共文化服

---

① Nogare C D，Galizzi M M. The political economy of cultural spendingevidence from Italian cities ［J］. Journal of Cultural Economics，2014（8）：244-268.

② Alemán R，Gutiérrez-Sánchez R，Liébana-Cabanillas F. Determinant factors of satisfaction with public services in Spain［J］. Australian Journal of Public Administration，2018，69（3）：6-14.

③ 陈瑛. 深圳市光明新区公共文化服务需求与满意度调查［J］. 图书馆研究与工作，2013（4）：2-6.

④ 寇垠，刘杰磊. 东部农村居民公共文化服务满意度及其影响因素［J］. 图书馆论坛，2019（11）：79-86.

务满意度的影响因素。① 霍强、王丽华（2019）实证调查了云南农村贫困地区 239 户家庭，分析了公共文化服务满意度，认为农村贫困地区群众参与公共文化服务频率较低，服务满意度一般。民族、年龄、文化程度、贫困程度、地理距离等因素对公共文化服务产品的使用和服务满意度具有显著影响。贫困地区公共文化服务存在着供给、需求和供需错位三种偏差。农村贫困地区公共文化供给需要从需求入手，在财力有限的条件下精准供给，可提高供给效率，减小供给和需求的偏差。② 曾鸣（2018）利用中国综合社会调查（CGSS）2015 年数据，研究了互联网使用对农村公共文化服务满意度的影响。互联网使用提高了公共文化服务满意度。互联网使用通过促进政府财政支出、完善财政监督和居民公共事务参与等途径提高了公共文化服务的满意度。③

国外研究文献主要是对公共文化服务进行宏观研究，缺少对农村公共文化服务满意度的研究。国内学者对农村公共文化服务的满意度评价进行了大量的研究，以促进公共文化服务的供给效率，推进现代公共文化服务体系建设。目前，农村公共文化服务满意度研究多以满意度作为评价指标，没有将公共文化服务满意度纳入公共文化服务供给过程中进行系统研究。农村公共文化服务在供给模式、供给质量和供给效率方面与城市公共文化服务存在差距，离实现城乡公共文化服务均等化目标还有相当的距离。对公共文化服务满意度的研究文献集中于城市或社区公共文化服务的满意度，而对于农村公共文化服务研究比较欠缺。因此，从公共文化服务供给的需求表达处理结果满意度、便捷度、充裕度、平衡度等四个维度对农村公共文化服务的满意度进行调查研究，对调研结果进行实证分析。根据分析的结果研究农村公共文化服务供给对公共文化服务满意度的影响，进而提出提升农村公共文化服务供给效能的政策建议。

---

① 贺彦煜．基于农户视角的农村公共文化服务满意度影响因素研究［J］．湖北农业科学，2019，58（14）：189-193.

② 霍强，王丽华．农村贫困地区公共文化服务的满意度及供需偏差研究：基于云南农村贫困地区 239 户家庭的调查［J］．江苏农业科学，2019，47（5）：342-346.

③ 曾鸣．互联网使用与农村公共文化服务满意度［J］．华南农业大学学报（社会科学版），2018，17（4）：84-94.

二、农村公共文化服务满意度影响因素

党的十八届三中全会召开以来，农村公共文化服务体系逐步建立，相较于城市公共文化服务体系的建设水平，农村公共文化服务体系在制度建设、考核指标、服务设施、服务内容等方面还存在一定的差距。通过农村居民对政府或各部门所提供的公共文化服务和公共文化服务设施主观评价的调查，考察农村公共文化服务供给的需求表达处理结果满意度、便捷度、充裕度、平衡度四个方面对公共文化服务满意度的影响，建立农村公共文化服务供给对公共文化服务满意度影响的概念模型。

（一）农村公共文化服务需求表达处理满意度对公共文化服务满意度的影响

2016 年，全国人大常委会分组审议的《公共文化服务保障法二审草案》强调了公共文化服务向农村地区倾斜。它从法律层面保障了农村公共文化服务的投入力度，相较于农村公共医疗卫生、教育、社会保障等公共产品，公共文化服务的群众关注度和满意度不高。农村公共文化服务的消费习惯以及不具有需求表达的权利认知和需求表达的渠道狭窄，使得农村居民的公共文化服务需求表达意识不强，需求表达行为也比较欠缺。目前，农村公共文化服务供给和需求之间存在着一定的矛盾，突出的表现就是供给和需求的错配。农村居民公共文化需求的有效表达能够缓解当前的这种供需矛盾。新公共管理理论和新公共服务理论认为，以公众的需求为导向加强政府的回应性是完善公共服务的根本。

农村居民对农村公共文化服务需求的准确表达建立在农村公共文化服务精准供给的基础上。需求表达处理满意度是农村居民将公共文化的需求信息从需求方传达到供给方，对供给方对其处理（予以满足或忽视等）情况的满意程度。需求表达处理满意度对实现农村居民公共文化服务供给需求平衡具有重要作用。相关部门和政府进行有效的信息反馈，既可以及时有效了解农村居民的切身需求，又能激发农村居民对于参与农村公共文化服务活动和使用公共文化服务设施的参与兴趣，体现自我价值。政府部门

应积极回应农村居民的文化诉求，或者提供能够通畅表达需求的渠道，并对农村居民的文化需求进行专业、及时的处理和反馈。这种积极反馈的行为会大大调动农村居民对于农村公共文化服务发展的参与性，提升农村居民需求表达的意愿和动力，进而提升农村公共文化服务的整体满意度。对于农村居民公共文化服务需求表达处理的满意度体现了政府或相关部门对农村居民主体地位的尊重，可以更有效地激发农村居民积极进行公共文化服务需求表达，为精准供给提供参考，提升农村公共文化服务供给效能。因此提出以下假设：

H1：农村公共文化服务需求表达处理满意度对公共文化服务满意度有正向影响。

（二）农村公共文化服务和文化设施充裕度对公共文化服务满意度的影响

《公共文化服务保障法》规定公共文化服务的数量、种类、规模及分布要合理确定。公共文化服务设施的充裕有利于提高农村居民对公共文化服务的满意度，使农民感受到政府为群众办实事、为群众利益做出贡献。这也是政府服务基层的重要方式。根据调查可知，农村公共文化服务活动和文化设施的充裕度能够提升农村居民文化活动的参与度。参与度的提高增加了农村居民的文化活动频率，进而对满意度产生影响，据此提出以下假设：

H2：农村公共文化服务和文化设施充裕度对公共文化服务满意度有正向影响。

（三）农村公共文化服务活动和文化设施平衡度对公共文化服务满意度的影响

农村公共文化服务的平衡度主要包括地区之间和城乡之间的供给平衡，对服务满意度具有影响。农村公共文化服务供给在地区之间和城乡之间存在差异。根据《中国公共文化服务发展指数报告（2019）》，中东部地区省份的公共文化服务发展水平普遍较高，中部和西部地区省份的公共文化服务发展水平普遍较低。城乡和地区经济发展差异在我国还普遍存在，体现在公共文化服务领域存在城乡和地区间的失衡状况。目前，我国的农村公共文化服务供给存在地区和城乡差异，农村居民对这种差异的感知不同影响服务满意度。我国农村居民的数量巨大，人工统计和摸排、准确识别差距的难度很大。如果为了实现均等反而会造成地区差异，造成农村公共文化服务的供需错配。在考虑地区差异性的前提下，通过信息技术准确识别这种差异，为居民提供符合其偏好的差异化公共文化服务能提高农村居民的满意度。据此提出以下假设：

H3：农村公共文化服务活动和文化设施的平衡度与公共文化服务满意度呈正相关关系。

（四）农村公共文化服务活动和文化设施便捷度对公共文化服务满意度的影响

《中华人民共和国公共文化服务保障法》第一章第四条规定，公共文化服务建设四项要求之一是便利性。公共文化服务的便捷性是公共文化服务建设的基本原则。2021 年 3 月，文化和旅游部、国家发展改革委、财政部联合发布的《关于推动公共文化服务高质量发展的意见》明确指出，要提供高效率和高质量的公共文化服务，为建设文化强国奠定基础。[①] 文化消费行为追求的是精神体验，不仅需要消费者进行物质上的付出，还需要消费者在时间上的付出。消费者在时间上的付出对于文化消费行为的影响更为根本。消费者要根据文化消费前获得的有限信息来决定是否投入时间和财力进行文化消费。布迪厄提出的文化资本理论为分析文化生产和消费活动提供了新的理论框架。在个人的文化资本影响下形成了不同的个人偏好，而这种个人偏好是文化消费行为的核心驱动力。便捷的农村公共文化服务设施的布局设置和参加农村公共文化服务活动的便利条件可以促使农村居民参与到农村公共文化服务活动中，提升农村居民的参与积极性，并提升服务满意度。农村公共文化服务供给的便捷度提高了农村公共文化服

① 文化和旅游部，国家发展改革委，财政部．关于推动公共文化服务高质量发展的意见［EB/OL］．［2021-03-23］（2022-02-25）．中华人民共和国中央人民政府，http：//www. gov. cn/zhengce/zhengceku/ 2021-03/ 23/ content_ 5595153. htm.

务的满意度。因此提出以下假设：

H4：农村公共文化服务活动和文化设施便捷度对公共文化服务满意度有正向影响。

三、变量选取与数据分析

如何优化农村公共文化服务供给、提高农村公共文化服务的满意度，是政府进行农村公共文化服务供给改革必须考虑的问题之一。公共文化服务供给主要从四个因素进行考量，包括公共文化服务供给的需求表达处理满意度、便捷度、平衡度、充裕度。农村公共文化服务满意度为被解释变量，解释变量为农村公共文化服务供给表达需求满意度、便捷度、充裕度、平衡度。为了确保问卷的信度和效度，变量的操作性、定义和测量主要以国内外较为成熟的量表为基础，考察农村公共文化服务供给在需求表达处理满意度、便捷度、充裕度、平衡度等方面对服务满意度的影响。本书的问卷主要采用李克特五级量表评分（非常、基本、一般、基本不、非常不五级分别计分为5、4、3、2、1）。学界主要通过单一整体评估法和综合评估法来测量满意度。本书以农村公共文化服务供给对服务满意度的影响为研究对象，采用单一整体评估法测量。农村居民公共文化服务满意度状况通过直接询问被调查者对农村公共文化服务活动和提供的公共文化设施的满意度进行整体评价。由于服务满意度具有主观特点，因此，数据来源于问卷调查，通过多元回归分析方法研究其影响因素。考虑到地域经济的差异和样本的普遍性及代表性，本书共调研了陕西省6个市12个县68个乡村，向村民共发放调查问卷450份，收回问卷430份，有效问卷427份，有效率为94.8%。

四、实证分析

（一）描述性统计与相关分析

样本对象中，男性占49.18%，女性占50.82%。关于健康状况，感觉“比较差”的占4.22%，“一般”的占42.62%，“比较好”的占35.6%，“非常好”

的占17.1%。对于农民的经济状况来说，感觉“远低于平均水平”的占3.75%，“低于平均水平”的占20.37%，“平均水平”的占61.12%，“高于平均水平”的占14.29%，“远高于平均水平”的占0.47%。对村庄经济水平的评价，认为村庄经济水平“很差”的占1.17%，“比较差”的占20.84%，“一般”的占48.24%，“比较好”的占27.40%，“非常好”的占2.34%。

根据表3-4描述性统计分析和相关性分析，农村公共文化服务供给的充裕度均值为3.07，处于中等偏上水平，农村公共文化服务供给的平衡度均值为2.28，处于偏下水平，表明大部分农村公共文化服务的平衡度比较低，普遍认为公共文化服务活动和公共文化服务设施在地区之间和城乡之间的差异非常大，具有不平衡性。农村公共文化服务供给的便捷度均值为2.89，处于中等水平。这也体现了我国地方政府在提升农村公共文化服务水平，丰富公共文化活动形式、内容，改善公共文化服务设施方面已经做出成效。农村居民对公共文化服务的满意度均值为2.97，处于中等水平，对于农村公共文化服务需求表达处理的满意度均值为2.68，处于中等水平，表明农村居民公共文化服务的需求能够得到相关部门的及时有效处理。

表3-4　描述性统计分析和相关性分析

	均值	标准差	表达处理满意度	充裕度	平衡度	便捷度	满意度
表达处理满意度	2.68	0.870	1	0.078	0.371**	0.176**	0.230**
充裕度	3.07	0.905	0.078	1	0.382**	0.413**	0.404**
平衡度	2.28	0.695	0.371**	0.382**	1	0.521**	0.450**
便捷度	2.89	0.837	0.176**	0.413**	0.521**	1	0.533**
满意度	2.97	1.145	0.230**	0.404**	0.450**	0.533**	1

注：** 表示5%水平下显著。

在公共文化服务供给的四个要素中，充裕度的得分均值超过3，履行效果相对较好，而平衡度的得分均值最低，为2.28，说明农村公共文化服务供给存在的差异性和不平衡性影响了农村居民对农村公共文化服务满意度。我国城乡二元结构发展中城乡公共文化服务均等化目标还未实现，和地区经济水平差异所造成的差距有关。从表 3-4 中可以看出，农村公共文化服务供给的四个要素与农村公共文化服务满意度均存在显著的正相关关系。相关分析结果表明，变量间关系符合本书的假设，为假设检验提供了研究基础。多重共线性问题影响回归分析结果，因此在分析回归结果之前，对自变量之间可能存在的多重共线性问题进行处理和检验。对所有解释变量进行中心化处理，利用方差膨胀因子 VIF 对多重共线性问题进行诊断。研究发现，每个变量的方差膨胀因子均低于 2，低于临界值，因此，表明自变量之间不存在多重共线性问题。

从相关系数来看，农村公共文化服务满意度和需求表达处理满意度的相关系数为 0.230，P 值小于 0.05。农村公共文化服务供给的充裕度和农村公共文化服务满意度的相关系数为 0.404，P 值小于 0.05。公共文化供给的平衡度和公共文化服务的满意度的相关系数为 0.450，P 值小于 0.05。农村公共文化服务供给便捷度和服务满意度的相关系数为 0.533，P 值小于 0.05。表达处理满意度，农村公共文化服务供给的充裕度、平衡度和便捷度与农村公共文化服务的满意度都有显著的相关性。

（二）回归分析

以农村公共文化服务满意度为因变量，以农村公共文化服务供给表达需求处理满意度、公共文化服务充裕度、公共文化服务供给平衡度、公共文化服务供给便捷度为自变量，以经济状况为控制变量，建立 OLS 回归模型。

1. 农村公共文化服务需求表达处理满意度对满意度的影响

对农村居民需求表达的处理反映的是政府在供给公共文化服务过程中供给职能的延伸，是构建服务型政府的重要工作。因此将需求表达处理满意度作为供给因素，考察其对公共文化服务满意度的影响方向和程度。农村公共文化服务需求表达处理满意度对农村公共文化服务满意度具有正向的显著影响，影响回归系数为 0.125。对陕西省陕南、陕北、关中等地的调查发现，由于缺乏需求表达渠道，农村居民无法表达、无法参与公共文化服务的选择活动，难以体现公众的社会责任意识。在调查中，在被问到

"您所在的村/社区有没有反映公共文化需求的渠道（如对不满意的服务或设施的意见，想获得更多的公共文化服务/设施等）"时，回答有的为72.37%，没有的为27.63%，不知道的为0。这说明基层政府在提供公共文化服务中，注重了农村文化服务需求表达渠道的设置，村民的知晓率达到了50%以上，这和基层政府在提升农村公共文化服务水平方面的工作措施分不开。在被问到"您自己或者周围人有没有反映自己公共文化需求的经历"时，67.84%的人回答自己或知道周围有人反映过文化需求的经历，没有表达经历的为32.16%。在被问及"您自己或周围人是因为什么原因反映自己的公共文化需要这一问题"时，回答公共文化服务设施的质量问题的为31.69%，对公共文化服务内容不满意的为7.04%，想获得更多的公共文化设施的为34.51%，想获得更多的公共文化服务的为26.76%。在对农村居民进行访问时提出问题，"您自己或周围人对公共文化需求的处理结果是否满意"，回答非常不满意的为3.61%，比较不满意的为25.25%，一般的为53.44%，比较满意的为15.08%，非常满意的为2.62%，满意度比较低（见表3-5）。家庭经济状况对农村公共文化服务满意度的回归系数为0.004，影响不显著。供给和需求偏离，同时居民对经过需求表达以后处理的结果、方式满意度也很低。

表3-5 农村居民公共文化服务需求表达处理结果满意度

满意度	占比（%）
非常不满意	3.61
比较不满意	25.25
一般	53.44
比较满意	15.08
非常满意	2.62

2. 农村公共文化服务供给的充裕度对满意度的影响

由表3-6可以看出，农村公共文化服务供给的充裕度对农村公共文化服务满意度有显著的正向影响，回归系数为0.240，这一结果验证了H2。

3. 农村公共文化服务供给的平衡度对满意度的影响

由表3-6可知，农村公共文化服务供给的平衡度对农村公共文化服务满意度具有显著的正向影响，回归系数为0.258。这说明农村公共文化服务供给的平衡度是公共文化服务满意度的重要影响因素。

表3-6　多元回归结果

	非标准化系数		标准系数	*t*	*Sig.*
	B	标准误差			
（常量）	-0.105	0.302		-0.349	0.727
家庭经济状况	0.004	0.065	0.002	0.056	0.955
表达处理满意度	0.125*	0.056	0.095	2.232	0.026
充裕度	0.240***	0.056	0.190	4.304	0.000
平衡度	0.258**	0.082	0.157	3.146	0.002
便捷度	0.487***	0.065	0.356	7.496	0.000
R^2	0.359				
*F*值（0.000）	47.072				

注：*、**、***分别表示10%、5%、1%水平下显著。

4. 农村公共文化服务供给的便捷度对满意度的影响

由表3-6可知，农村公共文化服务供给的便捷度对农村公共文化服务满意度有显著的正向影响，回归系数为0.487，这一结果验证了H4。

通过对陕西省6个市12个县68个村的实证调查，分析了农村居民公共文化服务满意度的影响因素。从供给角度研究农村公共文化服务满意度，公共文化服务供给的充裕度、平衡度、便捷度对公共文化服务满意度有显著的正向影响。这四个因素中，充裕度和便捷度的影响更为显著。根据此研究结论，提出提升农村公共文化服务满意度的政策建议。

一方面，要提高公共文化服务供给的有效性。政府应该以服务型政府建设为目标，在公共文化服务供给的过程中，基层政府要树立以人民为中心的理念，优化公共文化服务活动供给内容和方式，提高供给效率，改进公共文化服务管理方式，向服务型管理模式转变。在充裕度方面，农民对公共文化服务活动的内容丰富性较为满意，应提高公共文化服务活动的质量与农民迫切希望得到的农技知识培训和外出就业指导等文化活动次数、质量、频率，聘请技术能手进行培训，专家开展现场指导。

在公共文化设施方面，要增加文化设施数量并提高其质量。根据农村居民的需求安装高质量的健身器材，增加健身器材的种类，科学设置公共文化设施的安置地点，提高村民使用的便捷度。增加互联网对村内农户的覆盖率，使覆盖率达80%以上。实现有线电视全覆盖，增加免费频道的数量，尤其是教育频道、农业频道等，为农村居民提供高清、信号稳定的电视频道。在实现互联网和有线电视的公共线路架设的基础上，降低入户线路和网络使用费由农户自费承担的比例。要增加公共文化信息设施入户供给。

基层政府在公共文化服务中重视文化场所与基础设施的供给，对于农村网络和有线电视的供给不足。针对农村老年、妇女、儿童为主要人口的实际，配置适合的文化场所和设施，提供歌舞活动和儿童游乐园、棋牌室等满足农村常住人口的公共文化服务需求。在综合性文化服务中心，推进文化知识型设施的建设，开展各式各样培训课堂进行知识培训。在图书室中扩展图书种类，增加关于农技、健康、饮食营养以及儿童早期阅读书籍的数量和版本。增强图书的吸引力，从而提升图书室和文化室等文化类设施的利用率。在公共文化服务活动等方面要充分利用我国的春节、中秋节、清明节、端午节等传统节日开展具有地方特色和弘扬中华传统美德的一些文化活动，增强公共文化活动的感召力和参与率。

另一方面，要重视供给的需求导向。农村居民在公共文化服务需求方面缺乏话语权和表达渠道，需求无法及时而充分地被吸纳到政府决策中，造成了供给和需求的错位，影响了农村公共文化服务的供给效能，从而导致农村居民公共文化服务满意度降低。根据调查和问卷结果，近几年农村居民的文化表达由于缺乏文化需求表达反馈机制、反馈渠道狭窄，居民对政府关于农村居民公共文化需求处理结果满意度较低，许多农村居民不知道表达的渠道，严重影响了农村公共文化服务供给效能，导致服务满意度下降。政府的基层部门应该制定相应制度，主动下基层通过入户走访、调查等方式对农村公共文化服务需求的意见和建议进行搜集并梳理相关信息，向上级部门反馈。借助于农村公共文化服务数字平台，利用网站、短信平台和微信等新媒体，设立专门的意见反馈渠道及时收集需求表达的信息，提高需求表达处理的满意度。

第四章 农村公共文化服务需求及其影响因素

政府对农村公共文化服务投了大量资金，农村的公共文化服务活动内容也较为丰富，服务设施得到了明显改善。随着政府对农村公共文化事业重视程度的提升，在农村基层，乡镇文化站、农家书屋等基础性公共文化服务设施逐渐完备。通过推进公共文化服务均等化和标准化，农村居民和城市居民能够享受到完善的公共文化服务。然而，随着经济发展水平提高和互联网信息技术的发展，政府提供的公共文化服务活动和公共文化设施不能完全满足农村居民的需求，公共文化服务设施就会变成摆设，使公共文化服务“悬浮化”，造成公共资源的浪费。要想更好地提高农村公共文化服务供给的效能，就要坚持以人民为中心，从需求侧出发，研究农村居民文化需求，开展供给侧结构性改革，实现公共文化服务供需的有效对接，进而提升农村公共文化服务的水平和能力。公共文化需求是对一定时期各种文化产品和服务的需求，包括质和量两方面的内容，政府应提供实物和非实物形式的文化产品和服务，以满足人民群众对精神生活的需要。课题组对陕西省6市农村地区公共文化服务活动和公共文化服务设施的需求方面进行调研，分析农村居民的需求内容及其影响因素。农民是农村公共文化服务的参与者和使用者，农村公共文化服务供给内容应当以农民真实的文化需求为基本内容。农民的文化需求呈现出分层化、多样化、生活化、网络化的特点，即不同人群对文化需求差异明显，有的更偏向生活气息浓郁的文化产品和服务；有的对数字文化需求大，需要更高质量的设施、更加丰富的活动和更为广泛的数字化覆盖。

第一节　农村公共文化服务需求

一、农村居民公共文化服务需求内容

农村文化需求的类型可概括为娱乐性和发展性两种。广播、电影、电视、戏曲、棋牌、文体活动、曲艺表演、各种民俗活动等属于娱乐性文化产品，主要功能是满足农民群众休闲娱乐需求；读书、看报、文艺创作、技术培训、专题讲座、政策宣传、儿童早期阅读、信息浏览等属于发展性文化产品，主要功能是满足农民群众的自我发展需求。娱乐性文化受到农村居民的欢迎，占据文化需求的主导地位，主要原因是这些文化服务项目较好地迎合了农村居民劳作后追求身心放松的需求，也与他们的教育背景、年龄结构、生产生活方式息息相关。

农村公共文化服务活动的需求如下：一是农村居民对于体育健身设施、场所以及文化活动中心的需求一直是较为旺盛的，如健身器材、篮筐以及乒乓球台、文化广场等。这说明我国农村居民在经济生活水平提高以后更加注重文化活动，通过体育锻炼、参加文体活动来增强身体素质，愉悦心情。二是农村居民要求和城市居民一样享受电影院、博物馆等文化设施。电影下乡公益活动以及农民休闲意识的提高，引导和激发了农村居民观看电影的欲望，农村居民更加希望能够有自己当地专门的电影院，能够增强观看电影的频率和便捷程度。三是对于公共文化服务活动，农村居民除了希望观看文艺表演节目、歌舞活动之外，还希望有农技知识培训以及就业指导等方面的活动。随着乡村振兴战略的实施，农村发展、产业、人才、生态环境必将得到改善，以学习知识、增长才干、实现自我等为价值追求的发展性文化需求呈现上升趋势。四是农村居民对健康知识、养生等文化知识的需求增加。随着电视、广播以及网络等途径的传播，农村居民对健康知识、养生的需求增加，例如，会跟着当地的私人旅行团出去游玩，关注有关养生节目的网络视频博主等。由此可以看出，我国农村居民

的需求结构开始呈现出娱乐性需求为主、知识性需求不断上升的趋势，不仅追求休闲娱乐放松，也开始注重自我发展、提升自我价值，需求不断走向现代化。五是农村公共文化需求存在群体性差异。农村地区人口分散、受教育水平普遍偏低，留守老人、妇女、儿童已成为农村人口的主体；农村人均收入远低于城市，农村居民主要从事较为艰苦的体力劳动；农村社会保障水平还较低，居民消费水平低。根据问卷调查情况来看，青少年之间与中老年之间、高等学历之间与较低学历之间、男性与女性之间对公共文化的需求具有较大的差异性。农村居民对线上公共文化需求日益增强，尤其是40岁以下年轻群体，由于接受新事物能力强，更倾向于线上的公共文化。

近年来，农村农民文化需求呈现出新的特点。由于新型传播方式的出现，农民文化需求表现出了视听享受相融合，参与性强、互动性强的特点。在需求内容上，更加注重大众文化类以及具有现代性的娱乐新形式的文化行为。公共网吧等在21世纪20年代初比较流行的文化活动场所已经不能适应农村居民的需求。公共Wi-Fi的全覆盖使得农村居民的上网非常便捷。农村居民更需要的是关于健康养生、农业科技知识以及外出务工的技能培训，家政服务、月嫂以及整理归纳技能培训需求度较高。以传统的文化惠民工程为主体的文化服务活动，不能及时回应农民群众因时代发展而变化的文化需求。农村文化服务的内容是与农村文化环境背离的城市文化下乡，与城市公共文化服务的内容存在同质化问题，忽略了服务对象农民群体的知识结构和接受能力。文化服务没有贴近农村居民的日常生活，缺乏农村文化本土气息，与农民的需求契合度较低。

二、农村居民文化需求的特征

（一）由被动转向主动

随着经济的发展以及受各种传播媒介的影响，农村居民的眼界不断开阔，接触到很多新鲜事物与思想，农民的文化权利意识觉醒，会主动争取法律赋予自己的基本文化权利。在闲暇时刻，农村居民除了在家看电视、玩手机外，还会积极响应举办的观影活动、参与到健身活动当中，充分利用公共文化设施来放松身心，这不仅可以增进邻里之间的感情，还可以营造良好乡风、展现和谐乡容，带动更多人参与到文化中，使得公共文化设施充分发挥作用。同时，部分农村居民会自发组织本村的集体文化活动，如饭后跳广场舞、“庆中秋”文化会演等，在这期间，农民群众集思广益，编舞排练、写小品剧本，利用地方特色传统创新节目形式，充分发挥自身优势，不仅使身心得到放松，也能实现个人价值。另外，农村居民对于公共文化的设施以及活动的选择是有倾向性的，如囿于农村的人口结构、受教育程度等，对于政府重点建设的“农家书屋”工程，农村群众的关注度不高，参与率低下。在调查中，需求排序靠后。同时，农村居民能清晰表达出自己对于公共文化服务的满意度以及未来的期许，如对于农家书屋提供的书籍种类以及开放时间提出自己的看法等，这表明农村居民在各个方面，对于公共文化需求的主动性都在提高。

（二）农村居民文化需求的可引导性较强

文化作为意识形态的一种，具有潜移默化的特点，而农村地区的公共文化服务对当地的政治环境、产业结构以及生活方式更有着长期性、深刻性的影响。农村群众由于受教育程度不高等，对网络文化的辨别能力相对不足，极易受网络环境影响。网络文化环境对农村居民的公共文化需求产生一定的影响。由于文化与经济的发展有时并不是同步的，造成农村居民日益增长的文化需求与相对不充分供给之间的矛盾，在根深蒂固的封建思想影响下，一些不良文化仍在农村地区存在，阻碍农村公共文化服务的前进步伐，例如，有些农民群众会参与一些迷信活动，一些农村市集会出售宣传迷信的盗版书籍等，因此，应由农村公共文化服务体系来引导农村文化的发展方向，创造农村社会健康文明的文化环境，发挥先进文化的积极引领作用。

第二节　农村文化服务需求概况

——基于陕西省的调研数据

一、公共文化服务活动需求

（一）农村居民公共文化活动频率

农村居民看书、报纸、杂志的频率“一年1~2次”占比最高，为15.69%，“几乎每天都看”的只有8.67%；看电视的频率“差不多每周都有”的最高，为26%；看电影的频率较低，“一年不到1次”的为24.12%。听戏、观看戏曲的频率，“从来没有”的为37.79%。调查发现，跳广场舞的频率，“从来没有”的达到58.55%，“几乎每天”都跳的仅为1.87%。学习农业技能的频率，“从来没有”的达到49.41%。较为关心健康知识的学习，“一年1~2次”的占比最高，为22.12%。而学习外出务工技能的比率较低，“从来没有”的达到了32.29%（见表4-1）。

表4-1　被访农村居民的文化活动频率　单位：%

文化活动	从来没有	一年不到1次	一年1~2次	一年几次	大概一月1次	一月2~3次	差不多每周都有	一周几次	几乎每天
看书、报纸、杂志	13.11	11.71	15.69	11.48	5.85	9.84	11.24	12.41	8.67
看电视	10.07	10.54	6.32	7.73	3.98	9.6	26	14.52	11.24
出去看电影	17.8	24.12	17.1	27.17	7.96	2.34	1.64	0.7	1.17
听/观看戏曲等	37.79	14.55	17.84	5.4	3.52	1.17	2.58	14.79	2.35
跳广场舞	58.55	13.35	8.2	4.68	6.56	0.94	2.58	3.28	1.87
学习农业技能	49.41	16.86	13.11	9.37	2.81	2.34	3.04	1.41	1.64

续表

文化活动	从来没有	一年不到1次	一年1~2次	一年几次	大概一月1次	一月2~3次	差不多每周都有	一周几次	几乎每天
学习健康知识	9.88	13.65	22.12	11.53	20	4.71	10.12	4.24	3.76
学习外出务工技能	32.29	12.53	14.94	27.71	6.99	2.65	0.48	0.72	1.69

（二）农村公共文化活动需求排序

从公共文化服务活动的需求排序来看，非常需要的依次是儿童早期阅读（50.82%）、健康知识宣传（33.02%）、国家政策宣传（22.95%）。比较需要的依次是国家政策宣传（49.18%），花会、灯会、庙会活动（42.86%），文艺演出（40.52%），农业技术知识培训（33.72%），放电影（33.50%）。一般的有组织群众歌舞活动（49.30%）、进行外出就业指导（46.84%）、放电影（40.89%）。一点儿也不需要的占比最大的是进行外出就业指导（3.98%）（见表4-2）。

表4-2　公共文化服务活动需求　　单位：%

文化服务活动	无所谓	一点儿也不需要	不太需要	一般	比较需要	非常需要
放电影	3.45	2.71	4.93	40.89	33.50	14.53
文艺演出	2.34	0.70	4.68	39.34	40.52	12.41
组织群众歌舞活动	2.35	0.94	5.16	49.30	29.58	12.68
农业技术知识培训	3.28	3.04	10.54	27.63	33.72	21.78
进行外出就业指导	2.11	3.98	5.39	46.84	24.59	17.10
花会、灯会、庙会活动	2.58	2.58	5.15	35.83	42.86	11.01
健康知识宣传	1.17	0.47	2.58	36.30	26.46	33.02
国家政策宣传	0.94	0.94	6.79	19.20	49.18	22.95
儿童早期阅读	0.94	1.64	3.04	13.82	29.74	50.82

（三）公共文化服务设施需求

公共文化服务设施是提供公共文化服务的建筑物、场地和设备，主要包括图书馆、博物馆、文化馆（站）、美术馆、科技馆、纪念馆、体育场馆、工人文化宫、青少年宫、妇女儿童活动中心、老年人活动中心、乡镇（街道）和村（社区）基层综合性文化服务中心、农家（职工）书屋、公共阅报栏（屏）、广播电视播出传输覆盖设施、公共数字文化服务点等。根据农村居民对文化设施的需求程度选项进行分析，可以了解到农村居民的公共文化设施的需求排序（见表4-3）。

表4-3 农村公共文化设施需求程度 单位：%

公共文化设施	无所谓	一点儿也不需要	不太需要	一般	比较需要	非常需要
体育场地	0.23	0.23	0.70	13.82	27.4	57.61
图书馆	0.47	0.23	0.94	18.97	37.24	42.15
老年活动中心	2.58	1.64	1.87	28.81	42.15	22.95
政策或其他知识宣传栏	1.64	0.7	1.41	23.19	47.07	26
公共网吧	10.54	6.32	6.32	21.55	34.66	20.61
无线网络	1.17	0.23	2.34	21.78	28.34	46.14
有线电视	2.34	0.94	2.81	24.59	25.76	43.56

由表4-3可以发现，非常需要的农村公共文化设施排序分别为：体育场地、无线网络、有线电视、图书馆、政策或其他知识宣传栏、老年活动中心、公共网吧。比较需要的公共文化设施的需求排序为：政策或其他知识宣传栏、老年活动中心、图书馆、公共网吧、无线网络、体育场地、有线电视。一点儿也不需要的占比最高的是公共网吧。

二、农村居民公共文化服务需求类型

在问卷中设计“您目前的公共文化需求（或者说政府应如何完善公共文化服务）主要集中在（选出最重要的3项）”问题，从公共文化服务活动种类、次数和质量及公共文化设施种类、次数和质量调查农村居民公共文化需求类型。

表 4-4　农村居民公共文化需求类型统计

公共文化需求	不需要（%）	人数（人）	需要（%）	人数（人）
提高公共文化的种类	68.85	294	31.15	133
增加所提供的公共文化的次数	59.62	254	40.38	172
提高所提供的公共文化的质量	44.96	235	55.04	192
提高公共文化设施的种类	58.69	250	41.34	176
增加公共文化设施的数量	66.28	283	33.72	144
提高所提供的公共文化设施的质量	49.41	211	50.59	216
完善民众对公共文化的意见反映	70.26	300	29.74	127

从表 4-4 中可以看出，提高所提供的公共文化的质量（55.04%）和提高所提供的公共文化设施的质量（50.59%）的需求占比均超过不需要的比例，而对于提高公共文化的种类和次数、提高公共文化设施的种类和数量，不需要比例大于需要的比例，说明农村居民对公共文化活动和公共文化设施的数量要求已经转移到了提升公共文化活动的质量和公共文化设施的质量需求，对高质量的公共文化活动和公共文化设施的需求更为迫切。近年来，随着我国农村公共文化服务标准化体系的建设，农村地区在公共文化活动和公共文化设施的数量方面取得了长足发展，但是离高质量发展还有一定的距离。完善民众对公共文化的意见反映一项，回答不需要的为 70.26%，回答需要的仅占 29.74%，从一个侧面反映出农村居民在公共意见表达上的意识还需要加强。

三、公共文化服务需求表达途径

农村公共文化服务目前呈现出有效供给不足，一方面是因为对于农民公共文化服务需求的了解渠道不畅，另一方面也表现了农民缺乏一个较好的公共产品需求的表达机制。农村公共文化服务的供给水平较低，质量不高，不能真正有效地满足人民群众日益发展的、更为多元化的精神文化需求。农村公共文化服务的供给机制选择具有一定的特殊性，供给机制要以“自下而上”的需求导向为主，但需求表达存在理性无知的可能，在需求表达上需要发挥政府“自上而下”的诱导作用，这样才能保证农村公共文化服务供给的效率和公平。在现实中，通过调查问卷可以发现，一方面农村居民的需求表达渠道不畅，另一方面农村居民也缺乏对公共服务需求表达的意识和动力。由于受教育水平和信息获取方式的影响，农村居民的知识水平和接收的信息也影响了需求表达的结果和效果。需求表达机制不够完善就成为制约农村公共文化服务有效供给的一个重要因素，甚至对整个农村文化服务体系的构建也产生了不利影响。农村公共文化服务需求的表达主体是农村居民，同时农村居民是公共文化服务的一个消费主体，完善需求表达的渠道和流程可以使他们有效表达自己对公共文化服务的需求。随着城镇化的推进，在农村地区，大量的青壮年劳动力向城市或者城镇迁移，农村中的常住居民主要有老人、妇女和儿童。这些人员的典型特征是知识水平普遍不高，对文化、公共文化需求表达的意识也不强。他们的公共文化服务需求也具有一定的特殊性，这种需求表达的主体意识不强严重地制约了农村公共文化服务供给的效率。

在公共政策的制定方面，农民决策主体地位逐渐边缘化。农村居民文化需求表达的内容、次序和政府公共文化供给的次序之间存在差异性，表达的文化需求和供给的文化服务不一致。农村文化需求表达缺乏制度性规定。农村居民具有个体性和分散性的特点，因此在需求表达上存在表达主体分散化的特征。农村自治组织不能代表农村居民表达他们的文化需求，在文化需求的表达上倾向于政府的供给。此外，农村居民的文化需求偏好具有多样性，个体偏好众口难调。这些因素制约了农村居民在公共文化服务供给中的需求表达。尚未建立农村居民的文化需求表达机制，或者表达机制未能发挥效用，不能实现所供为所需，就不能解决农村公共文化服务供给决策的有效性，造成公共文化服务供需失衡问题。中国农村居民在公共文化服务供给中的需求表达机制需要从建立畅通的需求表达渠道做起，通过网络渠道、投票渠道、科研院所调研等多种渠道，拓展需求表达的渠道。强化农民决策的主体地位。在文化供给中充分征求农村居民的意见，提高农村居民需求表达的组织化程度，让农村自治组织能够充分地反映农村居民的文化需求，真正代表农村居民来反映需求。通过各种宣传形式，培养农村居民权利表达的意识和能力。

在需求表达机制的设置中，应该充分利用农村社区中有能力或特殊才能的成员，包括村干部、乡镇企业主以及党员、农村大户等，他们在农村社区的公共产品自主供给方面也发挥着一定的作用，也可能在需求表达中表达意识较强，能够表达出对公共文化服务的需求。在完善农村公共文化服务需求表达机制的措施中，要培养农村居民具有一定的需求表达意识，引导农村居民充分表达对公共文化服务的需求和偏好。

居民对经过需求表达以后处理的结果、方式满意度也很低。地方政府在公共管理中应该积极反映和回复公众需求，建立一系列的政策措施和制度来提高政府的回应性，政府对需求表达的回应情况包括回应速度和回应效果。回应效果决定了需求表达是否有效，既是对农村居民需求表达意识的一种肯定，也为下一步有效供给公共文化服务提供了一个准确的方向。需求表达的最终目的是有效供给公共文化服务，达到公共产品的供需动态均衡。政府和上级管理部门、职能管理部门必须将公共文化服务需求的回应情况纳入政绩考核系统，公开农村公共文化服务的清单，展示对农村居民公共文化服务需求的回应以及以一定的方式来评估满足公共文化服务需求程度。由于作为农村公共文化服务需求表达主体的农村居民数量众多，表达主体责任意识不强，受文化水平限制以及农村中存在特殊群体，因此建立多元化的需求表达路径更为适宜，要以直接路径和间接路径相结合。在农村可以通过集体投票的形式实现公共服务的需求表达。现代传媒技术发展迅速，智能手机在农村也已经普及，网络海选投票、投票箱、网上表达需求都是有效的需求表达方式。如果在受益范围较大的地区了解公共文化服务需求，以农村、社区为单位进行投票选举，由村民、村民代表或农村干部代表村民进行投票，可有效地反映农村居民的文化需求。

第三节　农村公共文化服务需求影响因素

根据实地调查问卷，以公共文化服务活动和文化服务设施作为选项探寻农村居民公共文化需求偏好，研究农村居民公共文化需求的影响因素。

国外有关公共物品需求影响因素的研究已经有很多成果。Berjstroum（1982）估算了地方公共教育支出的需求函数，将税率、居民收入、年龄、种族、性别、就业状态是否乐观、拥有小孩的个数等因素纳入需求估算函数中，研究公共教育的需求影响变量。国内对于公共物品需求影响因素的研究文献较少，既有研究文献以定性研究为主，缺乏实地调研数据的定量分析。关于农村公共文化服务需求影响因素的研究，目前的文献也较少，大部分文献从农村公共文化服务具体项目如图书馆、文化礼堂等需求特点和影响因素展开研究。数字图书馆是公共文化服务的具体项目，在数字图书馆用户信息需求的相关研究中，徐永丽、李秀英（2004）探讨了网络环境下图书馆用户信息需求特点与影响因素，认为用户的信息意识和信息获取能力属于内部因素，影响信息需求，而外部因素包括网络环境状况、网络信息资源状况以及图书馆网络服务的水平与质量等因素。① 马梧桐、张世颖（2016）从个人特质、系统感知及任务特征三个维度对数字图书馆用户信息需求的影响因素进行定量分析。② 肖会敏、任亚丹、高丽萍（2017）构建了包括信息资源服务、技术服务、官员服务、服务方式四个层次的数字图书馆信息需求影响因素的指标体系。③ 刘力、阮荣平（2019）对农村公共文化需求进行排序，并对影响因素进行了实证研究，认为农村公共文化供给的增长远远落后于农民文化需求的增加，农民具有较强的公共文化需求，研究引入了对村干部满意程度、自身精神生活、福利状况等影响因素，④ 研究发现这些因素对农村居民的公共文化需求均有显著影响。余敏、完颜邓邓（2020）确定了公共数字文化服务需求的影响因素包括资源因素、基础设施、服务效能和主体因素四个方面。在资源因素方面，资源的总量、结构、适用性、更新程度等与公共数字文化服务需求呈正相关关

① 徐永丽，李秀英．网络环境中用户信息需求障碍分析［J］．图书馆理论与实践，2004（6）：24-25.

② 马梧桐，张世颖．数字图书馆用户信息需求影响因素研究［J］．情报科学，2016，34（12）：92-96+107.

③ 肖会敏，任亚丹，高丽萍．数字图书馆服务质量影响因素分析［J］．数学的实践与认识，2017，47（16）：290-295.

④ 刘力，阮荣平．农村公共文化需求排序及其影响因素研究［J］．图书馆，2019（5）：57-62.

系。在基础设施方面，公共服务场所网络传输情况、硬件设备、系统感知有用性及系统感知易用性等与公共数字文化服务需求呈正相关关系。服务能力宣传推广、优化服务环境、个性化服务构成的服务效能与公共数字文化服务需求呈显著的正相关关系。该研究选择了信息意识、信息检索能力、学习兴趣、自我效能四个因素衡量主体因素。①

一、变量设置

公共文化服务活动和公共文化设施需求为被解释变量，公共文化活动的参与行为、公共文化设施的使用行为、农户的主体性因素（年龄、收入水平、性别、健康状况、受教育程度）、所在地区的经济状况等为解释变量。为考察年龄和受教育程度对公共文化服务影响的变化规律，增加了年龄的平方和受教育程度的平方作为解释变量。研究使用的数据来自课题组在陕西省 6 个市 48 个村镇农户的样本数据的调查问卷，共 427 份有效问卷。根据实证调研问卷的数据，运用 Stata16 软件对农村公共文化服务活动和公共文化设施影响因素进行了回归分析。研究设定农村居民公共文化活动需求的影响因素为性别、年龄、收入情况、健康状况、受教育程度及参与公共文化活动情况和应用公共文化活动设施的情况，增加了年龄的平方和受教育程度的平方。对不同公共文化服务活动需求和不同种类的公共文化设施需求的影响因素进行了回归分析，观察公共文化活动和设施需求的影响因素及影响方向。

二、农村公共文化活动和公共文化设施需求的描述性分析

（一）农村公共文化服务需求部分变量的描述性分析

从表 4-5 中可以看出，农村居民对公共文化活动的需求大于对公共文化设施的需求。公共文化活动的参与行为多于对公共文化设施的使用。

① 余敏，完颜邓邓．公共数字文化服务需求影响因素研究［J］．图书馆，2020（3）：14-20.

表 4-5　被调研农村居民公共文化服务需求部分变量的描述性统计

变量名称	样本数量	均值	标准差	最小值	最大值
公共文化活动需求	427	32.45	6.04	4	45
公共文化设施需求	427	27.67	4.6	6	35
活动参与行为（加总）	427	18.63	5.09	9	36
设施使用行为（加总）	427	15.76	4.59	7	28
地区	427	0.57	0.69	0	1
性别	427	1.51	0.83	0（女）	1（男）
年龄	427	3.28	0.71	1	5
健康状况	427	3.65	0.79	1	5
收入水平	427	2.87	0.96	1	5
地区经济水平	427	3.09	5.09	1	5

（二）农村公共文化服务需求的描述性分析

1. 农村居民公共文化活动参与情况

根据调查问卷结果，农村居民日常生活中的文化活动状况不同（见表 4-6），参与比例最低的是看报纸和杂志，最为平常的文化活动是“浏览互联网（含手机上网）”。当地组织的文化宣传很少参与的比例为 43.79%。广播、电视和社区/村镇宣传栏及当地组织的文化宣传选择很少参与的比例较高，结合实地调研情况及访谈情况，可以发现文化宣传的内容并没有达到农村居民的需求，农村居民对文化宣传的关注度不高。据调查，农村居民的自主性文化活动内容单一，报纸、杂志、图书阅读等传统文化产品的阅读比例较低，从电视和手机上网获得资讯和信息，满足文化需求的比例较高。

表 4-6　农村居民文化活动情况　　单位：%

文化活动	从不	很少	有时	经常	非常频繁
看报纸	25.76	47.31	14.75	8.64	3.54
看杂志	25.76	39.58	21.55	9.84	3.27
听广播	15.73	41.78	28.87	11.5	2.12
看电视	6.56	38.41	27.63	17.56	9.84

续表

文化活动	从不	很少	有时	经常	非常频繁
浏览互联网（含手机上网）	1.17	14.99	5.85	20.37	57.62
观看社区/村镇宣传栏	4.45	40.28	33.49	16.39	5.39
观看当地组织的文化宣传	5.15	43.79	31.85	15.22	3.99

在国家农村公共文化服务体系建设的政策推动下，各地开展公共文化活动的内容和频次不断增加。根据问卷调查结果中当地农村居民对公共文化活动的参与情况，运用统计软件分析，可以看出在公共文化活动参与度的描述性统计中（见表4-7），均值均在3以下，说明农村居民对公共文化活动的参与度不高，其中对国家政策宣传的参与度最高，均值达到2.38，对进行外出就业指导的参与度最低，均值为1.81。

表4-7　农村居民公共文化活动参与度的描述性统计

文化活动	样本数量	均值	标准差	最小值	最大值
放电影	427	2.07	0.82	1	4
文艺演出	427	2.03	0.76	1	4
组织群众歌舞活动	427	1.98	0.82	1	4
农业技术知识培训	427	1.89	0.73	1	4
进行外出就业指导	427	1.81	0.69	1	4
花会、灯会、庙会活动	427	1.98	0.71	1	4
健康知识宣传	427	2.30	0.87	1	4
国家政策宣传	427	2.38	0.85	1	4
儿童早期阅读	427	2.19	0.78	1	4

2. 农村公共文化活动需求的描述性分析

由表4-8可以发现，农村公共文化服务活动的需求均值均在3以上，说明农村居民对公共文化服务活动的需求度较高。农村公共文化服务活动需求度均值最高的是儿童早期阅读。健康知识宣传的需求度为3.85，反映出农村居民对健康知识的需求度随着经济条件的改善提高了。进行外出就业指导的需求度最低，说明农村常住居民对就业的需求度不高，反映了农村居民的就业意愿不强。

表 4-8　农村居民公共文化服务活动需求描述性统计

文化服务活动	样本数量	均值	标准差	最小值	最大值
放电影	406	3.42	1.10	0	5
文艺演出	427	3.52	0.96	0	5
组织群众歌舞活动	426	3.41	0.97	0	5
农业技术知识培训	427	3.51	1.21	0	5
花会、灯会、庙会活动	427	3.47	1.02	0	5
进行外出就业指导	427	3.39	1.09	0	5
健康知识宣传	427	3.85	1.00	0	5
国家政策宣传	427	3.84	0.95	0	5
儿童早期阅读	427	4.22	1.00	0	5

3. 农村居民公共文化设施使用描述性统计

由表 4-9 可以发现，对于农村公共文化设施的使用均值均在 3 以下，使用最高的为无线网络，均值达到 2.54。

表 4-9　农村居民公共文化设施使用情况描述性统计

公共文化设施	样本数量	均值	标准差	最小值	最大值
体育场地	427	2.40	0.84	1	4
图书馆	427	2.13	0.84	1	4
老年活动中心	427	1.97	0.86	1	4
政策或其他知识宣传栏	427	2.25	0.89	1	4
公共网吧	427	1.75	0.80	1	4
无线网络	427	2.54	1.09	1	4
有线数字电视	427	2.71	1.12	1	4

4. 农村居民公共文化设施需求描述性统计

由表 4-10 可知，对体育场地的需求最高，均值为 4.41。对公共网吧的需求最低，均值为 3.25。体育场地、图书馆、老年活动中心、政策或其他知识宣传栏、公共网吧、无线网络、有线数字电视的需求度都在 3 以上，说明农村居民对这些文化设施的需求度较高。

表 4-10　农村居民公共文化设施需求描述性统计

公共文化设施	样本数量	均值	标准差	最小值	最大值
体育场地	427	4. 41	0. 80	0	5
图书馆	427	4. 19	0. 84	0	5
老年活动中心	427	3. 75	1. 05	0	5
政策或其他知识宣传栏	427	3. 91	0. 93	0	5
公共网吧	427	3. 25	1. 54	0	5
无线网络	427	4. 14	0. 98	0	5
有线数字电视	427	4. 01	1. 12	0	5

三、各变量的相关关系分析

(一) 农村公共文化活动需求变量相关性分析

从表 4-11 中可以发现，文化活动参与和文化活动需求具有显著相关性。年龄、年龄的平方与文化活动需求呈显著的正相关关系。受教育程度的平方与文化活动需求呈显著的负相关关系。地区经济水平和健康状况、收入水平呈显著的正相关关系。

(二) 农村公共文化设施需求变量相关性分析

根据已有对农村公共文化设施需求影响因素的研究文献，公共文化设施需求影响因素主要有农民的个体特征（如年龄、受教育程度、收入水平）以及地区经济水平、文化设施的使用行为等。由表 4-12 可知，公共文化设施使用、年龄及年龄的平方和公共文化设施需求呈显著的正相关关系。受教育程度的平方和地区经济水平与文化设施的使用呈正相关关系。所处的地区与文化设施使用呈负相关关系。

表 4-11　农村公共文化活动需求变量相关系数

需求变量	文化活动需求	文化活动参与	地区	性别	年龄	年龄的平方	受教育程度	受教育程度的平方	健康状况	收入水平	地区经济水平
文化活动需求	1										
文化活动参与	0.345**	1									
地区	0.073	-0.211***	1								
性别	0.020	0.065	-0.152**	1							
年龄	0.085*	0.073	0.240***	-0.070	1						
年龄的平方	0.076*	0.067	0.290***	-0.085	0.984	1					
受教育程度	-0.076	0187***	-0.605***	0.060	-0.444***	-0.454***	1				
受教育程度的平方	-0.083*	0.195***	-0.617***	0.081	-0.415***	-0.423	0.985***	1			
健康状况	0.065	0.003	0.057	-0.087	-0.138**	-0.141**	-0.020	-0.037	1		
收入水平	0.071	-0.0138	0.147**	0.2026***	0.051	0.063	-0.064	-0.085*	0.140***	1	
地区经济水平	0.015	0.088*	-0.0846*	0.010	-0.052	0.051	-0.058	0.057	0.197***	0.139***	1

注：*、**、***分别表示10%、5%、1%水平下显著。

表 4-12　农村公共文化设施需求变量相关系数

需求变量	文化活动需求	文化活动参与	地区	性别	年龄	年龄的平方	受教育程度	受教育程度的平方	健康状况	收入水平	地区经济水平
文化设施需求	1										
文化设施使用	0.190***	1									
地区	0.0524	-0.315***	1								
性别	-0.022	0.019	-0.152***	1							
年龄	0.109**	-0.005	0.240***	-0.07	1						
年龄的平方	0.112**	-0.005	0.269***	-0.085	0.984***	1					
受教育程度	0.015	0.210***	-0.606***	0.060	-0.444***	-0.454***	1				
受教育程度的平方	0.019	0.220***	-0.617***	0.081	-0.415***	-0.423***	0.985***	1			
健康状况	-0.051	-0.010	0.057	-0.087	-0.138**	-0.141***	-0.020	-0.037	1		
收入水平	0.052	0.009	0.147***	-0.203***	0.051	0.063	-0.064	-0.085*	0.140***	1	
地区经济水平	-0.015	0.100**	-0.085	0.010	-0.052	-0.058	0.051	0.057	0.197***	0.139***	1

注：*、**、*** 分别表示 10%、5%、1%水平下显著。

四、农村公共文化服务需求影响因素分析

（一）农村公共文化活动需求的影响因素分析

通过对农村公共文化活动需求影响因素的回归分析（见表4-13）可以发现，文化活动参与度、地区对公共文化活动需求具有显著的正向影响。按公共文化活动的具体活动方式来说，受教育程度的平方与放电影需求呈显著负相关关系，即受教育程度的平方和放电影需求呈倒“U”形关系。文艺演出的参与对文艺活动需求度具有显著正向影响。健康状况对文艺演出需求有正向影响。参与群众歌舞活动、健康状况对组织群众歌舞活动的需求有正向影响。参加农业技术知识培训与地区对农业技术知识培训需求有显著正向影响，受教育程度的平方对农业技术知识培训需求有负向影响，呈倒“U”形。参与外出就业指导对外出就业指导需求有正向影响。地区和参与花会、灯会、庙会活动对花会、灯会、庙会活动需求有正向影响。

所处地区对健康知识宣传的需求有正向影响，对儿童早期阅读也有显著正向影响。年龄的平方对儿童早期阅读需求有显著正向影响，呈“U”形。健康状况对健康知识宣传需求有显著正向影响，健康水平越高对健康知识宣传需求越强烈。经济发展水平不同，文化需求也不同。经济发展水平较高地区的居民对文化供给提出更高的要求，需要提供个性化、优质化、多元化的公共文化服务。而在社会整体经济发展水平较低，尤其是民族众多、地域广阔、人口分散的地区，文化需求与经济发展水平高的地区有所不同，完善基本公共文化服务供给，提高农村居民的文化素养是公共文化服务的主要目标。地区经济水平对健康知识宣传需求具有显著的正向影响，即经济状况越好的地方，对健康知识宣传的需求度越高。地区经济水平对国家政策宣传的需求有负向显著影响。

表 4-13　农村公共文化活动需求影响因素分析

影响因素	总需求		放电影		文艺演出		组织群众歌舞	
	系数	*T* 值	系数	*T* 值	系数	*T* 值	系数	*T* 值
（常量）	22.34	6.18	3.09	3.66	2.36	3.42	2.93	4.01
公共文化活动参与度	0.42***	6.15	0.31***	4.43	0.31***	4.59	0.28***	4.19
地区	0.40*	1.00	-0.07	-0.96	-0.09	-1.52	-0.14**	-1.92
性别	0.48	0.92	0.01	0.13	-0.06	-0.69	0.03	0.32
年龄	-2.57	-1.58	-0.43	-1.17	-0.26	-0.91	-0.19	-0.58
年龄的平方	0.43*	1.73	0.09	1.55	0.06	1.37	0.04	0.74
受教育程度	1.36	1.23	0.36	1.54	0.21	1.21	0.15	0.79
受教育程度的平方	-0.27	-1.53	-0.08**	-2.17	-0.04	-1.47	-0.03	-1.01
健康状况	0.51	1.35	0.01	0.10	0.14**	2.34	0.12*	1.87
收入水平	0.21	0.44	0.58	0.66	0.05	0.67	-0.01	-0.12
地区经济水平	0.16	0.45	-0.05	-0.65	0.07	1.16	-0.03	-0.48
R^2	0.153		0.11		0.11		0.08	
F 值	5.77		3.67		4.14		3.09	

影响因素	农业技术知识培训		进行外出就业指导		花会、灯会、庙会活动	
	系数	*T* 值	系数	*T* 值	系数	*T* 值
（常量）	1.93	1.98	2.04	2.77	2.84	3.98
公共文化活动参与度	0.33***	3.93	0.20**	2.41	0.37***	4.59
地区	0.21**	2.54	0.09	1.25	0.15**	2.31
性别	0.10	0.90	0.16	1.49	0.17*	1.85
年龄	-0.24	-0.50	0.34	1.28	-0.34	-1.09
年龄的平方	0.04	0.60	-0.04	-1.05	0.04	0.69
受教育程度	0.32	1.45	0.21	0.95	-0.29	-1.49
受教育程度的平方	-0.06*	-1.71	-0.04	-1.23	-0.03	1.02
健康状况	0.04	0.55	-0.02	-0.29	0.06	1.10

续表

影响因素	农业技术知识培训		进行外出就业指导		花会、灯会、庙会活动	
	系数	*T* 值	系数	*T* 值	系数	*T* 值
收入水平	0.05	0.55	−0.07	−0.89	0.09	1.20
地区经济水平	0.02	0.34	0.02	0.26	0.04	0.61
R^2	0.10		0.05		0.12	
F 值（0.000）	3.7		1.7		5.2	
影响因素	健康知识宣传		国家政策宣传		儿童早期阅读	
	系数	*T* 值	系数	*T* 值	系数	*T* 值
（常量）	2.20	2.86	3.39	5.93	3.13	4.50
公共文化活动参与度	0.27***	4.19	0.29***	4.38	0.31***	4.02
地区	0.09**	1.29	−0.04	−0.51	0.20***	4.34
性别	0.09	0.87	−0.05	−0.55	0.17*	1.59
年龄	−0.12	−0.33	−0.51*	−1.87	−0.75*	−1.91
年龄的平方	0.02	0.38	0.08*	1.75	0.13**	2.32
受教育程度	0.09	0.42	0.12	0.64	0.79	1.19
受教育程度的平方	−0.01	−0.13	−0.01	−0.47	−0.03	−0.73
健康状况	0.11*	1.94	0.08	1.35	−0.01	−0.21
收入水平	−0.04	−0.56	−0.03	−0.35	0.15***	1.49
地区经济水平	0.11*	1.88	−0.09*	1.66	−0.01	0
R^2	0.09		0.10		0.19	
F 值（0.000）	4.29		3.98		12.24	

注：*、**、*** 分别表示 10%、5%、1%水平下显著。

（二）农村公共文化设施需求的影响因素

根据回归分析结果可以发现，公共文化设施的使用以及居住地区对公共文化设施的需求具有显著的正向影响。体育场地需求的影响因素是体育场地的使用和居住地区，其具有显著正向影响。而年龄对体育场地需求有负向影响，即年龄越大对体育场地的需求越低。地区经济水平对体育场地需求具有显著负向影响，地区经济水平越高对体育场地使用的需求度越低。地区经济水平越高对体育场地等公共文化设施的投资数额越大，体育场地的规模和质量更能得到保障。

公共文化设施使用、健康状况对图书馆有显著正向影响，健康水平越高对图书馆等文化设施的需求度越高。受教育程度对图书馆需求的影响不显著，受教育程度和图书馆需求呈负相关关系，受教育程度越低对图书馆等文化设施的需求度越高。公共文化设施使用对公共网吧有显著正向影响。健康状况对公共网吧的使用有显著负向影响，即健康状况越低的人越喜欢使用公共网吧这一文化设施。地区经济水平对公共网吧的需求有负向影响，即地区经济水平越高对公共网吧的需求度越低。这也说明随着公共Wi-Fi等设施的全覆盖，农村居民对公共网吧等文化设施的需求会消失。

有线电视使用对其需求有显著正向影响，其他因素对其的影响均不显著。老年活动中心使用行为对老年活动中心需求有显著正向影响。政策或其他知识宣传栏需求的影响因素主要有对这一设施的使用且对其有显著正向影响。年龄对政策或其他知识宣传栏的需求有显著正向影响，年龄越大的人对政策或其他知识宣传栏的需求度越高。年龄的平方对政策或其他知识宣传栏需求的影响显著为负，呈倒“U”形。随着年龄的增长对政策或其他知识宣传栏的需求增长，到达一定年龄之后，需求会呈下降趋势。无线网络的使用和地区对无线网络需求有显著正向影响，其他因素对其影响均不显著（见表4-14）。

表4-14 农村公共文化设施需求影响因素

影响因素	公共文化设施		体育场地		图书馆		公共网吧	
	系数	*T* 值	系数	*T* 值	系数	*T* 值	系数	*T* 值
（常量）	2.29	5.86	4.25	7.38	3.73	5.46	2.47	1.70
公共文化设施使用	0.14**	2.12	0.17***	3.12	0.10*	1.75	0.40***	4.00
地区	0.72**	2.07	0.16***	2.68	0.02	0.36	0.16	1.61
性别	-0.17	-0.37	-0.07	-0.91	0.004	0.05	-0.16	-1.09
年龄	0.54	0.41	-0.36	-1.61	0.04	0.16	0.45	0.68
年龄的平方	0.03	0.20	0.06*	1.88	-0.01	-0.17	-0.03	-0.26
受教育程度	-0.06	-0.07	-0.02	-0.10	-0.21	-1.11	-0.02	-0.05
受教育程度的平方	0.07	0.15	0.001	0.22	0.04	1.38	0.01	0.17
健康状况	-0.16	-0.5	0.04	0.78	0.09*	1.74	-0.31***	-3.00

续表

影响因素	公共文化设施		体育场地		图书馆		公共网吧	
	系数	*T* 值	系数	*T* 值	系数	*T* 值	系数	*T* 值
收入水平	0.05	0.15	0.03	0.44	-0.02	-0.27	0.12	1.08
地区经济水平	-0.03	-0.12	-0.09**	-2.01	0.01	0.19	-0.15*	-1.59
R^2	0.07		0.07		0.03		0.12	
F 值（0.000）	2.96		2.75		1.66		6.14	
影响因素	有线电视		老年活动中心		政策或其他知识宣传栏		无线网络	
	系数	*T* 值	系数	*T* 值	系数	*T* 值	系数	*T* 值
（常量）	2.25	2.55	2.71	3.55	2.50	3.19	3.16	4.03
公共文化设施使用	0.15***	2.87	0.26***	3.89	0.15**	2.44	0.10*	2.03
地区	0.06	0.72	0.06	0.77	0.42	0.59	0.12*	1.73
性别	0.09	0.80	0.02	0.16	-0.07	-0.73	0.02	0.22
年龄	-0.16	-0.44	0.14	0.46	0.57*	1.84	-0.06	-0.18
年龄的平方	0.05	0.97	-0.01	-0.30	-0.08*	-1.71	0.03	0.60
受教育程度	0.15	0.61	-0.02	-0.08	-0.06	-0.35	0.05	0.23
受教育程度的平方	-0.01	-0.29	0.01	0.16	0.02	0.60	0.02	0.46
健康状况	0.05	0.75	-0.01	-0.19	0.04	0.71	-0.01	-0.21
收入水平	0.09	0.92	-0.07	-0.95	-0.03	-0.42	0.01	0.06
地区经济水平	0.07	1.10	0.10	1.62	0.01	0.08	-0.01	-0.11
R^2	0.05		0.06		0.03		0.04	
F 值（0.000）	2.03		2.74		1.80		2.05	

注：*、**、*** 分别表示 10%、5%、1%水平下显著。

第四节　需求视角的农村公共文化服务满意度研究

为了考察农村居民公共文化服务的需求度和参与（使用）的满意度对公共文化服务满意度的影响，根据功能将农村公共文化设施需求分为运动学习场地、政策或其他知识宣传栏和网络场地三项，将农村公共文化活动需求分为娱乐活动、学习活动、政策宣传活动和儿童早期阅读四种类型，运用回归分析方法研究居住地区、性别、年龄、受教育程度、健康状况、收入水平、地区经济发展水平、公共文化服务的需求度和参与（使用）的满意度等因素对公共文化服务满意度的影响。

一、农村公共文化活动需求度对满意度的影响

表 4-15 显示的是农村公共文化活动的需求度对公共文化服务满意度的影响。将公共文化服务活动分为娱乐活动需求度、学习活动需求度、政策宣传需求度和儿童早期阅读需求四种类型，考察不同类型公共文化活动的需求度对公共文化满意度的影响。由回归结果可以看出，娱乐活动的需求度对公共文化服务满意度具有显著正向影响。地区经济发展水平对公共文化服务满意度的影响显著为正，居住地区对公共文化服务的满意度有负向显著影响。农村居民只有在对某种文化设施或者文化活动需求度较高的时候才会参与进去。

表 4-15　农村公共文化活动需求度对公共文化服务满意度的影响

变量	系数	*T* 值
常数	2. 36	1. 78
娱乐活动需求度	0. 140***	2. 73
学习活动需求度	0. 036	0. 57
政策宣传需求度	0. 050	0. 39
儿童早期阅读需求度	0. 129	1. 03
地区	-0. 801***	-4. 24
性别	0. 277	1. 29
年龄	0. 020	1. 92
受教育程度	0. 025	0. 24
健康状况	0. 053	0. 38
收入水平	-0. 070	-0. 41
地区经济水平	0. 358***	2. 65
F 值	8. 87	
R^2	2. 1	

注：*** 表示 1%水平下显著。

农村居民参与农村公共文化活动，根据活动内容的不同，满意度存在差异。将农村公共文化活动分为娱乐活动、学习活动和政策宣传及儿童早期阅读四个类型，从表 4-16 中可以看出，儿童早期阅读满意度对公共文化服务满意度具有显著的正向影响。增加儿童早期阅读的供给，提高满意度可以显著提高对公共文化服务的整体满意度。地区经济水平对公共文化服务活动的满意度具有正向显著影响。居住地区分为县城的中心区、城区（县城的边缘区域）、县城的城乡接合部、市县城区以外的镇、农村、其他等，居住地区对公共文化服务活动的满意度有负向显著影响。

表 4-16　农村公共文化活动满意度对公共文化服务满意度的影响

变量	系数	*T* 值
常数	3. 508	2. 67
娱乐活动满意度	-0. 013	-0. 32
学习活动满意度	0. 055	0. 86
政策宣传满意度	0. 108	0. 89
儿童早期阅读满意度	0. 402***	2. 86
地区	-0. 764***	-3. 98
性别	0. 330	1. 5
年龄	0. 017	1. 66
受教育程度	-0. 052	0. 47
健康状况	0. 133	0. 95
收入水平	0. 285	-0. 38
地区经济水平	0. 285*	2. 12
F 值	9. 48	
R^2	2. 08	

注：*、*** 分别表示 10%、1%水平下显著。

二、农村公共文化设施需求度对满意度的影响

从表 4-17 中可以看出农村公共文化设施需求度对公共文化服务满意度的影响，不同类型的公共文化设施如运动学习场地的需求度、政策或其他知识宣传栏的需求度和网络场地的需求度对公共文化服务的满意度不具

有显著影响。地区经济水平对公共文化服务的满意度有正向显著影响。

表 4-17 农村公共文化设施需求度对公共文化服务满意度的影响

变量	系数	*T* 值
常数	3.580	2.60
运动学习场地需求度	0.107	1.79
政策或其他知识宣传栏需求度	0.035	0.24
网络场地需求度	-0.005	-0.13
地区	-0.840***	-4.42
性别	0.343	1.53
年龄	0.025	2.41
受教育程度	0.006	0.06
健康状况	0.101	0.70
收入水平	-0.027	-0.15
地区经济水平	0.368***	2.63
F 值	6.24	
R^2	2.16	

注：*** 表示 1%水平下显著。

从表 4-18 中可以看出，运动学习场地的满意度对公共文化服务满意度有正向显著影响。居住在不同地区的农村居民使用公共文化设施的满意度对公共文化服务满意度的影响显著负向，城区公共文化服务的满意度要高于农村地区的公共文化服务满意度。地区的经济水平越高对公共文化服务活动的满意度则越高。

表 4-18 农村公共文化设施满意度对公共文化服务满意度的影响

变量	系数	*T* 值
常数	2.780	2.32
运动学习场地满意度	0.144***	3.19
政策或其他知识宣传栏满意度	0.126	0.96
网络场地满意度	0.038	1.19
地区	-0.656***	-3.97

续表

变量	系数	T 值
性别	0. 290	1. 35
年龄	0. 020	1. 93
受教育程度	-0. 041	-0. 40
健康状况	0. 153	1. 17
收入水平	-0. 083	-0. 51
地区经济水平	0. 364***	2. 82
F 值	13. 4	
R^2	2. 04	

注：*** 表示 1%水平下显著。

第五章　中国农村公共文化服务供需偏离及其原因

当前我国农村公共文化服务存在的重要缺陷，主要表现为供需错配及所供非所需、供给超过所需等方面，部分的农村公共文化服务出现了政府重复配送的情况，而农村居民真正迫切需要的公共文化服务却无法得到满足。这种供需错配，导致了公共服务供给的成本过高，而供给的效率较低，财政物力、人力资源的配置效率比较低下。

第一节　我国农村公共文化服务供给困境

公共文化服务供给效果不明显，大致分为无效供给和供给不足两种情况。无效供给大致体现在农村基础设施建设方面。一方面，不考虑当地的实际情况，盲目效仿已有成效的基础设施建设方案，但并不适合当地实际情况，浪费公共资源。另一方面，农村基础设施建设数量过多，而质量存在问题也是当前无效供给的主要原因之一，基础设施的无效供给直接影响了其他基本公共文化服务的供给质量，造成农村公共文化服务“内卷化”的发展困境。① 供给不足主要体现在公共文化活动方面。在增加农村公共文化服务供给弥补农村基础设施和公共文化服务中，存在“重数量，轻质量”“重经济，轻民生”等现象，公共文化服务供给遵循的是大而全的功绩导向，农村公共文化服务供给数量规模得到较大提升，但是结构性矛盾

① 袁锐．农村公共文化服务的供需失衡难题何解［J］．人民论坛，2019（14）：138-139.

突出。农村公共文化服务供给中出现了“假领子”和“面子”工程等现象。

种项戎（2017）认为农村公共文化服务建设面临三大困境：一是理念困境；二是包含财政、效率、人才、组织四方面的供给机制困境；三是空心村出现和需求层次差异大造成的需求主体困境。① 金璐、彭书雄（2018）提出农村公共文化服务建设的困境在于：易受基础设施利用率低和城乡媒介资源分布不均等因素影响从而造成农民参与感和获得感不高，长期滞后的信息观念和利益诉求无处表达或表达无效造成农民缺乏对公共文化服务的主动权和使用权。② 周军（2019）提出由于受二元体制、投资体制、监管机制、交流与融合机制、保障机制等多种因素影响，农村地区的公共文化服务出现传统文化价值功能逐渐失效、主客体空心化等现象。③ 李盖启（2020）在对云南省农村公共文化服务供给的研究中，与《国家基本公共文化服务指导标准（2015—2020年）》中农村公共文化服务主要目标的条目比对分析，发现云南省地方政府及相关部门在提供基本公共文化服务时基本体现为一种范围和标准的无差异化、静态化。④

学界关于农村公共文化服务供给和需求矛盾的研究文献主要是分析农村公共文化服务供需偏离的状况，从经济发展、供给机制和供给模式等角度研究供需失衡的深层次原因，并提出相应的对策。如闫小斌等（2018）结合供给驱动和需求引导来超越供需结构性失衡。⑤ 李少惠、赵军义（2019）基于经典扎根理论从农村居民公共文化服务参与率低的原因方面寻找供需失衡的深层次原因，并提出相应对策⑥。傅才武、刘倩（2020）

① 种项戎．关于农村公共文化建设的思考［J］．经济研究参考，2017（16）：88-91.

② 金璐，彭书雄．媒介公共服务参与“精神扶贫”的困境与对策［J］．传媒，2018（1）：94-96.

③ 周军．我国农村文化发展的机遇、困境与路径［J］．东北师范大学学报（哲学社会科学版），2019（1）：176-182.

④ 李盖启．云南贫困农村公共文化服务供需错位调查分析［J］．现代农业研究，2020，26（2）：4-7.

⑤ 闫小斌，段小虎，贾守军，等．超越结构性失衡：农村公共文化服务供给驱动与需求引导的结合［J］．图书馆论坛，2018，38（6）：31-36.

⑥ 李少惠，赵军义．农村居民公共文化服务弱参与的行动逻辑：基于经典扎根理论的探索性研究［J］．图书与情报，2019（4）：84-91.

从公共文化服务供需失衡的体制性因素来寻找原因，调查全国 21 个省 282 个村推进基层文化惠民工程的情况，发现文化惠民工程体制存在结构性滞后问题。这种文化行业体制是一种单向性和格式化的安排，供给模式是标准化配置，与数字化技术带来的个性化、多样化、分散化的居民文化需求不相适应。在市场经济发展的推动下居民的消费选择权更大，国家主导的格式化供给模式导致了单一、格式化供给的结构性失效问题。①

一、供给总量困境——偏规模式增长

在公共文化服务均等化和标准化体系构建政策的大力推动下，农村公共文化服务设施网络发展迅速。各个乡镇、村的设施数量和规模都在增长，但是农村公共文化活动设施的规模迅速扩张也出现了一些问题。公共文化设施的设置追求了数量和规模，忽略了农村居民的个性化和多元化需求，在便利度、均衡度、适应性等方面还和农村居民的需求不相符，造成了农村公共文化服务设施的供给结构性失衡、低效供给。公共文化服务设施并没有发挥应有的作用，而被闲置。因我国东部、中部、西部不同的农村地区经济发展水平的差异很大，农村公共文化服务的供给总量不均衡，地区差异较大，从脱离地方经济社会发展水平的不同程度出发，“一刀切”式供给，未根据农村公共文化需求灵活推进供给，导致公共文化服务供给并不受群众欢迎。公共文化服务的供给效能值得关注，服务的规模扩大化并不表示供给效能会随之增高。从陕西省公共文化服务的投入和产品数量来看：按照标准化体系已经建成农村公共文化服务体系，公共文化服务从种类到数量都已经有了较大增长，农村公共文化服务已经实现了规模增长。从调研的实际情况来看，农村居民在公共文化服务和公共文化设施的需求上表现出来对种类和数量需求的降低以及对公共文化服务活动和公共文化设施的质量要求提高的趋势。公共文化服务的投入要建立在效益增长的基础上，实现服务的边际收益始终要高于边际成本，才能达到公共文化

---

① 傅才武，刘倩．农村公共文化服务供需失衡背后的体制溯源：以文化惠民工程为中心的调查［J］．山东大学学报（哲学社会科学版），2020（1）：47-59.

服务效能的增加。

农村公共文化服务设施存在总量不均、质量不高、供给需求错位、设施利用率较低等问题，尤其是一些地区农村公共文化设施的管理不到位，影响农村居民的使用，造成公共资源浪费。农村公共文化设施的建设和管理是农村公共文化服务标准化体系建设的重要环节，能有效提升公共文化服务的效能。截至 2021 年 12 月我国农村网民规模达 2.84 亿，占网民整体的 27.6%，农村地区互联网普及率为 57.6%。[①] 互联网使用的规模和能力持续上升，农民的消费方式也逐渐向线上转变。我国中西部偏远地区光纤网络未能全部覆盖，农村地区数字基础设施建设滞后。

公共文化服务设施要被充分利用，工作人员的服务态度、专业化水平和服务职责的履行情况是关键因素。陈忆金和曹树金（2019）从用户视角出发，认为公共文化服务设施的选址、公共文化设施的质量和适用性以及公共文化设施管理人员的服务质量等因素影响公共文化设施的服务效果和社会公众对政府公共文化服务的评价。公共文化服务设施要建立完整的服务管理标准，充分考虑设施的空间距离、交通成本和时间成本，要将便捷性作为公共文化设施建设的原则。另外，为增强群众的使用效率，要提高管理人员的素质、服务水平和文化水平，优化用户的服务体验。[②] 公共文化设施的场址、辐射范围以及公共文化设施的交通便利程度等因素影响农村公共文化设施的使用率。崔娜和梁向明（2021）研究了公共文化服务获得便利程度，在空间上，公共文化设施选址要充分考虑居民交通便利性和距离远近程度，选择覆盖面积广、辐射范围大的地方建设公共文化设施。在时间上，公共文化设施开放的时间要满足大多数公众的基本需求。公共文化服务内容要契合公众价值取向，满足公众基础性和个性化的需求。[③] 公共文化设施要选择能够降低用户参与时间成本和经济成本的场所，覆盖面要全，公共文化设施设有专门人员负责维护，尤其是数字图书馆和文化

---

① 中国互联网络信息中心．第 49 次中国互联网络发展状况统计报告［R］．

② 陈忆金，曹树金．用户中心视角下公共文化服务质量评价研究［J］．图书情报工作，2019，63（10）：66-76.

③ 崔娜，梁向明．基于治理视角的公共文化服务科技性研究［J］．浙江社会科学，2021（10）：81-86.

站的工作人员不仅要有服务意识，而且要具有专业化知识，能够满足农村居民和特殊群体的文化需求。公共文化服务供给要根据城镇化发展趋势和城乡常住人口变化，增加落后地区农村公共文化产品和服务的供给数量，提高经济发达的农村地区公共文化服务的质量。

二、供给结构困境——“软”“硬”失衡

我国农村地区公共文化服务供给以公共文化基础设施为主。不同类别的公共文化服务设施利用率具有差异性。据调查，室外设施的利用率明显高于室内设施。露天的健身器材和文化活动场所具有公开性，大部分的受访者都有参与的情况。室内公共文化服务设施利用率低的原因，一方面是农村居民对此类设施的知晓度较低；另一方面是这些设施的功能和布局并不符合农村居民的文化活动特点，而且室内文化设施在使用上有许多限制性。居民更愿意在开放的场地活动，而不愿意进入室内的公共文化空间。这类文化设施往往存在进出的障碍，需要经过登记，一些管理要求和工作人员的态度，影响了居民使用室内公共文化设施的意愿和热情，降低了这些文化设施的利用率。

据调查，公共文化服务设施实际上只有少部分的农民群众会频繁使用。高标准建设的公共文化服务设施利用率更低，大多被闲置。有些乡镇的文化设施规模远远超出了最适规模。根据调研数据，在农村居民的文化活动频率上，看书、报纸及杂志的从来没有的达 13.11%，一年不到 1 次的为 11.71%，一年 1~2 次的为 15.69%，一年几次的为 11.49%，大概一个月一次的为 5.85%，一个月 2~3 次的为 9.84%，差不多每周都有的为 11.24%，一周几次的为 12.24%，几乎每天的为 8.67%。阅读还没有成为农村居民的主要文化活动方式，农村居民的阅读意识不强，目前提供的图书馆、农村书屋等文化设施脱离了农村居民的文化活动实际。此外，受书屋、图书馆图书种类单一、内容陈旧、更新不及时以及数字化、电子化发展推动的数字阅读信息增加等因素影响，许多农村的书屋、图书馆等文化设施闲置率普遍较高。书屋和图书馆仅成为上级部门检查基层文化工作的一项内容，实际使用率和效果不佳。农家书屋是农村公共文化服务的一

项。村镇一级都按照标准化要求建起了规模不同的农家书屋。在调研中，可以看到书屋内布置齐全，排列整齐的书柜上摆放着各类书籍，有分类号，有标贴，但却出现无人阅读、时常大门紧闭的现象。公共文化设施的高闲置率加剧了总量不足、分配不均的结构性失衡。例如，T镇S村按照上级要求建立了设备齐全、管理制度健全、人员配备齐全的标准化书屋。书籍都进行了造册登记，但是实际利用率较低，缺乏有效利用。农村居民很少进去阅读书籍，仅仅成为上级检查的一个工作业绩。很多农村地区建立了文化活动室、文化站，但是这些设施和文化活动场所处于“休眠”状态，未能有效发挥作用。

农村公共文化供给侧重设施的投资建设，如乡村活动站、农家书屋、室外活动场地、文化广场等硬件设施方面供给较多，而在文化活动如文化娱乐活动、才艺表演、知识培训、健康体检、健康知识讲座、心理咨询等活动方面的供给不足，文化广场内的文化设施老旧、种类少、距离远，不良天气情况影响使用，抑制了农民群众的参与积极性。农村公共文化服务供给方式比较落后，与优质文化服务内容不相符，满足不了农村居民旺盛的文化需求。例如，在调查中发现，很多村镇建设了文化活动室、文化讲堂等设施，室内配备有投影仪、办公桌椅、电脑等硬件设施，但是举办的活动次数少、频率低，而且活动讲座的内容和居民的需求不相符，居民的参与度比较低。农村公共文化服务供给方面存在软硬失衡，重视硬件供给、轻视软件供给现象。因为各种文化活动的举办需要人力和群众的参与，文化活动的举办不如文化设施建设具有明显的效果，硬件供给是更具有政治价值的政绩工程，政治价值远高于社会价值。因此，政府在供给中侧重对硬件供给，而忽视软文化活动的供给。

三、供给效能困境——边际收益的递减

公共文化服务效能是制定适当的公共文化服务目标使命，进而实现目

标使命的能力，包括目标制定和目标实现两个构成要素，① 政府治理水平决定了公共文化服务的目标及实现。德鲁克提出效能是去做（并完成）正确事情的能力，其中涉及两个层面：一是目标制定适当；二是目标实现可能。② 效能性原则强调政府供给应做到效率和效果的统一，效率强调投入要素与产出结果之间的关系，效果强调实际结果与预设目标之间的关系。③ 公共文化服务的效能包括回归公共性要求、服务本质以人为本等，公共文化服务高效能状态是供给端与需求端之间的有效对接。

我国公共文化服务的总量和种类都有了较大增长。从目前公共文化服务建设实践来看，公共文化服务的规模越大，供给效能并不是越高。公共文化服务建设的规模扩张并没有带来效益的增长，公共文化服务投入的边际收益呈递减状态。农村地区公共文化服务设施及产品的规模在增长，但农村居民参与和利用率较低。对于不符合需求的公共文化服务，农村居民的兴趣并不大，参与率和满意度也随之降低。村干部反映道："文化送到门上，但没送到百姓心坎上。文化设施建到村口，但不符合村民胃口。文化产品放到网络，但未得到网虫热络。"

根据武汉大学国家文化发展研究院课题组在全国 21 个省 282 个村对"文化惠民工程"的调查，广播电视村村通、农村电影放映工程、农家书屋、送戏下乡、体育健身及文化信息资源工程的"不需要占比"分别为 15. 1%、29. 4%、37. 5%、25. 4%、20. 6%、50. 4%。除去广播电视村村通外，超过 20%的农村居民认为不需要文化惠民工程，一半的农村居民认为不需要文化信息资源共享工程。④

对农村公共文化服务效能的评估需要考虑投入和产出的关系。投入的成本包括政府在公共文化基础设施建设中以及公共文化活动项目实施中的

---

① 范子艾，东晓．地方公共文化服务效能的构成要素与影响机制研究［J］．领导科学论坛，2020（15）：30-44.

② 陈世香，王余生．基层治理现代化：社区公共文化服务的社会化研究：基于三个社区文化活动中心的比较分析［J］．辽宁大学学报（哲学社会科学版），2017，45（4）：11-17.

③ 彼得·德鲁克．卓有成效的管理者［M］．许是祥，译．北京：机械工业出版社，2005.

④ 傅才武，刘倩．农村公共文化服务供需失衡背后的体制溯源：以文化惠民工程为中心的调查［J］．山东大学学报（哲学社会科学版），2020（1）：47-59.

支出、公共文化人才培养及工资支出，提供多方面的资金保障，投入时间和人力、物力，而产出的收益结果包括农村居民文化生活满意度、社会风气的改善以及居民素质提高等。产出收益难以量化，产出的测度难以实现。公共文化服务供给中的投入和产出之间呈“倒 U”形，政府投入增加，公共文化服务效益提升，但是到达一定程度之后则会出现递减趋势。张婵娟、尚虎平（2020）利用超效率 DEA 和 malmquist 指数测算农村基本公共服务领域的效率，表现为边际效率递减，是典型“逆均等化”。① 基本公共文化体育服务方面的投入指标选择了每万人拥有的公共体育场馆、教育经费、公共图书馆年流通人数、文化馆年服务人数，产出方面选择国民体质测定达标率、每年公共体育设施置换率、体育场服务的满意度、图书馆服务的满意度等指标。公共文化体育方面存在“边际效率递减”和“低效、无效与挥霍”的不良现象。②

公共文化服务效能的影响机制主要是从国家和社会视角研究，③ 公共文化服务供给是中央政府统一制定政策，地方政府根据地方实际制定规章，执行政策。我国是政府制定公共文化服务的供给政策，基层民众被动接受公共文化服务供给，缺乏有效反馈。国家和社会互动的新型治理模式还未发挥作用。从供给和需求的角度来看，公共文化服务供给是政府以他者视角进行的自上而下的输入，供给忽视了农村居民的文化需求者和文化建设者双重身份。供给主体政府的服务能力有限，供给主体中的权责不清影响农村公共文化服务的效能发挥。

---

① 张婵娟，尚虎平．农村基本公共服务“过犹不及”诱致的逆向不均等：面向东中西部 24 个乡村的实证探索［J］．行政论坛，2020，27（6）：146-153.

② 范子艾，东晓．地方公共文化服务效能的构成要素与影响机制研究［J］．领导科学论坛，2020（15）：30-44.

③ 高宏伟，李阳，王金桃．新型城镇化发展的三维逻辑研究：政府、市场与社会［J］．经济问题，2018（3）：100-105.

第二节　农村公共文化服务供需偏离的原因

一、农村公共文化服务供给双重价值偏离

发展成果由人民共享，不断满足人民日益增长的美好生活需要是共同富裕的本质要求。在公共文化服务方面实现共享，就是要建立高水平的公共文化服务体系，实现公共文化服务的公益性。在实现共同富裕的进程中，建立高质量的农村公共文化服务体系，不仅是满足人民群众美好生活的需要，而且是促进社会物质文明和精神文明双丰收的需求。农村公共文化服务必须坚持公益性原则。政府责任和社会发展的价值追求是提升农村公共文化服务供给效能，使公益性成为政府部门发展追求的目标。政府行政主导模式下采取科层制架构的供给模式，供给资源主要来自自上而下的行政资源，多元需求与同质供给内容之间的矛盾造成了公共文化服务层级供给的政府失灵。

政府是公共产品的主要供给者，在满足公众对于公共产品需要的同时，也可以获得社会成员对于政治统治或政治行为的认可，从而提升政府的治理绩效。这样，政府以满足自身政绩需要而提供公共产品的价值属性，就是公共产品的政治价值。[①] 公共产品供给的双重价值——政治价值和社会价值，基于公共选择理论的官员自我效用最大化观点，官员从自我效用函数出发选择文化政绩工程是一种理性选择行为。政府则提供公共文化供给以展示自己的政治偏好，选择最有利的供给方式。因此在晋升锦标赛模式下，考核、激励和升迁加剧了各级政府在提供公共文化服务方面开展形象工程和政绩工程的偏好，只热衷于追求公共产品供给的政治价值，将公共产品区别于私人产品的社会属性、社会价值置于政治价值之后。随

---

① 董德，张玉春．论当前我国公共产品双重价值取向的分离：以“民心工程”与“政绩工程”的观点之争为分析基点［J］．南京师范大学学报（社会科学版），2012（6）：20-26.

着服务型政府建设的推进和经济考核指标压力的减小，地方官员将更具有政治价值的文化形象工程作为政府行政的主要方向，并加大了对公共文化服务的投入力度。因此，公共文化服务的政治价值偏离于公众的文化需求，其政治价值远远大于社会价值，成为官员政绩追求的目标。这也是造成公共文化产品供给结构性失衡的一个原因，造成了规模增长的效益递减结果。

农村公共文化的供给，尤其是文化基础设施的建造仍然是原来的传统模式，如文体器材、文化演出比较传统。针对中老年群体、学龄儿童的公共文化资源供给不充足。在村镇一级，经济发展、农村农业发展项目、脱贫攻坚、疫情防控等工作是村镇政府工作的主要内容，投入大、产出小、边际效用低的文化工作处于各项工作之后，不是乡镇一级工作的重点。

二、农村公共文化服务供需中人的因素

农村公共文化服务是以社会公众的满意度为标准，包括人民群众的获得感、幸福感、安全感。人的因素决定了发展的成效。公共文化服务的效能提升受制于人的因素。在公共文化服务领域，作为供给主体一方的政府和文化事业单位及作为需求方（供给对象）的农村居民这两种因素影响了农村公共文化服务供给需求失衡状况。

（一）人才队伍建设滞后

公共文化服务供给水平的提升离不开安于基层工作，具有服务意识和业务工作能力的人才队伍。首先，农村公共文化服务人员服务意识淡薄，缺乏责任意识以及创新意识。乡镇综合文化站人员管理未开展定期考核，没有形成“能者上，庸者下”的竞争氛围，提升文化服务的积极性和主动性不强。在调查中，文化活动中心人员反映编制不足，人员配备不足，影响公共文化服务设施的正常运行。农村书屋的管理员一般由村干部兼任，不能保证按需要开放。农村书屋的利用率较低，没有发挥应有的作用。其次，基层文化站的工作人员文化结构不合理，缺乏艺术类毕业生，不利于基层文化工作的开展。县、乡镇公共文化服务队伍中很多人才存在着专业不对口的情况，难以开展各项提高群众文化生活水平的文艺活动。城乡二

元体制和户籍制度的限制，导致村庄外延的异常膨胀和村庄内部的急剧荒芜，村庄空间形态呈“空心化”，农村原有文艺人才走向城市，许多传统文化逐渐被人们淡忘，一些具有特色的文化活动也消失殆尽。最后，农村社会治理改革，虽然招收了一些知识水平较高的大学生作为村干部，他们带来了新的思想和活力，但是一部分年轻人难以适应农村基层工作的艰苦环境，工作积极性不高，想调离农村到城市发展，将农村基层工作作为一个过渡，因此对农村公共文化治理工作关注度不高。

（二）脱离人的文化需求

现有公共文化服务与农村居民的文化需求错配，脱离了农村居民的文化需求。供需偏离的原因在于，公共文化服务具有非排他性和非竞争性的特征，准确把握农村居民的公共文化服务需求的难度比较大，供给部门很难获得农村公共文化需求的准确信息。一是因为农村基层工作人员的服务水平和服务意识较低，忽视了对农村居民文化需求的采集。由于工作的重点在经济发展、农业农村发展、疫情防控、脱贫攻坚等方面，文化服务属于排位在后的工作。目前，公共文化服务供给的决策是自上而下的政府主导的供给模式。农村居民的公共文化服务需求表达渠道较少。农村居民在需求表达上往往具有被动意识，认为文化需求和其他需求相比属于次要需求。农村居民选择政府提供的免费公共文化服务，和其他公共服务相比满意度也较高。二是村民委员会在对农民需求表达中缺位。村委会是村民自治组织，有向政府反映村民意见和建议的义务。然而，现实中村委会没有替村民发声、表达村民的公共文化需求。有的农村基层干部年龄偏大，缺乏知识更新能力，传统落后的管理意识强，缺乏服务意识。农村基层政府在社会治理方面趋向于经济利益，公共文化服务项目更趋向于投资周期短、回报高的项目。村干部联系群众较少，干群关系对农村居民的需求表达产生一定的消极影响。随着经济的发展，农村结构发生改变，村民之间关系逐渐淡化，与村干部交流也较少。有时村干部在工作中触犯村民利益会导致干群关系恶化，干群关系的不良会影响村民对文化需求的表达。三是农村不同群体的文化需求存在差异，公共文化服务供给没有考虑到不同群体的文化需求。城镇化的发展以及人口流动带来农村人口结构发生变化，老龄化在农村更为严重。老年人口参与的文化活动也以娱乐性为主，更关注健康知识宣传、戏曲表演等。留守儿童群体更愿意有活动场地以及阅读室。

三、农村居民的文化消费潜力难以激发

文化消费是通过身心参与，从而获得价值和快乐的一种消费，既包括购买文化产品的消费，又包括消费文化产品过程中的服务。文化消费包括发展性和娱乐性文化消费。我国农村居民文化消费总量、文化消费占收入比重和文化边际消费倾向显著低于城镇居民。[①] 党的十八大报告指出，扩大文化消费是推动文化产业发展、繁荣文化事业的关键环节，要加快建立扩大消费需求长效机制，扩大国内文化市场规模。激发农村文化消费潜力需要从推动农村居民和农村文化企业良性互动、鼓励农村文化消费多样化发展、优化农村文化消费途径等方面做起。引导农村文化消费有利于促进乡村文化振兴，引导居民开展健康向上的文化消费活动，能够促进农村居民思想道德建设。农村文化产业和文化市场的繁荣可以为农村居民提供更为丰富多彩的文化产品，同时能够实现农村居民的经济收益增长。据调查，农村居民的文化消费主要为娱乐性消费，阅读、旅游、体育艺术等文体娱乐形式较少，占比较低，文化生活不够丰富。文化消费的形式以低端娱乐消费为主，学习发展型文化消费比较欠缺，整体表现为文化需求层次较低。据文化和旅游部官方微信公众号信息，2021 年全国居民人均教育文化娱乐消费支出 2599 元，较 2012 年增长 105. 9%，占人均消费支出比重为 10. 8%。[②] 在新农村建设过程中，农村移民搬迁，居民居住地更为集中，为文化设施的建设和文化活动的开展创造了许多便利条件。服务业的发展改变了农村居民的生活方式、拓宽了其生活空间，为其参与文化活动提供

① 吕佳睿．中国城乡文化消费差异的实证研究［J］．山西农经，2021（15）：29-30，192.

② 魏金金．十年间全国居民人均教育文化娱乐支出增长 106. 0%［EB/OL］．［2022-10-11］（2023-06-20）．中国经济网，http：//www. ce. cn/culture/gd/202210/11/t20221011_ 38156034. shtmlhttps：//www. 360kuai. com/pc/9e1da11ba7.

了更多的空间和时间。

四、供给主体条块化供给加剧供需偏离

供给主体条块化供给难以形成不同供给主体之间协同供给。乡村文化振兴涵盖文化和经济发展，各部门缺乏有效协调和沟通，纵向主管领导直接导致任务重复，横向的多个系统部门在供给中行使各自权力，供给方向不同，基层公共文化服务供给效率低下。公共文化服务供给部门较多，在各自工作领域开展文化事业建设。基层政府各部门在提供公共文化服务时缺乏协同整合，部门之间信息资源无法共享，形成了信息孤岛，限制各部门服务能力的提升，也影响了人民群众平等享受公共文化服务。宣传部门、文化部门、体育部门都建有提供公共文化服务的措施。省级部门派发任务，镇级、区级缺乏自主工作空间，标准化的考核办法无法考核文化工作的实际情况。对于上级布置的工作任务，如文明城市创建、综合文化服务中心建设、工作项目验收等，需要进行制度制定、门牌摆放、记录活动过程、各种材料的撰写等，乡镇一级干部都要花费很大的精力和时间来完成。村镇工作的时间精力被上级部门的任务占据，工作人员听取群众需求、意见和进一步做好文化工作的思考很少。公共文化活动的场地、文化广场、知识讲座等可以交给市场来做，鼓励更多的中小企业进入农村文化供给市场。政府从财政上给予农村文化事业建设经费，扩大对基层的管理权限，地方的自主权增强了可以更有针对性地发展文化事业，对资源的配置也能起到良好的作用，提高配置效率。文化、财政、工信、农业、新闻出版、体育等不同部门、不同层级在农村公共文化服务体系构建中，实施的“条块分割”的分散管理和“自上而下”的封闭管理机制造成了重复供给、供给低效以及供需偏离，未能形成供给合力。

第六章　中国农村公共文化服务供需矛盾解决机制

当前我国农村公共文化服务供给和需求矛盾主要表现在：一是公共文化服务供给总量持续增长，但存在规模扩大的无效增长，与农村居民日益增长的多样化文化需求不相适应；二是农村公共文化服务供给的“软”“硬”失衡和文化需求难以激发等，降低了农村公共文化服务供给的有效性。供给需求错位不仅消耗了公共资源，而且影响了农村文化建设对乡村文化振兴的作用发挥。

徐双敏和宋元武（2015）对农村公共文化服务的供需契合状况进行了实证研究，调研了湖北省的农村公共文化服务的供需状况，在湖北省 17 个市州进行了问卷调查和入户访谈，将农村公共文化服务分为农村公共文化设施和农村公共文化活动两种，根据实证研究结果提出了解决供需矛盾的途径。不同部门要实行协作供给，丰富公共文化服务的载体、形式，赋予地方在公共文化服务供给中更多的创新空间，建立科学的文化建设考评机制。另外，强化政府与非政府组织及志愿者合作，完善公共文化服务的供给机制。[①] 朱敏（2019）认为，在农村公共文化服务供给过程中，应该加强农民自主性，实施对口供给，充分利用政务平台，关注农村居民公共文化需求的变化动态调整供给，还要不断地培育社会力量和市场资源，实行多样化的供给。[②] 董帅兵和邱星（2021）基于全国 31 个省 267 个村庄的调

---

① 徐双敏，宋元武．当前农村公共文化服务供需契合状况实证研究［J］．学习与实践，2015（5）：67-75.

② 朱敏．弘扬传统文化与建立文化自信关系探讨［J］．黑河学院学报，2019，10（5）：199-200，206.

查，从文化供给侧的视角研究我国农村公共文化服务的现状，认为我国农村公共文化服务的主要矛盾表现为村民日益增长的公共文化服务需求与供给不平衡不充分之间的矛盾，供给主体单一，供给内容单调，供给布局失衡。由于政府单一主体供给造成了供需分离，文化服务供给存在城乡二元供给结构，城乡公共文化服务供给差异较大。解决农村公共文化服务供需矛盾：一是通过农村公共文化服务供给改革，整合农村公共文化资源，提供多层次的公共文化服务。二是完善多元主体供给机制，提高公共文化服务的质量，推动乡村文化振兴。① 学术界从多元化供给机制赋予地方政府更多权力，利用政府平台、社会力量在公共文化服务供给中的作用等提出了供需矛盾解决机制。供需矛盾的解决需要多种机制共同运作，矫正供给和需求的偏差，构建网络化供给机制、多元供给主体机制、供给模式创新机制、供给决策的公共选择机制和满意度主导的绩效评价机制等。

第一节　网络化供给机制

公共文化服务的供给机制主要有政府主导机制、市场化机制、社会机制、公共文化资源协调和资源共享机制等。目前，我国农村公共文化服务供给实行政府主导机制，强化乡镇、村一级基层的公共文化服务供给职能。在市场经济条件下，充分发挥市场对资源有效配置的作用，以市场之力来破解公共文化服务供需失衡难题。市场成为农村公共文化供给的一个有效途径，社会组织参与农村公共文化服务的供给，以网络化组织各种力量参与到农村公共文化供给之中，吸引各种资金实现网络化的供给。实现农村公共文化服务供需匹配，由于供给机制方向是自上而下，应该考虑到农村的特殊性以及不同乡村经济发展、人文社会文化传统的区域性和差异性，人员结构的差异性和特殊性，因地制宜，根据农村居民的不同需求来

① 董帅兵，邱星．供给侧视角下我国农村公共文化服务的有效振兴：基于全国 31 省 267 个村的调查分析［J］．图书馆学研究，2021（2）：30-36.

实现公共文化服务的灵活供给，实现供给和需求匹配。

戈德史密斯和埃格斯（2008）等提出网络化治理思想，即由政府、第三部门、私人组织等形成关联网络，协同提供公共服务。① 郁建兴和吴玉霞（2009）通过设计公共服务供给的复合模型，来应对分散、异质的公共服务需求与非规模化服务供给之间的矛盾。② 解决农村公共文化服务供需矛盾应该运用新技术来驱动供给创新，将智慧城市管理的创新理念和创新措施运用于农村公共文化服务的发展中，充分发挥数字经济和5G技术、大数据等智能技术的支撑作用，搭建农村公共文化服务平台，建立起城乡的利益共享机制。随着农村居民互联网使用率上升，充分发挥互联网信息搜寻成本低、信息量大，不受时空限制、用户数量大的优势，通过“互联网+社会组织”来整合农村居民的公共文化供给和需求的信息，利用新技术手段实现农村公共文化服务供需均衡。

政府职能部门的供给存在碎片化的问题，不同部门根据部门职责和利益在农村公共文化供给中形成了供给分散的问题。协同是两个或两个以上的单元组合协调，按照统一目标行动而促成一种资源交互作用。农村公共文化服务的协同供给是破解供给部门条块化分散化供给难题的关键，以农村居民日益增长的文化需求为目标，不同供给主体完成优势资源协作的运行过程。在公共文化供给中，各部门间存在信息壁垒，导致重复建设和供给空白等状况出现。文化资源的共享共建范围不仅包括图书馆、博物馆、文化馆等公共文化服务机构，还包括与旅游、交通、公安等部门的跨领域、跨媒体的数据融合与共享。因此，要通过完善政府职能部门间的横向合作以缓解农村公共文化服务供给割裂的困境。建立健全多层次、多方位的统筹协调机制及部门间的协作决策机制，完善部门的综合协调管理制度，建设部门之间共享的信息平台，利用现代的信息技术打破部门间的信息壁垒，使供给更具有针对性和全面性，使农村公共文化服务供给链条上

① 戈德史密斯，埃格斯．网络化治理：公共部门的新形态［M］．孙迎春，译．北京：北京大学出版社，2008.

② 郁建兴，吴玉霞．公共服务供给机制创新：一个新的分析框架［J］．学术月刊，2009，41（12）：12-18.

各方都能充分发挥各自的优势，相互配合，减少资源浪费，形成供给合力。

网络化治理为公共文化服务供给过程中各行动者之间合作提供了新途径。农村公共文化服务的供给关注全力面向网络化治理，可以有效推进农村公共文化服务的协同供给。加强协同供给主体之间的合作，建立权责分明、互利互惠、互相信任的合作伙伴关系，能够促成政府、市场、社会三轮协同驱动供给运作的结构，最终形成农村公共文化服务供给的弹性网络，从而实现多元协同供给的组织创新效能。农村公共文化服务实行网络化治理能够解决社会力量的行政性依赖，从公共文化服务供需失衡问题以及政府和社会在公共文化服务协同供给中的良性互动，最终形成农村公共文化服务网络化治理的整体合力，形成政府、社会、合作社三元互动的新型农村公共文化服务供给模式，有利于提高该地区农村公共文化服务水平，还能够推动农业农村的现代化治理。

网络化治理模式是新时代优化我国农村公共文化服务供给的新路径。农村公共文化服务多主体参与供给，是当前农村公共文化供给的一大趋势。我国在公共文化服务的供给中，也采取多主体参与的供给方式。但目前存在着不同供给主体间的合作，合作水平因主体分化而降低。提高农村公共文化服务供给效能，需要各个主体间有效互动，产生相乘效应。网络治理理论是分析组织间关系的重要理论。这一理论与农村公共文化服务多主体参与状况具有内在的逻辑契合性。通过网络化建立不同主体间的合作网络，设置合理的网络结构，网络行政者、行动者的选择以网络供给主体的目标和网络行动者的资源为基础，各个网络参与者在协同供给公共文化服务的过程中，形成政府主导的网络结构。供给主体之间有效互动，发挥协同供给效应。

第二节　多元供给主体机制

按照公共经济学的观点，公共物品的供给者分为生产者和提供者，且二者是可以分开的。公共产品的提供和生产是两个环节。公共产品的提供是指由供给主体决定公共产品的供给量和分配方式以及公共产品的资金来源。公共产品的生产是指公共产品或服务的生产过程。公共产品的提供和生产两个环节的划分，意味着政府提供的公共文化服务和产品的生产可以由其他部门来提供。这也为私人部门或者社会力量生产公共文化产品和服务，由政府部门来购买提供了可能性。这种方式降低了农村公共文化服务的成本，提高了质量，突破了传统的由政府统一决定的供给框架。

市场在公共文化服务供给方面的主要作用是，提供生产公共文化产品的经费，并确定其分配。并不是所有的公共产品都属于依靠市场机制供给的公共产品类型，准公共产品可以由市场供给。准公共产品是介于纯公共产品和私人产品之间的公共产品。私人开办的文化馆、博物馆、公共文化设施和公共文化场馆等设施属于比较典型的混合产品。这种产品是市场参与公共文化产品供给的主要类型。私人部门的优势表现在灵活性、自主性、明确的责任机制、明确的目标，在规模和多样性上具有优势，控制和协调管理比较便利。私人部门的这些优势在农村公共文化服务供给过程中表现得比较明显。市场化的运作是提升农村公共文化服务供给效能的一种有效途径，能够破解公共部门供给效能低下的难题。长期以来，我国农村公共文化服务的供给主体有：各级政府单位、分管文化服务的各个政府职能机构，以营利为目的的私人团体以及不以营利为目的的民间艺术组织和机构。各个组织单独或者相互合作承担农村公共文化服务供给。在供给主体方面，以政府主导、社会组织参与、各个中小型文化企业参与等推动农村公共文化服务供给，可以通过政府购买、政企合作等方式实现多元供给机制。农村公共文化服务供给主体多元化机制在理论和实践层面基本达成了共识。由政府发挥主导作用，发挥市场的作用，市场主体、公民、社会组织、帮扶单位、文化团体等主体协同参与公共文化服务治理的格局逐渐形成，实行政府主导、社会参与的多元主体供给机制。

一、核心供给主体

由于公共产品排他性与非竞争性的特性，在长期以来的供给实践中，政府成为公共物品的核心供给主体，从而弥补“搭便车”、外部效应等市场失灵现象。在我国广大农村地区，以县乡（镇）政府、各个村委会和村党支部为关键供给和执行主体，遵循国家在宏观层面提出的各项方针战略，贯彻落实国家各项指示，积极实施“农家书屋”“电视进万家”以及“农村电影放映”等文化惠民工程，开展大众喜闻乐见的农村文化活动，建设农村公共文化基础设施，如修建广播站、文体活动室等来弘扬优秀的传统文化，传播科学知识，并自觉抵制粗俗文化，从而引领着农村文化价值观的方向，为实现中华民族伟大复兴开辟出一片广阔新天地。截至2021年底，全国基层群众性自治组织共计60.6万个，其中：村委会49.0万个，比上年下降2.5%；村民小组395.0万个，村委会成员208.9万人，比上年增长0.8%。居委会11.7万个，比上年增长3.1%；居民小组135.2万个，居委会成员65.7万人，比上年增长6.6%。全年共有45.1万个村（居）委会完成选举。[①] 乡镇（村）一级组织是贯彻执行党的路线方针政策的末端，也是当前各项任务分解落实的具体实践者。基层政权治理社会和服务人民群众的职责在增加，任务在加重。

二、社会组织

在城乡转型发展进程中，乡村发展演化出一种空心化现象。这一现象是在经济发展过程中，乡村衰落演变而成的特殊形式和不良过程，是城镇化发展的阶段性产物。农村劳动力的外流为加快城市建设、促进城乡一体化发展进程发挥着巨大的支持作用，但与此同时也引发了农村空心化现象，形成了留守人口年龄结构畸形的严重问题，尤其是在中国老龄化问题严重的情况下，这一问题更为突出。劳动力外流不仅对农业生产和农村发展产生消极作用，而且导致农村脆弱性，对农村经济发展极为不利。

随着市场经济的发展以及农民生活水平的提高，仅仅依靠政府组织供给公共文化服务并不能满足农民对于接近、获取并享用文化服务和参与文

① 中华人民共和国民政部.2021年民政事业发展统计公报［EB/OL］.［2022-08-26］（2023-04-23）.中华人民共和国民政部，https：//images3.mca.gov.cn/www2017/file/202109/1631265147970.pdf.

化活动的差异性和多样性需求，因此一些以营利为目的的私人团体以及不以营利为目的的民间艺术组织和机构便顺应个性需求的出现而自发形成。与以政府为代表的单位和部门相比，这些组织具有以下优势：其一，可选择性较多，灵活性较强。根据农民的不同文化需求来选择不同的文化团体，如农民秧歌团队、乡村戏剧大舞台、歌舞表演艺术队等。其二，服务供给的效率较高。团队组织规模较小，内部沟通畅通，成员各司其职，加上长期以来的协调与配合，能够使农民大众享受高效公共文化服务。其三，亲民性较强。这些组织的成员来自当地的农民群众当中，受当地风俗习惯与文化传统的熏陶，能够真正了解农民喜好，得到农民群众很好的回应，使群众能够积极参与到农村文化活动中来，充分发挥其价值。其四，对财政资金的依赖度低。这些组织是自发形成的，其活动资金的来源是私人筹资、民间捐赠、政府补贴以及服务收费等，财政资金只是作为辅助资金支持。

各类主体之间既相互独立，又相互合作。政府组织和营利组织合作，通过“政府合作”“政府采购”等方式，将计划与市场结合起来，发挥政府的主导引领作用，同时满足农民群众的多样化需求；政府组织与非营利性组织合作，充分发挥自上而下和自下而上的两种农村公共文化服务供给模式的优势，能够活跃农村公共文化活动形式，丰富农村居民的精神文化世界；政府组织、营利性组织与非营利性组织的三方配合，政府更多是主导、监督的作用，使得公共文化的供给更加全面系统，保障农民群众获得文化权利。

政府向社会力量购买公共文化服务面临的瓶颈：第一，社会力量参与的准入机制不完善。现行的法规、条例和实施细则没有规定社会化管理过程中的风险防范、项目评估及监督等内容。第二，提供公共文化服务的社会力量主体自身存在缺陷。如，社会力量数量不足，专业化程度不高，影响社会力量提供公共文化服务的效能。只有在一线城市有较多的社会力量提供公共文化服务，在二、三线城市中受各种因素影响，能够提供公共文化服务项目的社会组织数量极其有限。提供公共文化服务的社会力量缺乏权威机构对其专业资质的认定和评价，从而缺少参与政府招标项目的资格。政府在购买社会服务中，难以明确评估社会力量的供给水平。第三，社会力量中的文化工作人员的专业化水平不高，稳定性较差，流动性高。因为社会力量提供公共文化服务不是热门行业，收入水平不高，不能吸引优秀的文化服务专业人才参与。

政府对于社会力量参与农村公共文化供给给予政策支持和资金补贴，调动社会力量的积极性，丰富农村公共文化供给形式。社会组织是人们为了有效地达到特定目的按照一定的宗旨、制度、系统建立起来的共同活动集体，内部实行明确的分工并确立了旨在协调成员活动的正式关系结构。民政部发布的《2020年民政事业发展统计公报》数据显示，截至2020年底，全国共有社会组织89.4万个，比上年增加2.8万个，同比增长3.2%，其中社会团体37.5万个、民办非企业单位51.1万个、基金会8432个。社会组织在教育、医疗、养老、文化、社会救助、社会工作和公益慈善等方面发挥了积极作用。社会组织方式灵活，具有自发性、民间性和志愿性的特点，可以灵活地针对不同群体需求提供具体公共文化服务，在构建公共文化服务体系中发挥着重要的作用。公共文化服务供给和需求之间的矛盾仅仅依靠政府供给来解决是不可能实现的，社会组织的灵活性和文化服务提供能力可以满足农村公共文化服务需求的新变化。

随着市场经济的发展，市场在资源配置中发挥着越来越重要的作用。政府组织生产、服务社会的方式发生深刻变化。农村公共文化服务具有公益性，但是面对不同的农村居民群众很难做到整齐划一。农村居民的个性需求具有很大的差异性，解决个性化需求问题应该遵循市场经济规律，以满足不同农村群体的不同需求为目的，为特殊群体提供个性化的公共文化服务。因我国农村经济社会的发展，农村居民知识水平的不断提升，现行的公共文化服务设施和公共文化活动形式使农民群众的文化需求很难得到满足。因此，农村公共文化服务必须坚持政府主导与市场机制相结合的原则，充分发挥市场机制的决定性作用，鼓励社会资本进入公共文化服务市场，消除社会资本进入公共文化服务市场的障碍，鼓励和引导社会力量以多种形式参与和投资各种农村公共文化服务的项目。政府通过健全制度，根据“放管服”要求，减少许可审批事项，营造有利于各类投资主体公平有序竞争的市场环境。改革和创新公共文化服务的供给方式，积极引导社会资本投资公共文化事业建设，尤其是公共文化基础设施建设，以满足日益增长的对发展型消费的需求。

党的十七届六中全会决议规定，创建国家公共文化服务体系示范区是一项重大的文化惠民工程。打造公共文化服务体系先行示范区是公共文化服务体制机制改革创新实践，目的是为全国公共文化服务体系建设探索路径、积累经验、提供示范。目前，全国已经建成公共文化服务体系示范区120个，创造了公共文化服务体系建设的典型。

三、帮扶单位参与公共文化服务供给

帮扶单位参与农村公共文化服务供给，为农村居民提供了丰富多彩的文化活动。一是帮扶单位协助村组织开展党建活动、群众性文体活动和精神文明活动。在重要节日开展文艺体育活动，挖掘宣传能力和道德模范先进典型，推动文明培育行动。开展丰富的文化活动，组织村办运动会，购买奖品。二是积极推动农村精神文明建设，张贴宣传海报，转发微信平台文章，积极引导村民形成重学尚礼的风气。为农村地区特色农业产业发展提供智力支持，邀请相关领域专家开展现场教学，手把手指导，面对面传授实用技术，提升当地群众种植技术和管理水平。三是帮扶单位关爱群众身心健康，协调有关单位实施健身器材采购项目。发挥驻村工作队员的专业优势，疫情期间开通关爱热线。高考前夕，为农村考生进行心理辅导，推出博士选调生线上科普夏令营，开展科普讲座。四是扶贫单位全力支持新时代文明实践站建设，划拨专项建设经费，指导改进志愿服务工作。实行群众下单时建站派单、志愿者接单、群众评单闭环管理，大力推动志愿服务工作的效力。深入推进精神文明建设，举办家风家训建设专题讲座，指导深化“八星励志促振兴”评选活动，协助开展村级爱岗敬业好媳妇、好婆婆等典型评选，推荐长期照顾残疾五保户的村民荣登陕西好人榜。帮扶单位还组织诗歌朗诵比赛活动，丰富农村居民的精神文化生活。

四、乡村精英助力农村公共文化服务供给

近年来，乡村精英是在农村发展中出现的一个新群体，在农村社会经济发展中发挥了举足轻重的作用。乡村精英是乡村振兴的智力与精神资源，有着较好的经济基础与文化素养，又来自农民群体当中，和农民群众的联系比较紧密，普遍具备较高的道德认知水平，知识水平较高，具有一定的影响力和话语权，威望较高，具有很强的感召力，在农村公共文化服务中能够发挥良好的组织协调能力。乡村精英具有资本禀赋优势，利用这种优势可以吸引社会资本参与农村公共文化服务，建立文化馆、博物馆等文化场所。乡村精英能够代表农民表达文化需求，及时将农民的需求向地方政府或文化部门转达。乡贤的行为具有示范效应，能够引领农村文化消费的风气。这不仅可以提升农民主体地位，同时可使得公共文化活动的开展具有牢固的群众基础，使公共文化服务更能为大众所接受，满足其精神需求，实现公共文化服务的效益最大化。① 乡村精英一般具有较高的文化素质，他们的思想与行为对百姓起着潜移默化的教育作用。在公共文化服务中引入村民协商合意，从而充分发挥乡村精英在农村经济社会发展中的作用，促进乡村精英参与农村的公共文化服务供给。乡贤是乡村精英的一部分，在农村公共文化服务供给中，具有文化导向力、文化公益力等，要充分发挥乡贤的作用。发挥乡贤文化导向力，传承和弘扬传统文化，激发乡贤参与热情，助力公共文化服务体系建设，坚持把传承和弘扬乡贤文化作为践行社会主义核心价值观的重要途径。利用乡贤的文化公益力，搭建农村公益捐赠平台，将捐赠资金用于农村文化设施建设，支持生态乡村、美丽乡村建设。

五、农民公共文化服务的自主供给

农民是公共文化服务的供给对象，同时又是乡村文化的代表者和创造

① 刘玉堂，李少多．论新乡贤在农村公共文化服务体系建设中的功能：基于农村公共文化服务供需现状［J］．理论月刊，2019（4）：125-131.

者，因此也具有成为供给主体的可能性。农村公共文化服务的受益主体是最广大的农民群众，将农村居民也纳入多元农村公共文化服务的多元供给主体之中，超越地方法团主义，促进农村居民文化内生力的发展。农村文化的人才资源丰富，不仅有非遗文化传承人，还有许多接受过城市文明熏陶的返乡现代农民。充分调动他们在丰富农村文化活动、提升农村文明程度中的积极性和主动性，合理配置好文化资源，促进乡土文化向公共文化服务转化，实现乡土文化的提质升级。公共文化服务的农民自主供给是发挥农村居民的自主意识，农民主动参与供给过程，实行自主监督，参与公共文化服务供给的效果评价的一种供给机制。农村公共文化服务的农民自主供给是政府、市场的重要补充。农民能够表达利益需求，承担社会责任，进一步实现村民自治。农村居民公共文化服务自主供给促进了村民的合作。农村经济的发展为公共文化服务的农民自主供给奠定了经济基础。农民自主供给并不是新的事物而是原始的供给模式。在现代社会，需要充分发挥这种模式的积极作用，完善自主供给机制。实现农村居民公共文化自主供给要培育农村乡村公共精神，建立村民之间相互信任、合作的关系。构建合理的、科学的文化需求表达机制，激发起农村居民对公共事务的参与意识。强化农村居民在供给决策中的主体地位，确保农村居民文化权益表达的畅通渠道。

第三节　供给模式创新机制

农村公共文化均等化目标的实现仍然受到当前狭隘的公共文化服务政治价值理念的限制。公共文化服务供给是以农村居民为主体的公共文化服务过程，偏离农村居民的文化偏好，即供给主导的公共文化服务模式。

一、文创带动农村公共文化服务

文创是囊括影视、动漫、雕塑、环境艺术等在内的一系列创意群体。文创小镇、村落街区是产业层面上的含义，包括工艺美术品的设计、生产、消费、交易以及做音乐、影视甚至游戏产业。农村发展文创小镇一方面可提升挖掘本地文化，另一方面还可以把外面先进的文化理念带入。目前，有些地方以文创为名圈地，或者缺乏根本的创意，一味模仿文创的手段。要为旧村落旧乡镇赋予新的活力，如发展一些条件不好的空心村落，引入文创经济，采取因势利导的方式，在保护乡村民俗文化的同时借助民俗文化发展文创产业。

二、志愿服务推进公共文化服务

以服务群众文化生活为宗旨，在公共文化服务中引入专业的志愿服务，推动文化服务提质增效。建立文化志愿服务组织，壮大文化志愿者队伍，完善志愿服务工作运行机制，构建规范化、常态化、品牌化、专业化的文化志愿服务体系。陕西省铜川市耀州区在农村公共文化服务供给方面大力开展志愿服务，服务高效化，获得农村居民的一致好评。2020 年以来，建立志愿服务队 281 支，带动实践项目 101 个，开展实践活动 1000 余场次，吸引动员干部群众 23743 人，实名注册志愿者参与实践。在全国志愿服务信息系统累计发布志愿服务项目 4466 个，项目总时长达 1813473.5 小时，志愿服务扎实开展、深入人心。全区 129 个村、社区依托新时代文明实践站，整合志愿服务队伍，常年开展环境保护、关爱留守老人儿童、果树修剪培训等特色志愿服务活动，促进了乡村和谐。

三、传统文化融入公共文化服务

习近平总书记明确指出："我们要深入挖掘、继承、创新优秀传统乡土文化……要把保护传承和开发利用有机结合起来，把我国农耕文明优秀遗产和现代文明要素结合起来，赋予新的时代内涵，让中华优秀传统文化生生不息，让我国历史悠久的农耕文明在新时代展现其魅力和风采。"①

从我国文化发展的历史来说，农村地区是我国文化的发源地，具有悠久的历史，文化发展的时间远超城市。但目前传统文化还需要传承，农村

① 习近平．习近平关于"三农"工作论述摘编［M］．北京：中央文献出版社，2019：124-125.

地区传统文化的传承受到了阻隔，许多具有悠久历史的文化建筑未能得到及时有效的修缮。根据传播学理论，精神文明建设也是一种文化传播行为，需要通过一定的文化载体来进行。公共文化服务供给是进行精神文明建设、文化传播的一种重要载体。根据农村居民的独特思维方式和行为习惯进行公共文化服务，开展精神文明建设，就要从公共文化设施、农村公共文化服务供给上突出地方特色，传承当地优秀传统文化，留住文化乡愁，同时凸显文化特色，从而增加文化传播力，提高文化知名度，推动文化传播向更广范围、更高质量发展。

乡村文化振兴是对长期形成和约定俗成的习俗礼仪、乡规民约进行与时俱进的改造和提升，承载着重振乡村活力、重塑乡风文明、重建乡民文化自信的重要使命。公共文化服务是国家治理的组织架构和各种活动形式介入乡村文化建设，是乡村文化治理的基本方式，对农村居民的行为方式、交往方式以及观念进行潜移默化的改造，使原有的乡村秩序进行创造性转化和发展。乡村内生性文化组织是村民自发组织，政府要支持和鼓励乡村内生性文化组织参与公共文化服务供给，从政策、资金等向农村公共文化服务建设提供动力，激发农村居民开展乡村公共文化活动的内生动力。通过鼓励和培育乡村文化骨干、文化精英，利用教育培训和待遇保障、激励机制等，鼓励各类民间艺人能够参与到公共文化供给之中，构建农村文化人才库，为农村文化振兴提供一支文化组织力量。加强保护和传承农村优秀传统文化。农村地区有着丰富的传统文化资源和悠久的历史文化积淀，但是随着城镇化的发展、农村人口的流动，传统文化逐渐淡化甚至消失。借助于现代公共文化服务平台，深入挖掘传统农村文化的当代价值，运用乡村的特色文化资源，弘扬优秀民俗文化，将优秀的民族传统文化带入文化活动之中，传承和发展乡村文明，利用农村传统文化资源优势，赋予现代公共文化服务产品一定的特色，以传统文化品牌带动现代公共文化服务建设。传统家文化中良好的家训、家教和道德有利于引导家庭成员遵守道德规范，形成父慈子孝、兄友弟恭、勤俭持家、和睦友善的家庭氛围，守护个人健康成长和家庭幸福，净化了社会环境。传统家文化能促进民风和示范的进化和优化，充分利用农村地区家训族规的重要价值，开展伦理道德教化，发挥其维护家庭宗族稳定、调控民间社会秩序的积极作用。合理吸纳传统家文化的修养理念，传统家风的婚、丧、祭礼仪是中国礼仪文化的重要组成部分，充分挖掘传统家文化中的积极内容，在潜移默化中涵养起文明素质，促进形成健康向上的良好乡风。

四、文旅融合推动公共文化服务高质量发展

进入信息化社会，文化产品与公共文化服务中的高科技元素比重不断上升，互联网文化逐渐进入大众视野，改革传统文化供给模式，实现文化科技融合纵深发展。农村公共文化服务的提质增效是进一步发展的方向，可通过品质化升级和品牌化包装以提高文化产品与旅游、农业生产在形式、内容上的结合，深度促进文化产业再融合与再发展。国家倡导以文化体验和旅游深度结合发展全域旅游，提升乡村旅游竞争力。文旅融合是国家为促进文化和旅游融合发展而进行的重大管理体制改革和政策创新，将公共文化服务场馆建设融入地方经济发展，推动农村公共文化服务“十四五”高质量发展，将农村公共文化服务场馆打造成乡村旅游目的地，根据本地特色打造乡村旅游景区，实现农村文化内生动力的提升，促进农村公共文化设施高质量发展。加强文旅融合，整合旅游商品资源，做好旅游纪念品和文创产品的宣传。在特色产品的开发经营上多做引导，拍摄短视频对旅游产品资源进行包装和宣传推广，协助旅游产品设计开发，融入本地文化元素，打造具有乡村特色的文化旅游产品融合发展模式。

五、公共文化服务纳入网格化治理体系

党的十八届三中全会《中共中央关于全面深化改革若干重大问题的决定》提出了要改进社会治理方式，创新社会治理体制，以网格化管理、社会化服务为方向，健全基层综合服务管理平台。针对农村群众的多元化文化需求，以提升网格治理能力为抓手，提升群众满意度。网格员及时处理农村居民不满意情况，通过微信群、电话进行沟通，落实情况，亲自入户，现场察看，持续跟踪指导，把文化需求问题及时上报解决，为群众满意度提升增加砝码。网格化管理将过去被动应对问题的管理模式转变为主

动发现问题和解决问题，运用数字化管理手段，将管理对象、过程和评价实现数字化，实现管理的敏捷、精确和高效。将农村公共文化服务纳入网格化管理之中，以农村居民文化需求为服务导向，整合农村居民的公共文化需求等信息资源和服务资源。网格化推进基层公共文化服务体系建设规划，能有效促进文化资源在基层有效整合，调动群众的积极性和创造性，通过科学规范的管理和文化民生工程实施，最大限度地发挥公共文化服务效能。网格化解决了公共文化服务体系末端不畅通的瓶颈问题，实现了公共文化服务在地域单元上的小型化和农村公共文化服务的全覆盖、均等化、针对性和高效性。自2020年新冠疫情暴发以来，基层乡镇的防疫工作成为一项重要工作，影响了公共文化活动的开展。做好农村公共文化服务工作，提升农村居民的文化素养，建立起良好的精神风貌，能够从根源上提高农村社会治理的效果，而目前建设的社会治理大网格，推进网格化治理体系，在开展农村社会综合治理方面作用巨大，但是却没有将文化活动的因素纳入进去。

六、公共文化服务公益创投

公共文化服务公益创投是政府支持社会文化组织参与供给模式创新，并促进公共文化服务全面发展的文化治理方式。公益创投建立了资助方和被资助方即政府和社会组织长期的合作伙伴关系。公益创投的合作模式可以带来政府、社会组织、基层文化服务中心、文化受众的共赢。威海市2019年开始实施公共文化服务公益创投，创新乡村文化供给方式。公共文化服务公益创投项目包括：全民阅读、中华优秀传统文化服务、村落文化保护、民风民俗和历史文化挖掘、传统手工技艺传承、乡村音乐美术舞蹈服务、文化志愿者培养等。在威海市的多个乡村，通过文化公益创投，一系列丰富多彩而又精准对接老百姓需求的服务，被源源不断地引入基层综合性服务文化中心，“门打不开、人不进来、服务单一”的基层公共文化服务困境被逐步破解。①

第四节 供给决策的公共选择机制

农村公共文化供给决策机制中决策主导权由政府部门享有，农村居民不具有决策权。有的居民的文化需求在部门的层层上报过程中失真。决策部门和农村居民之间存在着各个层级部门阻隔，供给决策不能直接反映居民的文化需求。通过搭建起供给和需求的联系机制使农村居民的文化需求能够真实地提供给具有决策主导权的政府部门。

在推进农村公共文化服务体系标准化建设中，自上而下的供给模式发挥了极大的作用，保证了中央文化政策的落地落实，但在农村公共文化服务供给高质量发展的过程中这种自上而下的供给模式缺乏对农村居民生活需求和文化诉求的充分了解。我国已经进入新时代的现实表明，制定的标准化统一政策已经不能满足不同地区农村居民对公共文化服务的需求，并且极大地限制了基层政府及自治组织的自主空间。在农村公共文化服务供给改革中，应发挥基层政府和农村自治组织贴近农村居民生活，对农村居民的生活需求和文化诉求了解清楚的优势，制定有针对性的文化服务政策和实施相应的措施，给予基层政府一定的管理自主权，赋予它们一定的决策权力。

农村公共文化服务是一项复杂的系统，涉及多种文化领域，包括宣传服务供给机构、基础设施建设服务内容设置、资金投入、人力资本等多方面。农村公共文化服务供给需要在准确把握时代需求、文化发展需求和群众需求的基础上，以需求为导向提供农村公共文化服务。农村公共文化服务以农村为服务范围，为广大农民群众提供满足其精神文化需求的产品和服务。农村公共文化服务供给要和农民群体的文化需求有效契合。农民缺

① 专业机构请进村文化大餐端上来（解码·提升公共文化服务水平）［EB/OL］.［2021-09-01］（2023-06-20）. 人民网，http：//ent. people. com. cn/n1/2021/0901/c1012-32213847. html.

乏自由表达的渠道，其需求意愿无法传达到供给主体一方，供给主体在决策时要考虑农民的需求变化，从而保证供给与需求相匹配。公共文化服务供给是一个包括公共文化服务需求的识别、判断和公共文化服务规划的设定，以及公共文化产品内容的提供等环节在内的一个完整的体系，必须进行精准化的供给，而公共文化服务需求的识别，要通过完善公共文化服务需求表达机制来加强。

地方政府在公共管理中应该积极反映和回复公众需求，建立一系列的政策措施和制度来提高政府的回应性。政府对需求表达的回应速度和回应效果决定了需求表达是否有效，既是对农村居民需求表达意识的一种肯定，也为下一步进行有效的公共文化产品供给提供了一个准确方向。需求表达的最终目的是获取能满足需求的公共文化服务产品，提升公共文化服务供给效能。那么，政府和上级管理部门、职能管理部门必须将公共文化服务需求的回应情况，如回应农村居民公共文化服务需求的及时性和针对性纳入政绩考核系统。由于农村公共文化服务需求表达主体是农村居民，受文化水平限制责任意识不强，农村中留守儿童和老人数量比例较高，公共意识不足，意愿表达的能力不强，因此建立多元化的需求表达路径非常必要，要以直接路径和间接路径相结合。在农村可以通过集体投票的形式实现公共服务的需求表达。现代传媒技术发展迅速，智能手机的使用在农村也已经普及，采取网络海选投票、投票箱、网上表达需求，都是有效的需求表达方式。如果公共服务在整个市区或者范围较大的地方，那么最好以农村、社区为单位进行投票选举，由村民、村民代表或村干部来代表村民进行投票，可以有效地表达农民的文化需求。

公共文化需求的识别，要在各级政府、不同文化部门之间进行信息共享协作，实现农村基层群众与地方政府的双向表达渠道畅通。通过开通微信公众号、建立 App 加强和群众互动的方式，以实现个性化、多元化、差异化的文化需求被职能部门迅速感知和反馈，加强群众参与到决策过程中的意愿和主动性。公众参与的缺乏使得公众需求难以进入决策层面。这也是导致公共服务供需结构失衡的原因之一。公共文化服务供给中的决策普遍反映的是政府偏好，服务偏离了公众的需求。实现精准供给就必须要准确获取公众的需求，决策部门在确定公共文化服务供给内容时要进行有效的服务需求调查，了解农村居民的价值偏好、需求优先次序，尊重农村居民的话语权，充分利用村民自治机制的民主决策作用。运用数字技术分析农村居民不同群体在接受公共服务和进行互联网活动中产生的数据，对需求进行识别、分类、整合，快速识别出他们真实的文化需求，并提供给公共文化供给决策部门，体现决策的公共选择机制。理解公共政策、参与公共生活的现代公民是公共行政成功的前提。农村居民有效表达需求才能够为政府供给农村公共文化服务提供方向和目标。

第五节　满意度主导的绩效评价机制

农村公共文化服务发展的行动指南是可测评的农村公共文化服务供给效能评估指标体系。评估体系首先包括详细清晰的评估指标。根据农村公共文化服务的项目和管理目标等内容，构建以满意度为导向的效能评估体系。充分利用数字化信息平台，建立农村公共文化服务评估平台，及时收集农村居民对公共文化服务的诉求、意见和建议，以此来考察公共文化服务的成效。

公共文化服务的绩效评价包括政府和公众两方面的评价。政府为考察自身工作绩效，建立绩效评估体系评价公共文化服务的效果。目前，社会公众对于公共文化服务的评价没有被纳入绩效评价评估体系之中。农村居民是农村公共文化服务的对象，满意度反映公共文化供给是否和需求相适应。绩效评价对政府的公共行为进行约束和引导，有利于提高公共文化服务的效率和品质。运用科学的评价方法和技能，将满意度纳入绩效评价体系之中，对于实现基本公共文化服务均等化具有重要的作用。公共文化服务评价以多元评价助力精准供给治理。当前，我国农村公共文化服务供给体系的评价仍然受传统思维的束缚，重视评价公共文化供给的数量和频次等量化指标，忽略了对公共文化服务对象满意度的评价。在农村公共文化服务体系建设中农民话语权缺失。农村文化单位考核体系以主管部门考核为主，指标设计缺少农民的参与和评价，公共文化供给的需求和供给是否达成契合未被考虑在评价体系中。政府建立能够合理评估公共文化服务满意度的指标，应将农村居民的需求表达结果满意度纳入指标之中。

第七章　中国农村公共文化服务供给改革路径

实现全体人民基本公共服务均等化是实现共同富裕的内在要求和应有之义。我国社会主义制度的优越性体现于政府提供基本公共服务，包括完善基本公共教育、基本劳动就业、基本社会保险、基本医疗卫生、基本社会服务、基本住房保障、基本公共文化教育等。《中华人民共和国国民经济和社会发展第十四个五年规划和2035年远景目标纲要》提出我国应提升城乡基本公共服务均等化水平；提高区域间基本公共服务均等化水平；加快城乡融合发展、基本公共服务标准统一、政策并轨进程。① 重点是提高乡村基本公共服务标准和供给，实现乡村社区家庭人口全覆盖，提升城乡基本公共服务均等化水平，并大力促进非基本公共服务供给均等化的水平。党的十九大报告强调，完善公共文化服务体系，深入实施文化惠民工程，丰富群众性文化活动。党的二十大报告提出，“健全现代公共文化服务体系，创新实施文化惠民工程”。

农村公共文化服务处于城市文化下乡向乡村文化振兴结构转型的关键时期。从价值、功能、行为三个层面破解城市文化下乡的困境，优化农村公共文化互动方式、制度结构、服务内容，并增强三者间的协调性，是实现乡村文化振兴的关键。农村公共文化服务供给改革在于传承农村优秀传统文化，重构农村社会认同，筑牢城乡融合共生乡村文明的基础，提升农村公共文化服务质量，丰富农民群众精神文化生活。

① 全国人大财政经济委员会，国家发展和改革委员会．《中华人民共和国国民经济和社会发展第十四个五年规划和2035年远景目标纲要》释义［M］．北京：中国计划出版社，2021：317.

第一节　供给改革目标：高水平均等化与有效增长

一、农村公共文化服务高水平均等化

我国确定了公共文化服务均等化的目标，目的是最大限度地保障人民群众的基本文化权益，逐步缩小城乡之间、区域之间的文化服务差距，使居民能够享有相对均等的基本公共文化服务。基本公共文化服务均等化可以实现政府对公共文化服务有效供给，保障社会效益最大化，提高社会公众对公共文化服务的满意度，进而保证政府的社会公信度。农村公共文化服务均等化是农村公共文化服务供给的首要目标，主要是缩小地区、城乡群体间享有基本公共文化服务的差距。从行政型政府向服务型政府转变以及政府公共文化服务能力的提升，使农村地区公共文化服务供给从总量、规模、结构、布局等方面得到了长足发展。从新中国成立至21世纪初，我国公共文化服务供给中“重城市，轻农村”，农村公共文化服务的发展水平落后于城市。由于城市化发展进程的影响，城市在经济发展水平、公共文化供给方面都远超出农村公共文化的供给水平。在国家大力推进公共文化服务供给均等化和实施乡村文化振兴战略的背景下，我国农村公共文化服务的供给取得了较大发展。

均等化作为构建现代公共文化服务体系的基本要求，自“十一五”规划提出的公共文化服务体系建设启动以来，围绕均等化目标，实现城乡公共文化服务全覆盖一体化构成了我国公共文化服务领域的主要实践，公共文化服务供给状况得到显著改善。党的十八届三中全会将构建现代公共文化服务体系，促进基本公共文化服务标准化、均等化作为全面深化改革的重点任务之一。[①] 促进基本公共文化服务标准化、均等化、社会化，不断增强公共文化服务活力，推动文化惠民项目与群众文化需求有效对接，深

① 中共中央关于全面深化改革若干重大问题的决定［N］．人民日报，2013-11-16（01）．

入推进社会主义核心价值观体系建设。公共文化服务均等化是具有时代阶段性特征的动态发展概念，不同的经济社会发展阶段，基本公共文化服务均等化的概念也不同。当前，我国还处于社会主义初级阶段，公共文化服务供给也不能超越这个阶段。中国不同地区的财政能力、生活方式、文化需求的差异巨大，不可能用完全相同的公共文化服务标准，满足不同区域居民的文化需求。公共文化服务均等化主要体现为服务对象的全体性或者服务必须惠及全民，但重点对象不是高收入社会群体，而是城乡、区域弱势或困难群体，重点关注弱势群体或困难群体基本文化权益的保障、基本文化需求的满足。① 对于最少受惠者的关照和偏爱，是罗尔斯正义理论的核心观念。多数研究都把对最少受惠者的分析用于对社会弱势群体的研究。在农村公共文化服务供给均等化领域中，保障弱势群体或困难群体的基本文化权益体现了正义。公共文化服务均等化的标准应该根据地方公共财政支出能力进行动态调整，以满足广大人民群众不断提高的精神文化需求。公共文化服务均等化不仅要向弱势群体和欠发达地区倾斜和补偿，要向欠发达地区的社区居民提供数量更多、质量更优的公共文化服务，还要利用最新信息技术为发达地区居民提供更为优质的数字文化服务。

公共文化服务的均等性体现为每个社会成员都享有均衡的公共文化服务设施和条件以及平等参与公共文化活动的机会和权利。忽略农村居民文化需求及群体特征而提供标准一致的文化服务，是违反公共文化服务均等化要求的体现。公共文化项目推行的标准化、均等化方式无法破解文化复杂性、群体异质性和地区差异性以及个体多样性的问题。均等化和差异化之间不能对等，造成了供给和需求的偏差。公共文化服务在城乡、区域供给水平存在差异，尤其是存在高质量的供给短缺和低质重复供给之间的矛盾。

我国农村的数量巨大，通过人工统计和摸排准确识别差距的难度很大。如果实现均等，反而会造成地区差异，造成农村公共文化服务的供给

① 陈立旭．创新公共文化发展模式：浙江的探索［M］．北京：中国社会科学出版社，2014：6.

需求错配。根据调查可以发现农村公共文化服务存在地区和城乡之间的差距，而且这种差距也为人民群众所感知。城乡公共文化服务供给的差异扩大，农村和落后地区居民不能均等地享受到公共文化服务。这是因为，在以 GDP 为导向的社会发展目标的指引下，大量生产要素流向城市发达地区，城乡二元结构进一步加剧。发达地区将大量资金投入公共文化事业、地区公共文化服务的质量更高和服务频次更多。在农村地区公共文化服务还存在着群体差距。受经济条件影响，不同的群体在享受文化生活的时间和金钱上有差异，尤其是在农村，存在大量的老年群体、留守儿童、留守妇女、残疾人员等群体，掌握的社会经济资源相对匮乏，没有足够的时间和金钱享受文化生活。在考虑地区差异性的前提下，通过信息技术准确识别这种差异为不同地区居民提供符合其偏好的差异化公共文化服务，实现高水平的均等化，才能极大地提高农村居民公共文化服务的满意度，有效保障人民群众的文化民生。

农村公共文化服务标准化体系构建是文化服务的质量管理，具有可量化、可考核特征。农村公共文化服务在服务产品供给数量、基础设施建设及相关资源保障等方面达到基本标准，发挥了兜底保障作用。按照国家标准建立农村公共文化服务标准化框架，充分考虑不同区域、不同经济发展水平的农村公共文化建设与农村文化需求的实际情况，以农村公共文化服务供给达到均衡性目标，创新标准化体系建设，实现农村公共文化服务高水平标准化。

2021 年 3 月，文化和旅游部、国家发展改革委、财政部出台了《关于推动公共文化服务高质量发展的意见》，这是做好新阶段现代公共文化服务体系建设的纲领性文件。公共文化服务体系的建设开始进入高质量发展的新阶段。立足满足农村居民对美好生活新期待的目标，农村公共文化服务供给改革要坚持补短板、强弱项，着力提升公共文化服务水平，推动公共文化服务向高水平、均等化、社会化、高质量迈进，保护传承传统文化、民族文化、特色文化等文化遗产，提升公共文化服务的内生动力。公共文化服务高质量包括品质发展、均衡发展、开放发展和融合发展四个内容。农村公共文化服务高质量的动态供需平衡表现在，一方面是供给侧以实现公共价值为目标，实现精准供给，需求侧服务对象的获得感和满意度体现了公共文化服务的效能；另一方面是在公共文化服务供给中，以最小的投入获得较大的效益，提高公共文化服务供给效能。根据公共文化高质量发展意见的要求，结合农村地区的特殊性，准确把握农村居民文化需求，利用数字化技术开发利用传统文化，探索具有地方特色的公共文化服务高质量发展之路，成为未来一个时期公共文化服务体系建设的工作重点。

二、供给打破增长困境——实现有效增长

我国农村文化服务供给过程中遇到的机遇和挑战并存，应注重农村文化发展的整体性和系统性。[①] 农村公共文化服务并不是孤立的存在，而是一个包含农村文化产业发展、农民思想文化教育、传统乡村文化保护和先进文化思想传播的系统。农村公共文化服务供给目标具有多重性，不仅仅是单纯地向农村居民提供文化产品和服务，还要政府不同部门统筹安排文化产业发展、文化教育、先进文化传播、传统乡村文化保护、抵御不良文化等。因此，农村公共文化服务改革应该具有整体性思维，促进农村公共文化服务与农村文化产业振兴、社会文化治理的融合协调发展。农村公共文化服务发展不能脱离当地经济社会发展的实际，找准当地的文化资源创新发展路径，发展和维护当地传统文化，充分利用当地的文化资源和文化基础设施，让具有悠久历史的古宅、文化礼堂、文化遗址焕发新的活力，发展具有当地特色的农村公共文化服务体系。此外，充分利用传统优秀文化引领农村文化风尚，将良好的村规村约、家风家训等内容利用数字平台推广传播，以多种形式的文明创建活动引领农村文化事业发展，满足农村居民对美好精神文化生活的新期待，提升农村文化建设效能。

（一）公共文化服务活动优化

1. 鼓励农民文化内生力发展

丰富农民群众文化生活，鼓励农民文化内生力发展，大力支持自办文

---

① 周军．我国农村文化发展的机遇、困境与路径［J］．东北师范大学学报（哲学社会科学版），2019（1）：176-182.

化，举办传统文化活动，利用农闲节日举办花会、灯会、文艺演出等参与度高、效果好的文化活动项目。鼓励农民自编自演，创作文艺作品，支持乡村建立自己的文化社团，充分发挥农村文化社团的积极作用。农村文化社团有运作模式灵活、文化作品内容符合大众需求的优势，可以根据农业生产的不同时节自行举办各种文化活动。社会文化团体深入挖掘乡村文化资源，利用农村文化资源，和农村的文艺人才组建乡村文化合作社，开展文化活动，农民成为文化活动的参与主体，肩负着组织者的责任，能极大地发挥其参与文化活动的积极性和主动性。业余小剧团、舞蹈队、社火队等农村群众自己组织起来的演出队活跃在农村文化服务领域，推动乡村文化振兴。他们贴近农村生活场景，把身边的好人好事、政府的最新惠农政策编成小剧目以文艺作品的形式推广传播，到村巷、文化广场义务演出，深受群众欢迎。

2. 创新乡村法律文化宣传工作，提供法律知识服务

在农村公共文化服务供给中重视礼法、道德准则的突出作用。“以德、礼为主要手段来调节人与人、人与社会的关系，是中国传统农业文化的一个思想特色。”① 传统农业文化提倡伦理道德规范，不仅时时处处宣扬孝文化，而且在农村树立道德模范。除此之外，“鉴于乡村民众对法律具有的本能畏惧，我国可以通过法律‘精准扶贫’活动来推动”②，使得法律道德准则融入基层社会，从而创建和谐村治的局面。

（1）开展送法律知识活动。一是对乡村振兴和“三农”发展密切相关的政策法律开展有针对性的法治宣传。根据法治宣传工作任务，结合农村生活实际精心创编具有典型教育意义的法治文艺作品。充分利用乡村红白喜事人员聚集机会，扩大宣传受众范围，组织法治宣传志愿服务队、社会文艺宣传队，在民间艺术团体演出中穿插法治文艺节目，扩大法治文化宣传覆盖面。利用重大纪念日、节假日广泛开展法治文艺演出、法治书画、法律咨询援助等群众性法治文化活动。二是围绕乡村振兴、农村纠纷中法

---

① 张磊．中国传统农业文化转型研究［M］．西安：陕西人民出版社，2007：216.

② 傅琼、汤媛．裂变与重构：礼仪文化建设与乡村社会治理研究［J］．江西社会科学，2020（10）：210-218.

律知识，多频率、多层次、多角度开展普法、文艺下乡等活动，切实增强基层群众法治意识。三是培养农村本地“法律顾问”，选择知识水平高、威望高的村民，提高其法律知识水平，带动群众学法用法。

（2）健全公共法律服务体系。建立县乡村三级法律服务中心，形成覆盖全县的公共法律服务网络体系。利用县级融媒体平台开展“线上”法律服务，为公众提供法律知识和信息查询。有的县司局所开通“12348”公共法律服务咨询专线，群众可随时随地拨打热线，及时获取免费的法律咨询服务。

（3）利用融媒体平台，推动法治文化建设。充分发掘互联网新媒体的传播优势，推动法治文化建设向农村基层延伸，打通农村法治文化服务供给的“最后一公里”。运用“网言网语”与“乡土用语”，创新农村普法宣传教育的方式，加大普及力度，开展农民无神论教育，抵制封建迷信活动，摒弃“高价彩礼、人情攀比、厚葬薄养、铺张浪费”等陈规陋习，着力培育农民规则观念、权利观念、公平观念、伦理观念以及主体观念，培养农民理性文明健康的生产生活方式，深化美好生活的内涵与指向，以法治文化滋养乡村文明实践，提高社会文明程度。

（4）培育法治文化，推进乡村社会公序良俗。坚持依法治国与以德治国相结合，是建设中国特色社会主义法治体系的重要经验。发挥乡规民约等“软法”在乡村治理中的功能，深入挖掘乡村熟人社会蕴含的道德规范，以农民的真实意愿和利益需求为导向，契合农民的道德意愿并符合社会公序良俗。积极推广与落实乡规民约，持续深化遵守乡规民约、扬家风、树新风、守公德等典型事例人物的学习宣传，用先进榜样引领身边群众，凸显道德对法律的支撑作用。

（5）全力推进民主法治示范村创建工作，进一步加强法治公园、法治长廊等法治文化阵地建设，提高农村居民法治文化素养，构建“尊法、学法、知法、守法、护法”的法治氛围，繁荣乡村法治文化。

3. 提供幼儿早期阅读服务

在实地调查中观察到儿童早期阅读的需求比例达到30%以上。儿童早期阅读教育对个体和社会发展都具有重要意义。在儿童早期阅读方面，农村幼儿在平等享受基本公共文化服务方面存在许多障碍。农村和偏远贫困地区儿童的阅读服务不到位。公共文化服务均等化、标准化的推进要求农村幼儿的阅读权利得到保障，进一步扭转农村幼儿在公共文化服务中的弱势地位。农家书屋已经实现县乡村三级公共文化服务网络全覆盖，为农村幼儿开展阅读活动提供了场所。在调查中，农村提供儿童早期阅读服务的比例较低。农村家长读书看报的频率较低。贫困地区农村家长的文化素质较低，他们的教养方式只限于对孩子物质生活的照料和满足，甚至一些幼儿还要为家庭承担家务或农业劳动，幼儿难以获得早期阅读等公共文化服务。由于家庭环境的影响，农村地区幼儿的阅读意愿较低。很多农村家庭的幼儿将时间花费在看电视或者打游戏上。农村留守儿童多为爷爷和奶奶照看，家庭缺乏阅读氛围和环境，较少对儿童进行教育辅导，早期阅读缺失的问题也比较严重。农村地区的幼儿园公共图书馆可系统提供儿童早期阅读的场所和图书。由财政拨付资金，保障农村幼儿图书资源采购，设置完善的阅读设施和阅读场所，开展适合儿童的文化活动。加强对基层公共文化服务人员的培训，为儿童早期阅读推广提供服务。在儿童阅读设施建设上整合现有资源，为农村儿童早期阅读创造良好的阅读场所和环境。乡镇村文化站通过开展丰富多彩的阅读活动，采用故事分享、亲子共读等阅读活动激发幼儿的阅读兴趣，带动农村家长积极参与。在志愿服务方面可以吸引志愿者积极参与，为农村儿童提供早期阅读服务。应以乡镇文化站、农家书屋、村文化室为儿童早期阅读提供场所和空间，配备丰富充足的儿童阅读资源。政府机构、社会团体和帮扶单位向农村书屋捐赠书籍时，应捐赠适合儿童阅读的书籍，在书籍的内容上更丰富，使农村儿童阅读资源质量和数量得到保障。

4. 开展老年人体育锻炼活动

我国已经进入了老龄化阶段，老龄化在农村地区更为严重。因此，促进农村老年人体育锻炼是新时代积极应对人口老龄化的重要举措。老年人的体育锻炼具有多种价值，一方面可以改善农村老人的身心健康，延缓认知衰退，提升预期寿命；另一方面能够增加农村老人的社会交往形式。老年人的健康可以有效增强其自我养老能力，减轻家庭经济压力，减轻国家机构的养老压力和财政负担，同时能够激发其社会参与活力。在农村地区，老年人文化资源欠缺，场地设施供应不充足，制约了其公共文化活动参与度的提升。农村老人面临着繁杂的劳动以及照看孙辈的责任，他们自身体育锻炼意识较薄弱。提升老年人的健康意识，增强他们对公共文化活动的参与度，是公共文化服务的功能之一。在公共文化服务供给中要加强对老年人体育锻炼的指导资源普及，增加场地和体育锻炼设施的供给，并提升设施质量。鼓励地方医疗部门为农村居民提供健康知识讲座。如2022年9月19日，华州精神卫生医院为广大村民提供心理健康辅导和健康知识宣传，为村民发放精神病预防宣传册。

（二）公共文化服务设施规划设置

深化公共文化服务供给侧结构性改革，推动公共文化设施优化布局、提量升级，打造新型公共文化空间，增强公共服务供给实效性和群众获得感。农村公共文化服务设施建设的重要路径，一要因地制宜地制订合理发展计划，形成完善的基础设施网络。综合考虑农村居民点（农村社区）位置、到设施点距离、交通设施、出行方式、选择偏好等因素，将可达性的多个量化指标引入公共文化设施规划建设中，加大公共文化设施规划的现实性和科学性。公共文化设施的合理选址和布局模式是增加群众使用率、提升公共文化供给效能的关键因素。二要加强对相关文化设施网络的维护与更新。地方政府文化相关部门要充分认识农村基层文化工作的重要性和迫切性，在理念上不断创新，措施上不断完善，加大农村公共文化基础设施的建设力度，对陈旧设备、简陋的公共文化服务设施进行改建。对于农村网络资费问题进行降费改革，保障网络通畅。管理人员要定期给计算机安装杀毒软件，定期清理计算机中的垃圾，对系统进行维护，以提高计算机的运行速度和效率，提高用户的使用满意度。农村基层工作头绪多，任务较为繁重，环保执法、综合治理、社会维稳、社会保障都是乡镇政府和村委会的工作任务，文化服务工作上投入的人力、物力、财力不足，存在着农村公共文化场所被占用、文化服务专干缺位等问题。因此，在农村公共文化服务供给中，提高对公共文化服务的重视程度，配备农村文化服务人员，整治随意占用农村文化设施的问题就变得非常迫切。政府组织对乡镇文化站、村文化室等进行摸底排查，精确把握文化站、文化室被侵占、挪用情况，恢复农村文化基础设施的文化服务本位。三要注重老少边穷地区的人力、物力、财力的投入，投入部分要专项用于改善农村公共文化设施和开展公共文化活动。四要建立多元化投入渠道，[①] 服务体系和服务机制不断健全。通过政策引导、税收优惠等措施，鼓励社会力量捐助，吸引各方力量加入公共文化服务供给之中，优先安排农民需求强烈的文化设施建设项目。五要提升公共文化设施的充裕度和便捷度。公共文化设施的数量充裕并且分布合理，设置便捷，用户的利用率就会提高，尤其是资源、设备设施、服务效能等因素对公共数字文化服务的需求具有正向影响。在公共文化设施建设方面，建设高质量的公共数字文化服务场所，安装便捷、易用的服务系统，购置电脑，接入网络，对软硬件进行定期的管理维护。网络建设中要选择光纤、无线网络等传输速度较快的网络实现无线网络全覆盖。六要丰富公共文化服务设施的种类，提高公共文化设施的质量，解决文化设施的吸引力不足问题。针对基层群众的需求提供更适合本地人口特征的文化服务种类和文化设施。提高农村公共文化设施的开放性，尤其是文化活动室、农家书屋、乡村文化展等公共文化空间。开放性的公共文化设施利用率更高，增加公共空间和公共设施的开放性，解除农村居民进入和使用设施的种种限制。通过各种宣传方式如公告栏、融媒体平台、政府微信公众号等，将公共文化服务内容和种类及时向农村居民进行告知，提高农村居民对公共文化设施的知晓度。七要简化管理和使用程序。各种规章制度和使用规定限制了农村居民对文化设施的利用，文化设施无法发挥有效作用。在保证文化设施管理要求的前提下，尽量简化文化设施的使用程序，方便农村居民使用。文化服务项目之中设置人脸识别、RFID、自助借还等智能设备，使农村居民可以顺利便捷地参与各种文化服务活动。增加儿童阅读、青少年科普教育等活动，提升青少年群体的阅读

---

① 马秋茜．完善河北省农村公共文化服务设施的路径选择［J］．河北学刊，2013，33（1）：199-201.

能力和信息获取能力，营造良好的阅读氛围。八要改革管理和服务方式。

1. 文化礼堂实现公共文化服务的集约化

文化礼堂作为推动农村公共文化建设的重要着力点，有效地满足了村民举办节庆典礼、文化仪式、议事集会等需求，积累了丰富的经验。农村文化礼堂是承担农村文化事业建设、传承传统文化的农村公共文化设施。文化礼堂是农村居民举办宴会，组织各种文化活动的公共文化空间，丰富了农村居民的业余生活。其中，各种文化资源、各种服务活动实现共建共享，集约化发展节约了人力、物力。一方面，公共文化服务集中在同一个大的空间；另一方面，工作人员可以在礼堂中有效开展各种文化服务项目，能够有效地常态化开展公共文化服务活动。村民的知晓度得以提高，使得公共文化设施的利用率提高。例如，浙江省从2003年起推动部署建设文化大礼堂，浙江省嘉兴市将礼堂书屋定位为农家书屋和图书馆村级分馆的升级版。整合原有各类文化惠民工程的资源和服务，常态化开放图书馆，持续性地为农村居民提供多元的公共文化服务。目前已经建成了158家礼堂书屋，将礼堂书屋纳入公共图书馆服务系统，实现了图书馆+各种农村公共文化服务的目标，拓展了文化礼堂的阅读空间，提升了文化礼堂的阅读功能，将相关的公共文化服务功能汇聚在一起，有效缓解了基层工作人员人力不足的问题，提升了村级公共文化服务的效能。实现空间融合，将公共文化服务整合在同一个大空间中，解决好服务利用率低和工作人员短缺的问题，礼堂书屋实现“互联网+”建设，打造电脑端、电子显示屏、电视端、手机端、iPad端等多平台服务终端，配置了一定数量的电脑、电子图书借阅机、电视机和电子阅读查询设备，提供了丰富、实用、便利的信息资源和服务文化礼堂的文化设备建设。

2. 扩建文化广场

建设文化广场是农村公共文化设施建设的一项重要内容，也是获得民心的民生工程。文化广场的建设得到了各级政府的财政支持，帮扶单位也给予了资金支持。文化广场成为省里开展惠民演出、村镇开展各项文化活动的主要场所，深受农村居民的欢迎。文化设施建好更要用好，在建设好文化广场这一具有多种功能的公共文化设施的同时，结合春节、农民丰收节等节日，组织多样的文化活动，丰富文化产品供给，提升设施利用率。推进社会体育场地设施建设和学校场馆开放共享，扩大健身步道等便民健身场所覆盖面，因地制宜发展体育公园，补齐乡村公共体育设施短板，推动全民健身公共服务提质增效。

3. 农家图书馆功能创新

农家书屋工程是新闻出版署实施的面向农村发展的文化惠民工程。2003 年新闻出版总署推动“三农”读物出版发行。2005 年 11 月，中共中央办公厅、国务院办公厅发布建设农家书屋政策。2007 年的《政府工作报告》指出，“要突出抓好广播电视村村通工程、社区和乡镇综合文化站建设工程、全国文化信息资源共享工程、农村电影放映工程、农家书屋工程”①。农家书屋建设成为公共文化服务的一项重要工程。2019 年 2 月，中宣部等十部委联合印发《农家书屋深化改革创新提升服务效能实施方案》，该方案提出了推动农家书屋提质增效，助力乡村振兴战略的具体路径和实施办法。农家书屋、图书室是提供农村公共文化服务的重要设施，是我国农村公共文化服务领域的一项惠民工程，在提升农民文化素质、满足农民文化教育和文化技术需求方面发挥了重要作用。数据显示，目前全国共有农家书屋 58.7 万家，累计配送图书超过 12.4 亿册。农家书屋存在内容信息容量较小、服务功能弱、检索困难等问题。数字化技术的发展，给农家书屋的发展带来了新的机遇。农家书屋数字化转型是进一步发展的方向。一方面，利用数字化发展政策环境利好和数字化阅读基础设施齐全、数字化书籍内容丰富的优势，开展农家书屋数字化建设，以海量的数字书籍为农民提供大量的文化信息，提升我国的文化软实力，是我国农村地区新型公共阅读空间建设的重要内容。② 农家书屋成了农村儿童课余汲取知识的场地。有的村镇发挥大学生志愿者的优势为孩子提供知识讲解、作业辅导、图书阅读服务，还开展书法、音乐、绘画等艺术课堂。另一方面，精准化提供书籍配送。充分利用阅读调查、监测和评估的手段和方

① 大力推动“农家书屋”工程建设加快构建农村公共文化服务体系：“农家书屋”工程实施情况综述［J］. 中国出版，2007（8）：11-13.

② 孙玲. 数字化时代农家书屋的挑战与机遇［J］. 科技与出版，2022（5）：29-34.

法，准确了解和掌握我国农村居民的阅读状况、发展趋势和地区差异，不断地提高农村书屋所选书籍的针对性和有效性。

为克服农村公共文化服务领域中的非均等性，补齐文化短板，出现了很多利于公共文化服务均衡发展的创新案例。以公共图书馆领域的文化服务为例，借助于互联网信息技术和物流快递，已出现了图书借阅便利化的典型案例。陕西省榆林市府谷县图书馆与邮政局合作推出同城快递，使府谷农村读者享受到“书服到家”的服务。“书服到家”体现了农村居民公共文化生活的均等化，是公共文化配送的公益合作。图书馆服务是以需求驱动的文化服务活动。杭州图书馆的悦借服务、佛山图书馆的知书达礼借书平台、长沙图书馆的宅约书香以及府谷县的“书服到家”，都是图书馆服务的典型案例。农村分级图书馆要不断升级服务内容、服务模式，转变为读者提供到馆服务的模式为借助于网络走到用户身边，为用户跨越时空界限提供信息服务，并为用户提供智能化、智慧化的知识服务。在互联网去中心化的网络模型中，用户以自我为中心。农村公共文化服务从业者也要改变思维方式，站在用户的角度探寻更高质量的服务信息传播路径。

4. 综合性文化服务中心

广大农村、社区建设综合性文化服务中心超过 57 万个。① 各个村镇建立起了综合性文化服务中心，提升基层综合性文化服务中心功能，广泛开展群众性文化活动，引导农村居民积极参与农村综合性文化中心的建设，提高群众的自主管理和自我服务能力。在整合农村现有文化活动、文化信息资源共享工程、村级基层服务点建设等资源的基础上，利用镇综合文化站、村文化活动室、农家书屋等阵地，搭建群众自娱自乐的综合性文化服务中心，提升公共文体服务水平，优化城乡文化资源配置，推进城乡公共文化服务体系一体化建设，创新实施文化惠民工程，加强文化基础设施建设。

例如，鼓励文化知识水平较高的村民作为文化设施的管理服务者对文

① 陶媛．文化和旅游部：基层综合性文化服务中心基本实现全覆盖［EB/OL］．［2022-02-09］（2023-06-20）．光明网，https：//m. gmw. cn/baijia/2022-02/09/35505313. html.

化设施进行管理。农村公共文化设施维护管理是所属镇人民政府的职责。由各镇人民政府负责辖区内农村基层公共文化设施的具体管护工作；村民委员会负责辖区内农村基层公共文化设施的日常运行管理。农村公共文化设施的管护要按照公共文化服务保障要求，采取规范的服务措施，保证场所环境干净整洁，文化设施设备运行正常、按规定时间向公众开放。对配备的报刊、图书、桌椅、电脑、电视、空调、投影仪、展架、文体器材等公共文化设施财物进行登记造册，建立台账，健全资产管理制度。建立公共文化设施安全管理制度，定期对各类设施设备进行检查、维护，开展消防演练，保证安全运行。室外文体广场设置电子阅报屏或阅报栏、宣传橱窗和公益广告牌，配备体育健身设施和灯光音响设备等。

第二节 农村公共文化服务供给保障

一、党建为农村公共文化服务供给提供政治保障

基层党建工作是党的组织建设的重要环节，是基层单位完成各项任务、促进单位全面建设的重要保证。党建在推动农村公共文化服务供给中起着重要作用。党的建设通过坚持先进思想文化引领，在公共文化供给方面依托基层党组织整合资源，构建健全的农村文化治理体系，推动农村公共文化事业发展。基层党组织是引领农村公共文化服务供给的政治保障。党的十九大报告中提出，社会主要矛盾已经转化，中国共产党围绕主要矛盾展开革命、建设和改革事业，以满足人民群众基本公共需要为导向推动文化事业发展。塑造人民的客观世界和主观世界是中国共产党治国理政的基本内容。在农村公共文化服务供给的理念之上，树立“以人民为中心”的理念，供给方向要体现人民需求导向。党建可以推动农村公共文化服务供给的高质量发展，同时农村公共文化服务效能的提升也能为党建营造出良好的文化氛围，利于巩固党的执政基础和政权基石。农村公共文化服务供给在破除陈旧陋习，抵制地方封建迷信、低俗愚昧的落后文化方面有重

大作用。农民群众整体文化素质的提高可以有效增加党的先进思想文化深入人心的深度、效度和广度。农村基层党组织建设对农村公共文化治理具有政治统领思想、引领和组织整合的效应，发挥党建引领农村公共文化服务供给的重要作用有助于解决基层党组织弱化、边缘化问题。加强基层党组织建设，筑牢党的执政根基，要发挥党建在先进思想文化领域的领导作用，发挥党的组织宣传优势，增强农村基层党组织的治理能力。农村基层党组织在农村工作中的战斗堡垒作用是党管农村工作的优良传统。发挥基层党组织的作用，做好基层党组织建设，增强农村基层党组织的治理能力，可以为农村公共文化服务供给提供组织保证。提升农村治理能力是国家治理体系和治理能力现代化的重要组成部分。基层党组织要增强在意识形态领域判断是非的本领，发挥动员人、凝聚人的作用，以社会主义核心价值观引领构建农村公共文化服务体系。基层党组织科学统筹调控农村文化发展的资源要素，推进建立完善的农村公共文化服务体系，构建农村公共文化服务的基础设施网络，针对农民群众的文化需求，为农民群众提供更丰富、更高质量的公共文化服务和产品。农村基层党员不仅在经济发展方面要起带头致富的作用，还要为助推乡村精神文化做出更大贡献。农村公共文化服务需加强农村基层党组织建设，发挥党员和骨干人才力量在人才本土化的培养上的积极性，为农村公共文化服务夯实人力基础。

二、文化立法为农村公共文化服务提供法律保障

《中华人民共和国宪法》第四十七条规定公民有进行科学研究、文学艺术创作和其他文化活动的自由。“两为”“双百”和“坚持以人民为中心”等党在文化领域的基本路线方针体现在平等保护公民文化权利上。公民文化权利包括文化享有权、参与权、创造权和文化成果受保护权，公民有接受公共文化服务、选择文化产品、参与文化活动、创造各类作品、享有文化创造收益的权利。文化服务领域的《中华人民共和国公共文化服务保障法》贯穿了坚持以人民为中心的主线，保障人民群众普惠、便利、公平地享受公共文化服务，是做好群众公共文化服务工作，推进公共文化服务规范化、标准化、法治化的基础性法律。公共文化服务立法规范公共文

化产品和服务的供给，实现公民的文化权利，制定公共文化服务相关的财政支持、政府购买、税收优惠等措施，明确了公共文化服务的公益性、基本性、均等性和便利性的要求。2016 年，全国人大常委会分组审议的《公共文化服务保障法二审草案》强调了公共文化服务向农村地区倾斜，从法律层面保障了农村公共文化服务的投入力度。

2021 年 4 月 29 日，第十三届全国人民代表大会常务委员会第二十八次会议通过《中华人民共和国乡村振兴促进法》，其第三十一条规定，地方政府可以成立由分管文化领导牵头的农村公共文化服务领导小组，建立市、县、乡、村联动的农村公共文化建设机制，制定农村公共文化服务标准及实施细则。在农村公共文化服务供给中各级政府以及文化部门、宣传部门、教育部门明确各自职责，避免在供给中出现权责不明、多头管理和推诿扯皮等问题。

在文化立法中，要尊重和维护公民文化权利，保障公民平等接受公共文化服务、选择文化产品、参与文化活动、创造各类作品和享有文化创造收益的权利；促进实现公共文化服务的标准化、均等化和社会化，为健全公共文化服务体系提供法律保障。第一，要增加文化方面的法律数量。第二，在文化建设相关的薄弱环节中制定法律，弥补短板，切实解决文化领域的现实问题，为公共文化事业发展提供重要保障和强劲动力。第三，文化法治建设要推动社会主义核心价值观融入文化及相关领域立法修法工作，坚持以道德滋养法治精神，法律规范和道德规范相辅相成。公共文化服务供给培育和践行社会主义核心价值观，是社会主义文化强国建设的灵魂工程。第四，坚持依法推进新时代文明实践，引领科学健康文明的生活方式，持续巩固风清气正的良好社会风尚。第五，通过文化立法来推动文化事业、文化产业发展，夯实社会主义文化大发展大繁荣的法制基础。

三、农村公共文化服务供给的财税支持

为农村公共文化建设提供资金支持，加大资金保障力度。政府落实农业农村优先发展策略，发挥公共财政支撑作用，建立健全向公共文化建设倾斜的持续稳定增长的公共财政投入机制，实现公共文化服务城乡全覆

盖、标准化建设以及质量的提升。政府的服务理念应该追求服务效果，从对公共文化服务的增量发展过渡到质量提升，从质的方面提高公共文化服务的效果。加快建立政府稳定投入机制，要加强对农村公共文化设施管护资金筹措和管理，考虑实际和发展需要，统筹用好上级转移支付资金。我国中西部地区省份在经济发展水平、社会发展程度、专业技术水平上和东部地区省份存在巨大差距。中央要进行统筹安排，将中西部地区和“老少边穷”地区农村公共文化服务体系建设作为重点投入方向，增加政府的财政投入，给予合理的资源倾斜和政策优惠，加大中西部地区公共文化服务供给的财政支持力度，促进基本公共文化服务均等化发展。

依据管护责任、规模和标准，将应由政府承担的农村公共文化设施管护费用纳入预算。农村基层公共文化设施管护由村“两委”确定至少 1 名文化协管员，同时通过当地政府统筹和购买服务等方式解决专业人员不足问题，鼓励引导志愿者参与农村基层公共文化设施管理服务工作。村文化协管员每年参加集中培训，由财政拨付文化协管员的业务培训支出。县级财政部门要多方筹措资金，结合农村综合改革项目，加大对村级文化体育事业的投入力度，对文化活动广场建设、活动中心建设及剧场改造等项目进行资金拨付，加快推进农村公共文化服务体系的建设步伐。

我国自 2018 年实行省级和省级以下国税、地税机构合并改革，统一了征管口径，保障了地方财政收入征收权限集中与统一。为保障我国经济在稳定中持续高质高效发展，实施了大规模的“减税降费”政策，地方税收收入有限性制约着提供基本公共文化服务的能力。调整中央与地方的收入划分，增加地方财政收入，用全口径角度全面调动可用财力，合理有效配置财政收入，扩大政府间收入划分的覆盖面。税务机关加强对非税收入的征收和管理工作，推进“费改税”项目，提高地方基本公共文化服务的保障能力。制定税收优惠政策，以免税、减计收入、简易计税及捐赠扣除应计所得额等多种方式，以农村文化企业为重点对象，支持中小型文化企业发展，加大税收支持力度。

四、农村公共文化服务供给的资金保障

公共文化设施的建设与公共文化服务的改善需要大量的投资，如果仅仅依靠政府投资，可能会影响财政收支平衡，甚至引发“财政危机”。同时，在实践中，由于专业能力有限和现有法律法规的制约，公共部门的执行力较弱，执行效率会大打折扣。市场主体和政府在平等协商的基础上订立合同，明确各参与主体的责任、权利和风险分担，改善公共文化服务供给主体单一的弊病，尤其是应通过农村文化基础设施的提档升级、繁荣兴盛农村文化、农民就业和职业技能再培训、农业科技创新等领域引入 PPP 模式、发行为效果付费债券等实现农村公共文化领域中资金渠道的拓展。

市场主体以公开竞争方式参与农村公共文化服务领域公私合作制项目合作，是农村公共文化基础设施建设与公共文化服务供给实现低成本、高质量发展的可行选择，通常合同期限较长（20~35 年，甚至更长），合同中规定了一系列的服务交付程序。公私合作制意味着适当的授权、明确的责任和风险分担，以及通过合同协议共享资源。东部发达地区积极发挥村集体、乡镇企业、社会企业在投资农村公共文化建设中的作用。在农村公共文化基础设施建设中采取多种方式如 PPP 合作、委托经营、发行为效果付费债券等，利用社会资本提高文化建设的运营效益。

为效果付费债券是一种融资方式的创新，是以市场化的手段来缓解政府财政压力，以解决社会问题。为效果付费债券可以应用于农村公共文化服务领域。为效果付费债券又称社会效益债券，是一种旨在提高社会公共福利的金融创新工具。为效果付费债券的具体模式是，政府委托融资机构向投资者发行为效果付费债券筹集资金，并基于政府授权，通过服务购买协议将所融通的资金提供给公共服务提供者用于向明确的目标对象群体提供一定的公共服务。投资者的收益根据协议约定确定，第三方独立评估机构对提供的公共文化服务的效果开展独立公正评估，评估结果决定了投资者的收益额。为效果付费债券是政府和社会合作提供公共服务的运作模

式，目的是维护社会的公共利益。[①] 为效果付费债券作为融资方式创新工作的实例，拓展了公共文化服务的资金渠道，正在我国进行推动和探索。2016 年 12 月，山东省在农村脱贫工作中发行了我国首个为效果付费债券，实现了直接融资产品的创新应用，拓展了债券市场的产品体系，探索了金融支持乡村振兴的新路径，可以为农村公共文化服务建设资金的筹措提供借鉴。

五、夯实农村公共文化服务人才支撑

2018 年 9 月 26 日，中共中央、国务院印发实施了《乡村振兴战略规划（2018—2022 年）》。在人才支持方面规定，“全面建立城市医生教师、科技文化人员等定期服务乡村机制”，通过建立有效激励机制，以乡愁为纽带，吸引支持科技文化人才投身乡村建设，以解决广大农村地区文化人才短缺、农村公共文化服务能力不足问题。一是县级文化事业单位的人才队伍支持农村公共文化服务供给。从妇联、文联、剧团等文化单位抽调文艺人才组建专业文化人才队伍，以送“文化”的方式为广大农民提供专业的、高品质的文化服务。将专业文艺工作者、业余文艺爱好者等纳入农村文艺人才队伍，建立相应的激励机制，为农村文艺发展提供充分的人才支撑。应对数字化、网络化发展趋势，农村公共文化服务需要引进高端紧缺人才，建立文化艺术人才的新型智库。二是加强农村文化服务志愿者队伍建设。引导文艺爱好者、大学生团体参与文化下乡、民俗文化保护、农村书屋管理等活动，提供文化志愿服务活动。三是大力培育一批农村文化服务本土化的骨干工作队伍，以保障农村基本公共文化服务建设的人才需求。文化是人精神需求的本能，充分激发农村群众的精神需求和本能，调动人民群众的力量。这是保障农村基本公共文化服务建设“最后一公里”的最根本的力量。把握好设立激励机制的关键环节，如奖项评选、荣誉表彰、职称认定等，要在最根本的关键环节设立奖励激励机制，通过实施奖

① 刘静．农村公共服务供给的工具创新及其逻辑展开［J］．农村经济，2021（7）：103-111.

励激励机制，将打造骨干人才队伍积极性与调动人民内生动力结合起来，充分发挥群众的智慧和力量。农村中小学教师在基层是一个很大的社会群体，数量众多，文化知识水平较高，对农村基层情况和农民家庭的文化需求等比较了解，能够为乡村精神文明建设提供智力支持。农村中小学教师开展农村公共文化服务可以服务乡村精神文明建设，弘扬乡村优秀传统文化。要充分发挥农村中小学教师这一群体的力量，赋予农村中小学教师公共文化服务的相应职责，并给予农村中小学教师一定的激励，促进他们开展乡村文化建设的自信和自觉。四是对公共文化服务人才职称评定方面给予政策支持，调整艺术系列职称专业，完善艺术系列职称层级设置，设置不同专业的职称系列，并设计正高级职称，从而提高农村公共文化服务人才的积极性。文化主管部门对乡镇文化站人员定期开展培训，不断提升乡镇文化站内部人员的技术能力、文化修养以及业务知识水平等。五是充分发挥各地学校在人才培养方面的积极作用，以本地学校为载体，将教育和文化深度融合、紧密联系未成年人的教育和文化。

六、国家审计为农村公共文化服务提供监督保障

农村基本公共文化服务效能偏低与项目经费使用监管缺失有关。公共文化服务项目资助单位之间未建立公共资金的追责机制，项目经费缺乏监管。国家审计开展全过程审计，监督政府提供的公共文化服务项目经费、效果及领导责任等，促进政府和相关部门为人民群众提供高质量的文化服务产品，实现精神共同富裕。国家审计部门通过对农村公共文化服务项目的立项、预算编制、实施和结果展开全面、全过程审计，在立项阶段侧重项目决策的科学性、合理性；编制预算侧重真实合理性和公平性；在实施阶段注重文化服务活动合法合规性的审计，特别是对公共文化服务购买过程中资金支出、服务范围、标的数量、质量要求和服务期限的审计；在验收阶段对资源投入的经济性、效率性进行审计。通过绩效审计，对农村公共文化服务项目的成本收益情况、公众参与情况进行审计，评定项目的实施效果，以此来提升文化供给质量，促使公共文化服务部门能够合理合法公正地提供高质量的公共文化产品。国家审计促进公共文化服务均等化发

展的主要方式是构建绩效审计模式。国家审计发挥监督职能能够从外部对人民文化权益提供有效保障，通过对公共文化服务提供部门审计来监督财政资金的收支合规性，推进农村公共文化项目的有效实施，在农村地区为满足农民群众日益增长的多样化、差异化的文化需求提供有力保障。

第三节　农村公共文化服务数字化发展策略

公共数字文化服务是农村公共文化服务供给的重要组成部分，是新时代背景下解决农村公共文化服务不均衡、不充分发展问题的重要方式。伴随着中国社会数字化转型，数字权利成为社会公众权利体系中的重要内容，数字文化权利的满足和实现缩小了城乡文化差距。数字技术产品和服务的均等化和便利化为文化权利实现、文化自信提升奠定了坚实基础，是数字化社会文化建设的新要求。政府建立多种形式的公共文化信息服务平台，通过合理设置服务板块、优化功能，不断提高公共文化信息服务平台的影响力和吸引力，充分发挥各地区公共文化信息服务的优势，共建政府公共文化服务共享云端，增强信息的利用程度，并最终提高政府公共文化服务数字化供给的质量与效率。农村人口约占我国总人口数 1/3，有着广阔的消费市场与文化需求，尤其是在新冠疫情的复杂背景之下，利用数字经济的强渗透性，积极推动乡村地区文化产业转型升级，不仅有利于我国社会主要矛盾的解决，破解发展不平衡不充分难题，同时对于培育乡风文明、推进乡村振兴战略的实施有着重要意义。加强农村公共文化服务数字化，是创新发展城乡公共文化服务、缩小城乡“数字鸿沟”、提升农村公共文化服务效能、促进农村公共文化公平的重要保障。数字权利也是文化权利的基本内容，公共文化服务的供给要重视抓住数字化机遇，充分利用数字化和信息化技术的优势实现数字文化权利共享的均等化和便利化。一方面，扩大农村数字化基础设施的覆盖范围，实现农村数字化基础设施发展的均衡；另一方面，通过互联网+文化服务综合平台的建设和综合性治理，有效保障农村居民享有数字文化权利，丰富数字公共文化服务供给内容。

一、农村公共文化服务数字化建设状况

目前，在数字化浪潮推动下，数字终端、数字化设施在我国各地纷纷落户，县乡镇一级建设了数字化基础设施，农村数字化建设水平得到了全面提升。公共文化服务数字化建设是推动信息化社会发展的必然要求。在信息化时代，将公共文化服务场所延伸到互联网之中，势必能为广大人民群众提供更丰富的公共文化服务，进一步提升公共文化服务效果与效率。在数字乡村建设的背景下，数字新技术得到广泛运用，乡村信息基础设施建设不断完善，多个农业农村大数据的平台建设初具规模。众多的以数字技术、数字资源为核心的数字服务场景给农民的生产生活带来了极大便利。通过电商平台、网络学习平台，农村居民学习到了最新的农业生产技术，同时在购买农业生产机械及农业生产服务资料等方面有多种平台可选择。智能手机的普及和使用使众多的社交服务应用成为农村居民生活中的重要方式，也成为文化生活中的重要内容。以基层服务为对象的县级融媒体中心等数字平台在乡村民主管理、政务服务、党务服务、公共文化服务等方面逐步推进，成为农村地区提供公共服务的一种有效方式，在乡村文化振兴、产业发展等方面发挥了重要的作用。

文化和旅游部全国公共文化发展中心建立国家公共文化云平台，以“看直播、享活动、学才艺、订场馆、赶大集、读好书”六大服务板块为核心，充分利用移动端的便捷性，将文化服务从云端输送到基层群众的手机端，形成城乡居民共享文化成果的新格局，打通公共文化服务“最后一公里”。国家公共文化云平台为推进基层公共文化发展，从技术方面给予支持，研发“公共文化云基层智能服务端”，提供免费的一站式快速建站工具，现已有 436 个基层单位部署应用。依托国家公共文化云平台，文化活动的在线发布、预告、推荐，数字阅读、在线培训、文化社团、文化活动成果等视频的浏览以及地方文化场馆有关的宣传和展示，文化旅游等文化消费内容等公共数字服务资源都被集合在平台上。

公共文化服务数字化平台是公共文化服务创新的模式，是聚合信息和

资源、能实现有效共享的一种新模式，可以整合不同文化机构、个人的文化资源，实现共享。用户可以通过智能终端享受丰富、便捷、资费较低的文化资源，同时数字化平台可以通过对农村用户个人的数据分析，利用大数据挖掘功能勾画出农民的文化需求，预测农村居民的文化消费取向。根据需求提供定制化公共产品服务，能够及时动态回应农村居民的个性化文化消费需求。用户通过手机、平板、电脑、穿戴式智能设备等智能终端可以享受到活动预约、场馆预订、管理咨询、志愿报名、文化点单等服务。这种线上的文化服务具有便捷性和互动性。数字建设平台分属不同政府部门，资源配置不均衡，管理农村公共数字文化服务要利用上述政府平台与其他乡村信息服务平台进行信息共享，提高服务质量和效率。根据目前发展的状况，线上的服务不能完全取代线下的服务，线上线下的服务应该相互协同提供公共文化服务。农村居民公共数字文化服务参与内容比较单一，对公共数字文化服务如广播播报内容兴趣不高，关注较少或者利用频率较低。微博、喜马拉雅、懒人听书、抖音、短视频等 App 对政府和文化机构提供的公共文化服务具有替代作用，公共文化服务未能满足农村居民的真实需求，呈现“悬浮化”。城乡数字技术发展程度不同，数字基础设施发展水平存在差异，公共数字文化需求呈现多元化特性。农村数字文化产品存在同质化现象，特色不鲜明，吸引力不强，对不同的受众群体需求的数字文化产品有效供给不足。农村地区存在数字人才缺乏困境，缺乏公共文化服务资源、数字化、传播网络化、设施管理信息化、设备智能化方面的工作人员，农村公共数字文化服务利用率低下。

截至 2021 年 12 月，我国农村人口规模为 4.98 亿，农村网民规模为 2.84 亿，即在农村地区，只有一半左右的人会通过网络来接触和了解外界，且农村网民人数仅占总体网民规模的 27.6%，这大大降低了农村数字文化市场的消费能力，减弱了数字经济对我国文化产业转型升级的驱动效应。究其原因，一方面，乡村地区数字基础建设及配套设施不完善。第 49 次中国互联网络发展状况统计报告显示，我国农村地区互联网普及率为 57.6%，低于城镇地区 23.7 个百分点，尤其是在中西部偏远地区，由于光纤网络未能实现完全覆盖，5G 网络、大数据等信息基础设施仍处于相对滞后的状态，且农村居民上网设备有限，导致人们在客观上缺乏良好的上网环境与条件，无法融入数字经济的洪流中去感受数字文化的魅力与便捷。另一方面，由于农村居民受教育程度普遍偏低，接受与理解新兴事物的能力有限，部分人认为网络是一种虚无缥缈的存在，对其背后的科技支撑与数字经济发展大势并不知情，担心财产安全等问题的发生，因此在网络上为文化“买单”的概率与意愿较低。尤其是在“农村空心化”与人口老龄化程度不断加深的情况下，农村常住人口中老年人与儿童偏多，智能产品的使用率较低，即使有智能设备也仅被当作通信工具，在文化享受方式方面仍更习惯听广播、看电视、听线下戏曲等，缺乏一定的互联网意识与数字知识素养，导致农村地区数字经济的渗透程度相对较低，出现城乡数字文化鸿沟，[①] 文化产业转型升级的速度有所减缓。

二、农村公共文化服务数字化建设策略

中国社会深度数字化转型促进了权利体系发展，数字权利成为当代社会公众权利体系中的一项重要权利。人人获得使用数字技术、产品和服务的权利均等化、便利化要求，推动农村公共文化服务高质量发展必须坚持社会效益优先，坚持质量第一，提供更适应农村居民个性化、多样化需求的公共文化服务产品。应数字化时代发展之变化，国家的公共文化服务也逐渐向数字化方向发展。国家文化大数据工程项目开始持续推进，通过整合全国地域文化素材资源，借助于数字网络技术，实现基层地区共享，农民群众可获得文化内容的范围不断扩大。

2022 年 1 月，中央网信办、农业农村部等 10 部门印发《数字乡村发展行动计划（2022—2025 年）》，提出“十四五”时期要充分发挥数字经济对乡村振兴的引领驱动作用，带动和提升农业农村现代化发展。这一行动计划成为全面推进乡村振兴新发展阶段下促进数字乡村工作的重要指引。

① 蓝庆新，窦凯．中国数字文化产业国际竞争力影响因素研究［J］．广东社会科学，2019（4）：12-22，254.

数字乡村是依托当前互联网技术、数字技术、数字经济及网络通信技术而形成的以乡村治理、乡村振兴、乡村发展为核心的数字经济业态，既能通过对乡村居民的有效培训提高他们的数字化技能，也能借助于数字技术通过对乡村产业的赋能，帮助乡村产业实现有效的转型，提高乡村生产生活效率。① 以智能化、信息化为主要特征的第四次科技革命和产业变革的汇聚发展正在加速重构我国的基础设施版图和创新创业格局，数字化基础设施和数字化产业生态所构建的新型数字基础设施已成为数字经济时代创新创业的必要条件。信息基础设施建设是实现数字化公共文化服务的基础，搭建县域综合服务平台，吸纳融合本地资源，以此扩大本地高黏性用户的数量。

农村公共文化服务数字化发展策略要从数字平台建设、数字基础设施均衡配置、农村居民数字素养培育、提升农村文化工作人员数字化能力、增加农村居民文化消费能力等方面进行改造。一是进一步加强农村数字网络基础设施的建设。农村地区公共文化服务数字基础设施建设薄弱问题严重影响农村公共文化服务数字化发展，针对数字基础设施配置不均衡问题，充分利用国家智慧公共服务平台，推动农村地区数字基础设施建设，助力农村地区公共文化服务体系的构建，使农村居民享有优质公共文化服务资源。全民共享 5G 技术红利，大力支持移动基站建设，加快 5G 网络在农村及偏远地区的推广与应用，为跨越城乡数字文化鸿沟搭建技术桥梁。推动光纤建设的不断延伸与宽带网络的全面覆盖，积极布局乡村网络体系，打通我国数字基础设施建设的“最后一公里”。二是搭建数字服务平台。在农村公共文化服务供给过程中，运用虚拟空间数字网络，搭建数字服务平台，使多样化的数字文化资源和文本知识在网络虚拟空间得到有效处理和分类。通过数字多媒体 VR/AR，使农村居民借助于数字终端充分地感知、更有效地利用数字文化资源。例如，河北省张家口市借助于市科协、文化馆、图书馆的数字资源技术优势建立了冬奥越想主题文化空间，

① 萧子扬，叶锦涛．公共图书馆参与乡村文化振兴：现实困境、内在契合和主要路径［J］．图书馆，2020（2）：46-52.

应全县农村民众冬奥知识普及及服务需求，建立了个性化服务系统，使全县农村居民近距离地接触冬奥，了解冬奥的知识，传播了冬奥主题文化。三是提升公共文化数字化平台服务效能，完善城乡公共文化服务数字化平台间统筹协调。运用大数据、智能化现代技术，加强与国家公共文化云等平台的互联互通，提升公共文化数字化平台的效能。在大数据平台建设中，电商农业、智慧农业等数字乡村产业已经初具规模。数字乡村综合服务、数字化信息平台在村庄治理中也发挥了重要作用。公共文化数字服务平台要利用现有农村网络设施与其他数字化信息平台协同发展，实现资源共享，高效化、集约化利用公共文化服务资源。降低公共文化服务平台使用资费，提高基层群众的数字素养。农村居民人口中老年和幼儿人口数量占较大比重，使用智能手机的比例较低。四是提升农村居民数字素养。在数字化时代，提升农村基层群众数字素养是提高公共文化数字化建设的当务之急。加大对基层群众数字化技术的培训力度，适应数字化、网络化、智能化需求，通过乡镇文化站工作人员的培养提升农村基层群众的媒介素养、数字化技能。政府将平台数据开放共享，加强数字技术公共培训，扩大交易者个体数据要素处置权限，从而增强农村居民的数字化能力及信息搜寻能力。对农村居民进行互联网等科学技术知识的普及。利用好各种短视频平台等宣传渠道，以较为浅显易懂、易于接受的表达方式，宣传互联网发展史、大数据处理与应用、5G 网络的优势等，让农村居民了解先进科技的发展历史与现状，掌握网络强国的重大战略部署背后的数字支撑与逻辑，培养农村居民数字科学素养；同时，尤其需要注意的是，要加强关于网络及电信诈骗的手段、危害等常识宣传，提醒农村居民通过正规官方渠道下载应用软件，学会甄别网络空间的信息，并注意保护个人及家人的隐私，增强农村居民的防骗意识，防止人们在购买网络视频账号、网络游戏皮肤等文化消费方面造成不必要的财产损失。五是提升农村文化工作人员的数字化能力，这是充分发挥数字赋能农村公共文化服务的关键。六是多渠道增加农村居民收入，提升其消费购买能力。推动农村文旅服务，开发特色民俗资源，拓展农村居民增收渠道；鼓励年轻人从业于农村电商平台，推动物流快递网点建设，扩大农村就业范围；挖掘特色农产品，提升农产品附加值，不断增加农村居民人均可支配收入。在农村居民不断提高自身收入水平的同时，鼓励其增加电子产品与智能网络设备等方面的消费，改善上网硬件条件，满足其多元文化需求，农村居民可阅读网络文学与电子版书籍、观看网络体育赛事直播、享受在线教育资源等，从而激发农村数字文化消费潜力。

陕西省咸阳市长武县在发展数字乡村中成绩显著，在数字基础设施建设中为农村公共文化数字化服务提供了先进经验。长武县通过布局“新基建”，筑牢支撑底座，持续推进乡村数字基础设施建设，不断提升农村信息化建设水平，推动城乡之间数字资源和服务均等化，弥合城乡“数字鸿沟”。投资 2369 万元，在巨家、丁家、相公等镇实施农网升级改造工程，进一步满足农民生活和生产用电，提升了农村供电可靠性和供电保障能力。在农村地区实施宽带乡村工程，逐步推动网络设施建设，实现光纤网络全覆盖，继续落实政府购买有线电视服务项目，推动广播电视无线传输覆盖网的数字化转型升级，向全县用户提供更加优质丰富的电视节目。我国农村公共文化服务借助于数字化升级改造，极大地提升了服务效能，群众的文化获得感明显增强。

第四节　需求导向的农村公共文化服务精准供给

公共文化服务是以公共文化信息传播为途径对传播客体进行公共文化信息服务的活动。公共文化信息要以公众满意度为传播导向。农村公共文化服务供给如何回应并满足农村居民的精神文化需求是构建公共文化服务发展新格局的必答题。政府首先要提高公众对公共文化的感知度，了解公众的公共文化需求。习近平总书记高度重视人民的精神文化需求，多次强调要“着力提升公共文化服务水平，让人民享有更加充实、更加丰富、更高质量的精神文化生活”。① 进入新时代，随着社会主要矛盾的转变，人民群众对美好生活日益增长的需求成为党和政府一切工作的着眼点。根据农村居民的文化需求提供与之适配的公共文化服务供给，是新时代提升农村公共文化服务水平的必然要求。作为加强乡村文明建设重要方式的农村公共文化服务，要满足农村居民的精神文化需求精准供给，实现高质量、高水平均等化。农村公共文化服务供给效能提升要以文化需求为立足点，充分利用文化资源，以订单式实行精准的文化供给。农村公共文化服务是提高农村居民文化水平、增强其文化修养的必然选择，对文化强国的建设具有战略意义。

一、需求导向的农村公共文化服务供给内容

农村地区实现公共文化服务的高水平均等化就要满足农村不同群体的公共文化服务需求，实现供给与需求的有效衔接，有针对性地开展农村公共文化服务供给。农村公共文化服务的供给是保障人民群众基本精神文化需求得到满足的民生工程，也是实现文化发展成果由人民共享的重要手段。以需求为导向的农村公共文化服务供给就要满足农村居民多层次、多样化、全面的精神文化需求，不断丰富公共文化产品和服务的内容。基层农村公共文化服务设施已经覆盖到乡村，村镇基本上建设了文化广场、农家书屋、文化站等文化活动设施，弥补了农村公共文化资源的不足，缩小了城乡公共文化服务的差距。

深厚的文化土壤和悠久的历史文化积淀为农村文化建设提供了良好的实践环境，而公共文化产品供给效能提升是推进乡村文化建设的首要目标。农村公共文化服务供给效能的提升要从文化产品内容创新和优化公共文化服务供给上着手。公共文化产品具有公共性，要满足一定的社会需要。一方面，农村公共文化产品必须实施区别化、有针对性和精细化配置方针；另一方面，及时收集公共文化服务对象文化消费的信息数据，加强

① 习近平．在教育文化卫生体育领域专家代表座谈会上的讲话［N］．人民日报，2020-09-23（002）．

数据分析与归纳，精准掌握农村居民的文化需求。为满足广大人民群众日益增长的美好文化生活需求，政府部门应加大力度鼓励文艺团体创作，生产更多的、优秀的使人民群众满意的文化产品及服务。政府制定优惠政策鼓励中小文化企业向农村地区发展，鼓励建设公益性文化服务，对具有弘扬社会主义核心价值观的正能量优秀文化作品给予政策和资金倾斜。

在农村公共文化服务内容建设方面必须从以下几个方面着手：根据本区域农村居民的公共文化服务需求，支持农村结合传统风俗、文化创造具有本土特色的文艺作品，开展民俗活动，激发农村文化活力，实现乡村文化振兴。以互联网新媒体为主要支撑，瞄准农村居民的公共文化需求，为其提供具有中国特色、易于接受的公共文化数字资源，实现农村公共文化数字资源的精准供给。农村居民的思想道德素质、科学文化素质、身心健康素质得以提升，农村居民的文化需求和权利得到全面保障，这展示出了现代社会的文明程度不断提升。①开展健康科普服务。提高农村公共文化服务的供给效能，要把农村健康科普纳入健康扶贫工作体系。根据疫情发展情况，实施防疫常态化，定期开展易懂管用的防疫科学普及活动。②开展农业技术知识服务。建立新型数字农民学习平台，联合专家资源共同探索专家服务模式。开展低门槛智能化的农业数字化技术培训。在数字乡村建设中实施数字乡村建设人才下乡活动，引导具有数字化技能的大学生、志愿者和返乡就业人员主动参与到数字乡村建设中，为农村基层居民提供数字化信息服务。③提高农民科学素养，为农村居民提供文化服务。改变科学普及中重生产技术而轻文明生活的状况。在进行生产技术培训的同时，加强与文明生活紧密相关的科学常识、科学思维和科学精神的培养。2020 年，我国城镇居民和农村居民科学素养水平差距为 7.3 个百分点。因此，要加强农村公共文化服务供给中对农村居民的文明知识的科普，提高与农民生活相关的科普知识供给，把提升农民科学素养作为乡村文明建设的重要任务。④为农民提供农村地区综合减灾、防灾、救灾的科普知识。开展防灾、减灾、救灾科普宣传，讲解农业防灾、减灾相关科普知识，发放相关科普宣传资料。我国地域辽阔、气候类型多样，种植制度复杂，各种灾害类型、发生时间、灾害程度、应对措施都不同，要为农村居民提供分地域、分作物、分灾种的防灾知识。⑤为农村居民提供金融知识和环保知识培训。将碳达峰、碳中和知识融入清洁乡村建设中，把低碳发展科普和发展低碳型现代农业结合起来，用低碳知识来发展农业，开展低碳型农业生产。⑥将健康文化知识培育纳入农村公共文化建设中。将国民基本健康教育纳入我国农村公共文化体系建设，给予财政支持和政策支持，以提高公民健康素养。健康素养是健康的重要决定因素，然而我国农村居民健康素养水平较低，不良的生活习惯和行为导致心脑血管病、糖尿病、肿瘤等慢性病的快速增长，造成严重的经济和社会负担，影响社会和谐发展。文化水平是制约公众健康素养提高的重要因素，因此，加强健康文化建设，促进健康文化传播与教育，进而提升公众健康素养、改善公众健康水平，应该是我国公共文化服务体系建设中不可忽略的重要组成部分。健康是一种特殊的文化，健康文化传播应立足人性的精神需求、立足人类文化传承的高度，不仅要传播健康知识，更重要的是传播健康理念，并积极将健康的理念导入公众的意识之中，从思维层面唤起公众对健康的重视，从而引导其树立健康心态、健康习惯、健康行为，从而达到改善公众健康的目的，这也是整体公共文化提升的一部分。组织文化界及健康界相关领域专家，深入农村地区进行调研，考察农村居民最迫切需要的健康知识，制作健康文化传播书籍、宣传海报、健康用具等。运用农村的数字化平台，如县级融媒体的服务平台，组织相关领域专家发布权威健康文化信息，改善不良网络信息对公众的困扰，为公众提供一个获取健康文化信息的权威、可靠的渠道。

二、需求导向构建供需直达通道

目前，农村公共文化服务供给和需求之间存在着一定的矛盾，突出的表现就是供给和需求的错配。农村居民公共文化需求的有效表达能够缓解当前的这种供需矛盾。新公共管理和新公共服务理论认为，公共服务以公众的需求为导向，加强政府的回应性是完善公共服务的根本。公共经济学、新制度经济学等研究需求表达的影响因素与相关制度设计，提出了文化、制度和社会价值是需求表达的影响因素。

农村公共文化产品等服务产品的消费习惯以及是否具有需求表达权力的认知缺乏和需求表达的渠道狭窄，使得农村居民的公共文化服务需求表达比较欠缺。农村公共文化服务的供给效能提高，农村居民对公共文化服务供给的满意度提升需要建立需求表达机制，畅通农村居民对公共文化的表达渠道。农村居民对农村公共文化服务需求的准确表达，是建立在农村公共文化服务精准供给的基础上的。需求表达处理满意度是农村居民对于公共文化服务的需求信息从需求方传达到供给方，供给方对其进行处理，予以满足或忽视等处理情况的满意程度。农村居民对需求表达的处理满意度体现了对公共文化服务供给主体对农村居民需求表达处理情况的主观感受，是公共文化服务满意度的重要影响因素，一定程度上表明了农村居民公共文化服务需求是否得到满足。相关部门和政府进行有效的信息反馈既可以解决农村居民的切身需求，又能激发农村居民对于自我参与农村公共文化服务发展的兴趣，体现自我价值。政府部门忽视农村居民的文化诉求，或者没有提供能够通畅表达需求的渠道并对农村居民的文化需求进行专业、及时的处理和反馈，这种不反馈的行为会大大挫伤农村居民表达文化需求的积极性，致使农村居民逐渐丧失需求表达的意愿和动力，进而降低对农村公共文化服务的整体满意度。对于农村居民公共文化服务需求表达处理的满意度也体现了政府或相关部门对农村居民主体地位的尊重。只有从以人民为中心的理念出发，尊重农民的主体地位才可以更有效地激发农村居民积极进行公共文化服务需求表达的意愿，并参与公共文化服务活动。

公共文化服务的参与度体现了文化权益保障程度，农村居民对公共文化服务的参与度表明供给和需求的适配。前文实证调研结果显示公共文化活动的参与度和公共文化设施的使用对公共文化服务的满意度具有显著正向影响，参与度越高表明农村公共文化服务供给和需求均衡度越高，同时参与度也能衡量公共文化服务供给效能；而且只有农村居民参与到公共文化服务中，体验文化服务的内容，接受文化传播和教育，才能提升农村居民的文化素养，公共文化服务的教育功能才能得以提升。农村居民参与公共文化服务活动、使用公共文化设施表明其对农村公共文化服务供给内容的认同，以及具有主动接受文化传播的意愿。农村居民收入水平及经济地位对文化参与具有重要的影响，因此，基层政府部门应该重点扶持农村低收入家庭的弱势群体，为他们提供差异化的文化服务活动内容，以提高整体参与率。农村地区人民群众的文化诉求作为公共文化服务体系建设的重中之重，政府职能部门应该将农民文化需求表达当作发展农村文化建设的主要突破口，激发农民对于文化的渴望和热情。相关部门应该做好文化调研，结合农民的实际需求进行多方位的分析，引导农民结合文化领域的各项需求寻求表达，让农村群众能够积极主动地参与到公共文化建设之中。充分了解了广大群众的文化诉求，政府才能够设立更加科学的公共文化服务体系。对于不同年龄阶段的农村群众来说，要设置不同的文化服务内容，提升公共文化服务的有效性。结合农村地区的实际情况，相关部门可以为农村举办一些富有文创特色的文化活动，吸引农村居民积极参与，大力开展文体、民俗等特色文化活动，进一步优化农村地区的公共文化服务，切实满足农村群众对于文化建设的需求。

第五节　社会力量参与农村公共文化服务

2021 年 3 月 8 日，文化和旅游部、国家发展改革委、财政部三部委联合出台《关于推动公共文化服务高质量发展的意见》，再次强调加大政府购买公共文化服务力度，稳步推动基层公共文化设施社会化运营，鼓励社会力量参与，融入社区生活，促进共建共享。文化艺术团体改制，社会资本广泛参与，促进公共文化服务供给主体的多元化发展，通过专业团队提供专业的公共文化服务。国家治理体系和治理能力现代化要求社会力量参与其中，政府在承担基本公共文化服务供给的同时，还需要社会力量参与，提供多样化的公共文化服务，形成政府主导、多元参与的公共文化服务供给格局。当前，社会力量参与公共文化服务体系建设存在参与范围有限、参与动力不足等问题。为提升公共文化服务供给效能，必须鼓励社会力量大范围、深层次参与农村公共文化服务。

一、完善政府购买公共文化服务制度

为鼓励社会力量参与农村公共文化供给，应明确社会力量参与农村公共文化服务领域的范围和边界，用法律保障社会力量参与公共文化服务供给的平等待遇。我国不断完善政府向社会力量购买服务制度，与经济社会发展相适应、高效合理的公共服务资源配置体系和供给体系已经建立，公共服务水平和质量得到显著提高。《中华人民共和国政府采购法》中的购买主体和承接主体包括了作为事业单位的公共文化机构，但财政部、中央编办《关于做好事业单位政府购买服务改革工作的意见》规定，公益一类事业单位既不属于购买主体，也不属于承接主体。国家法律和部门规章中关于事业单位在政府购买服务中的地位的规定存在不一致性，造成法律执行中的疑惑。因此，应明确公共文化机构在政府购买中的地位及权益，既可以是购买主体也可以是承接主体，修订部门规章使其和法律规定协调一致。政府购买公共文化服务应按照明确的流程、方式，建立专业化评标专家库，完善政府购买公共文化服务绩效评价制度。政府购买公共服务的价值目标是公共利益导向的公共服务供给，是市场合同关系。购买公共服务的终极目标是为民众提供更为丰富的公共服务和公共产品。购买公共文化服务是构建政府与市场、社会组织的合同关系，改变政府职能体系中的公共服务职能的行使方式，本质是改变政府单一的公共服务供给主体地位，扩大供给主体的范围，形成多元化的供给主体。具有专业性和有效性的市场主体以及社会组织参与公共服务的供给和公共事务的管理可以为政府提供协助，使政府减轻负担，有效使用财政资金，将更多的精力用于国家治理中，也可以通过政府购买行为促进社会组织的发展和壮大，极大地激活市场和社会活力。政府购买公共文化服务可以形成政府和社会组织的供给合力，弥补公共文化服务供给无效、低效的短板。

二、充分激发社会力量参与农村公共文化服务的内在动力

农村地区经济社会发展水平普遍较低，需要政府引导和鼓励社会力量积极参与，促进社会力量与公共文化服务机构的深入合作，可以通过政府

购买、财政补贴、税收优惠/评级、定向资助、激发等方式引导和鼓励社会力量参与农村公共文化服务供给。探索适合农村地区的各种策略，如志愿服务、捐赠资助、自建共享等多元模式组合。激发文化志愿者、农村精英、致富能手、新乡贤和返乡创业者等多元力量参与的积极性，发挥不同供给主体的优势，提升农村公共文化服务供给能力，为农村公共文化服务供给提供强大支持力量。公共文化设施社会化运营是公共文化设施管理的创新模式，提升了管理的效率，为农村公共文化服务注入了新的动力，可以有效解决文化供给失衡、供给效能不高的问题。

一是正确认识公共文化服务社会化价值，运用创新思维实现服务模式创新，增加服务承接主体数量，提升服务质量。二是多种模式引导社会力量参与农村公共文化服务供给。利用财政资金扶持引导社会力量参与农村公共文化服务供给。在农村公共文化设施方面，在乡镇公共财力十分有限、公共文化设施项目资金不足的情况下，通过贷款贴息、贷款担保、项目补贴和项目资助、奖励等方式，加强对社会力量办文化的扶持引导与规范管理。利用社会力量的资本要素增加农村公共文化设施的供给总量。社会力量建设的文化设施填补了自然村或公共文化尚未涉及的服务领域文化设施的空白，扩大了服务人口的覆盖面，大大增强了农村公共文化服务的发展动力，切实提高了广大人民群众的文化福祉。三是农村公共文化服务实施社会化运营。委托企业、社会组织、群众文艺团队等主体来参与项目管理和整体运行，不仅补充了政府财政投入不足，而且提升了公共文化设施的效益。根据运营效果合理评价社会化运营绩效，建立多维度的评价模式，在社会化运营主体中形成良性竞争。四是加大政策扶持力度，切实支持社会力量参与农村公共文化的服务。在财税优惠、提供补贴等方面加强政策支持，对社会力量新建的文化艺术场馆进行场地、资金等方面的扶持，激发社会力量参与公共文化服务的活力。以补助的方式鼓励社会力量直接投资兴建农村文化基础设施，有效打通公共文化服务“最后一公里”。

第六节　县级融媒体和新时代文明实践所供给的农村公共文化服务

新时代文明实践中心和县级融媒体中心都是打通群众工作“最后一公里”的重要载体，是服务群众的重要阵地。充分发挥“两个中心”在农村公共文化服务供给中的作用，可弥补农村公共文化服务供给短板，提升供给效能。通过新时代文明实践活动能够深入千家万户，文明实践、志愿服务更精准规范，更具实效。县级融媒体平台利用文化实践活动扎根基层，使信息传递更接地气、更聚人气。

一、提高县级融媒体公共文化服务综合效益

县级融媒体中心是国家媒体融合战略向基层延伸的重要部署。县级融媒体中心以主流意识形态凝聚人心，巩固基层思想阵地，将传播重点放在与基层受众协商沟通，及时对民众需求的互动式传播上，更接地气，主动贴近基层群众的生产生活实际，将充满地域特色的文化信息传播和权威信息传播相结合，解决基层受众关注的各项问题，提高了媒体公信力。县级融媒体使一些独特的地域文化节目被更多的人熟知和接受，在农村公共文化服务方面起到了积极作用。融媒体通过用数据跑路代替群众跑路，开放和聚合各部门的数据，快速高效破解居民的各项公共文化服务需求难题，以实现公共文化服务的精准供给。

党的十九届五中全会提出“要把满足人民日益增长的文化需要与提高人民的精神素质相结合”这一重大命题，要实现政府的公共服务既满足人民的物质生活，又满足群众的精神文化需要，增强文化软实力，提升国家综合水平，积极推动构建文化强国的进程。① 乡村振兴战略的推进，为我

① 王淑荣．满足人民文化需求与增强人民精神力量相统一［J］．思想教育研究，2020（12）：18-22.

国农村公共文化服务营造了良好的外部环境。地方政府抓住乡村振兴战略实施中的各项政策机遇，不断完善农村公共文化服务体系，丰富公共文化服务内容，创新公共文化服务模式，为广大农村居民提供多元化的公共服务活动和公共文化设施，丰富了广大农民的精神文化生活。

农村公共文化服务是满足农民群众精神文化生活、推进乡风文明建设的重要方式，也是促进乡村文化振兴的有效途径。农村公共文化服务的根本目的是培养公民道德、公民素质和公民品质。各种形式的公共文化教育是公共文化服务的最核心内容。农村公共文化服务能够引导全社会养成更加高雅的审美趣味和更加积极健康的生活方式。农村公共文化服务的目标是在满足人民群众文化需求的基础上，提高人民群众的科学文化素养，激发农民群众对更高精神文化的需求，促进乡村文化振兴对农村经济发展产生更大的推动作用。党的二十大报告进一步提出了坚定文化自信，铸就社会主义文化新辉煌，以及健全基本公共服务体系，提高公共服务水平，增强均衡性和可及性的总要求。① 我国目前在公共文化服务领域存在着城乡和地区差异，与实现公共文化服务均等化目标相去甚远。农村居民的公共文化服务需求还不能得到有效满足。基层政府部门和各级文化部门提供的公共文化服务存在供需不匹配和供给不足的问题。县级融媒体中心通过信息资源共享和服务平台打破了各部门和各行业的信息壁垒，降低了提供服务的难度和成本，使农村公共服务内容更为丰富，服务方式更为便捷和多样，为实现城乡公共文化服务均等化做出了应有贡献。

（一）县级融媒体供给公共文化服务优势

1. 县级融媒体立足基层的定位决定

县级融媒体提供公共文化服务具有独特优势，能有效补齐乡村公共文化服务短板。县级融媒体服务功能决定了提供乡村公共文化服务是其主要任务。全国有 2851 个县级区划，县级媒体是传统媒体中规模最大的一级，拥有最大的用户群体。处于媒体架构基层的县级媒体是第一时间传播和连

① 习近平．高举中国特色社会主义伟大旗帜 为全面建设社会主义现代化国家而团结奋斗：在中国共产党第二十次全国代表大会上的报告［M］．北京：人民出版社，2022：42-48.

接基层用户和群众的媒体，也是有效实现中央和地方信息传播的主渠道，巩固基层思想文化的舆论场，凸显主流媒体传播力、引导力和公信力的主要阵地。农村公共文化服务供给具有文化联通“最后一公里”的功能。农村是公共文化服务低洼地带，供需不平衡的矛盾表现得较为突出。县级融媒体是连接基层社会网络和各类资源的重要媒介。在文化领域、意识形态领域具有弘扬社会主义核心价值观、传播优秀文化的文化治理功能。

2. 县级融媒体服务功能决定

中宣部和国家广电总局发布的《县级融媒体中心建设规划》对县级融媒体的服务功能做了具体规定，包括党建服务、政务服务以及民生、文化、教育等公共服务的功能。县级融媒体要为县域群众提供公共属性的信息服务和精神文明服务，在党务、政务、文化、教育、生活等方面发挥更强的服务功能。随着群众需求的不断增加和传播技术的日益发展，县级融媒体要提供更具灵活性、创新性和适用性的民生服务。许多学者对县级融媒体的功能展开了研究，丁和根（2020）将县级融媒体中心的核心功能定位为“舆论引导”和“公共服务”，这是符合国家顶层设计要求和地方实践经验的，两大功能相互依托、相互促进。① 郭全中（2020）将县级融媒体的职能从强调舆论引导传播信息的地方媒体功能提升到服务群众、推进基层社会治理的维度，认为县级融媒体中心是治国理政新平台。县级融媒体中心是从意识形态安全的角度，整合县级各种传统媒体资源，全面向移动传播转型，重新有效连接用户，引导群众、服务群众。② 从宏观角度来说，县级融媒体建设是满足群众信息服务需求、缩小城乡公共文化服务差距、促进城乡经济社会文化协同发展的国家战略。③ 姬德强、朱泓宇（2021）认为，县级融媒体中心的服务是党务服务、公共服务和商务服务

① 丁和根．县级融媒体中心核心功能的实践路径与保障条件探析［J］．南京师范大学学报（社会科学版），2020（4）：130-139.

② 郭全中．县级融媒体中心完善的关键点与三种路径［J］．新闻与写作，2020（10）：82-86.

③ 张辉锋．县级融媒体中心发挥服务功能的价值取向［J］．人民论坛，2020（6）：115-117.

“三位一体”。① 媒体是党和政府社会治理的重要资源和手段。县级融媒体属于文化宣传部门，是宣传部门的下设机构。在智媒时代，县级融媒体成为意识形态领域的重要方面军。农村公共文化服务供给具有意识形态属性，目标是构建基层文化场域，引领社会主义核心价值观。因此，县级融媒体中心参与乡村公共文化服务，提供公共文化服务产品、培养社会主义核心价值观是其职能所在。

县级融媒体要定向服务供给，开展服务创新，发扬传播本地文化，助力基层治理体系和治理能力现代化建设，形成引导群众、服务群众的“服务+”传播模式。智媒时代县级融媒体中心职能更为丰富，服务职能成为其重要职能，切实发挥好综合性服务平台功能，为基层群众提供引导式服务、连接式服务、信息供给服务等，充分发挥基层媒介的内容服务、议题服务和信息服务等功能，打通与基层群众从技术连接到情感沟通的服务通道，在服务社会基层治理、提供公共服务和增值服务中担当责任。县级融媒体高质量发展要从单纯的新闻宣传向“新闻+政务服务+公共服务”领域发展，向多元互动传播延伸。

（1）引导式服务——社会治理

随着“构建基层社会治理新格局”战略的提出，地方政府作为社会治理主体从行政主导型向服务型转变，治理和服务重心向基层下移。县级融媒体中心是实现政府服务功能的一个有效载体，是服务基层社会治理的平台。县级融媒体是国家文化治理的重要组成部分。文化治理是我国社会治理的内容之一，而乡村是社会文化治理的基础。县级融媒体参与农村文化治理，发挥好本地化、贴近性的优势，从而实现农村文化治理的高效化、精准化和智能化。政务和服务功能的设置是为了更好地体现政府基层治理的职责，是社会治理的支持系统。县级融媒体中心能发挥精准传达政务信息的媒体传播基本功能，同时也是提供政策解读和办事服务、与群众互动的政务服务平台，是基层连接群众的纽带，有利于服务型政府的构建。县

① 姬德强，朱泓宇．传播、服务与治理：媒体深度融合的三元评价体系［J］．新闻与写作，2021（1）：2-31.

级融媒体中心服务创新就是要突出服务社会治理，推动基层治理现代化。新冠疫情暴发以来，县级融媒体中心在宣传报道疫情防控进展、发布权威信息、引导群众科学防疫等方面有效地发挥了基层舆论阵地和服务平台的积极作用。

（2）连接式服务——公共文化服务

我国目前在公共文化服务领域存在着城乡和地区差异，与实现公共文化服务均等化目标相去甚远，农村居民的公共文化服务需求还不能得到有效满足。基层政府部门和各级文化部门提供的公共文化服务存在供需不匹配和供给不足的问题。县级融媒体中心通过信息资源共享和服务平台打破了各部门和各行业的信息壁垒，降低了提供服务的难度和成本，使农村公共文化服务内容更为丰富，服务方式更为便捷和多样，为实现城乡公共文化服务均等化做出了应有贡献。在移动端充分利用当地特色，将村规村约、家风家训、民风民俗等内容以群众喜闻乐见的形式拍成短视频等发布，宣传优秀文化、传统文化，推进农村文化繁荣复兴。县级融媒体中心支持县域文化产业发展，开展民俗文化、非物质遗产、乡村旅游、民俗表演等各种形式文化产业的宣传工作。基于互动性强和反馈及时，县级融媒体中心在为基层提供优质公共文化服务的同时，能为公共文化服务部门及时收集和反馈群众的文化服务需求，并且使各部门形成多元协同的公共文化服务供给矩阵，提高了公共文化服务的供给效率。县级融媒体中心实行文化服务智能化和数字化创新，打通了政府部门的壁垒，聚合各部门各类数据，形成大数据中心，为基层群众和辖区企业提供文化信息服务，解决生产生活难题。

（3）信息供给式服务——信息服务

新媒体的传播优势在农村经济活动中发挥着至关重要的作用。县级融媒体中心支持产业发展，开展农业技术推广、种植养殖指导等促进农业生产质量的提高。通过平台发布农业供销和采购信息，吸引用户关注。县级融媒体中心紧贴脱贫攻坚工作第一线，了解基层群众对脱贫政策的需求，能及时、权威提供最新脱贫政策信息，发布和解读农业补贴政策、农业贷款信息和脱贫创业信息等，解决政策传播的“最后一公里”问题，确保传播区域更多的受众能有效地接收到信息。

综上，顶层设计的县级融媒体在国家治理体系中的服务功能，一是作为新时代社会治理体系中一员在信息传播中融入服务功能，提供引导式服务，服务国家治理和国家意识形态管理。二是以政府部门、基层群众、社会组织和企业为服务对象，连接涉及多元主体之间的关系，把相关信息和服务通过具有传播方式的综合平台提供给需求方。三是弥补商业媒体和上一级主流媒体难以触及本地服务盲区的不足，为县域受众提供包括公共文化服务信息、公共医疗卫生信息、公共教育信息、求助信息等本地信息供给服务。这三种服务功能不是完全隔离的，而是相互交融交织在一起。

3. 县级融媒体数字化技术优势决定

县级融媒体中心发挥数字化平台作用，促进乡村公共文化服务效能持续提高。县级融媒体中心从本质上来说，是基于移动互联技术和大数据搭建的一个网络虚拟空间。① 县级融媒体可以发挥作为媒体的资源集聚优势，在为农村公共文化服务中提供良好的数字网络基础设施支撑和高质量的文化产品服务，有利于弥补农村公共文化服务不足的问题，推动农村公共文化服务体系的完善。从互联网新兴传播路径上看，县级融媒体中心无法实现和受众的长效连接，尤其是从平台与社会化媒体的流量冲突上看，县级融媒体中心所推出的App平台用户数量增速滞缓，固有的话语体系和传播渠道使受众面临着审美疲劳，无法建立高效的传播路径，难以打通县域级融媒体中心和地方受众之间的屏障，建立起与群众的有效连接，严重阻碍着县级融媒体中心服务功能的发挥。平台化、移动化、智能化、数据化是媒体融合的基本趋势，县级融媒体中心尤其要重视县域综合服务平台建设。县级融媒体中心在服务模式上，要依托基层用户，从获取地方资讯、探索当地环境、强化生活服务等方面入手，使县级融媒体成为强化基层服务、方便百姓生活服务与办事的重要平台。县级融媒体中心的业务基本模式是“新闻+政务+服务”，各项服务的顺利开展需要大量数据资源的支撑，但因部门利益和技术因素限制，数据资源被封闭起来，形成“信息孤岛”。

---

① 肖春飞. 县级融媒体中心建设的价值观和方法论［J］. 中国编辑，2019（8）：20-24.

因此，消除“信息孤岛”，把地方各部门各自掌握的数据资源整合共享成为服务创新的重要保障条件。强有力的资源配置与整合，需要内容、技术、平台、管理等的支撑。县级融媒体中心建设过程中面临着权威、优质内容供给不足问题，中央、省级等上级媒体应整合内部新闻信息、技术保障、用户服务等资源，为基层提供充足资源。县级融媒体中心应更好地应用政府网站的数据资源。政府网站的建立已经积累了很多成功经验，而且拥有大量数据资源，将政务微博、微信和政务网站等资源整合到县级融媒体平台上，实现数据资源的优化配置。集约化的政府数据资源在大数据平台上才能更好地发挥数据效能，提高服务效率，为县级融媒体中心有效提升服务功能提供数据保障。

当前，5G技术、大数据、人工智能、区块链等新技术飞速发展，改变了各行各业的发展，形成了很多新业态，加速了媒体融合的步伐。县级融媒体中心建设从建立阶段进一步向纵深推进，创新发展要积极运用新技术，发挥新技术在媒体深度融合中的支持作用，优化改进技术支持手段，依托云计算、大数据等技术，迎合新技术带来的新机遇。5G技术因其对数据信息传达的效率、低耗能和延时性等特性极大地推动了传媒发展进程。数智时代的到来，需要融媒体中心建设者积极应对，努力学习新技术，增强大数据与复杂信息的处理能力，运用最新的5G技术创新传播内容的制作方式，提供更符合受众需求的新闻产品。县级融媒体处于高端技术壁垒化和低端技术陷阱化的双重技术困局。据调查，县级融媒体使用的技术和省级市级融媒体使用的技术存在技术代差，技术鸿沟短期内难以跨越，严重影响了县级融媒体服务功能的发挥。县级融媒体的数字化水平大多不到30%。[①] 在互联网高度发达的时代，融媒体中心要推动各部门信息资源的跨界融合，运用大数据技术分析政府各个部门服务供给和群众服务需求信息变动情况，丰富服务内容和服务方式，主动满足群众的服务需求，提升政务服务、公共服务、增值服务的质量和效率。县级融媒体不仅要善于选

---

① 刘峰，罗敦洲．智媒时代县级融媒体建设发展的制约瓶颈与应对策略［J］．出版发行研究，2021（5）：57-63.

择信息内容和推送时间，还要掌握多种新技术处理综合功能音频、视频、图像。智媒时代融媒体面临着技术革新带来的新挑战，只有了解数智时代前沿技术的特征并将其应用到融媒体传播平台，才能推进融媒体建设向“建好用强”阶段发展。

（二）县级融媒体在公共文化服务中存在的问题

在县级融媒体建设的功能设定上，“引导群众，服务群众”是最根本的定位。伴随着治理体系与治理能力现代化战略实施与推进，县域融媒体中心进一步成为“治国理政新纲领”和“基层治理技术装备”。它在功能定位方面也由最初简单的信息传播工具向融合新闻传播工具演变，成为基层治理与公共服务一体化平台等。陕西省县级融媒体中心虽然发展迅速，取得了一系列可供复制的建设经验，但是在服务功能方面仍遗留了亟待解决的难题，整体上呈高开低走的发展态势，在内涵建设上还存在问题，主要体现在以下几个方面。

1. 硬件建设高于软件建设，软硬件不匹配

县级融媒体中心的建设过程，是顶层设计的“建设意愿”与基层组织的“建设资源”之间的耦合和碰撞，这就决定了其具有浓重的顶层设计的色彩，而非社会自主构建的产物。随着中央“任务书”和“时间表”的颁布实施，各省级政府需在短期内完成县级融媒体中心物理空间与媒体设备及其他硬件匹配工作和组织构架、打通运行机制、内容生产与其他软件协同合作。地方官员为了在“竞争锦标赛”中取胜，就产生“技术至上”的错误观念，即先建立好融媒体中心大厦，以供上级检查，再搭建融媒体线上平台，完成绩效考核。这种错误做法直接导致了陕西省县级融媒体硬件建设高于软件建设、软硬不匹配的问题。县级融媒体硬件建设十分完备，高端化的电子设备、整洁美观的办公条件、视野宽阔的指挥调度中心、高素质的新闻人才、实力雄厚的技术依托等，共同构建了陕西省县级融媒体硬件框架。陕西省县级融媒体中心省级技术平台被评为2019年度全国广播电视媒体融合典型案例。但是，与硬件相匹配的软件建设却没有达到相同的高度，普遍存在软件羸弱的劣势。例如，各县区“爱系列”移动客户端

上线运营率虽然已达到100%，但实际下载量低，推广手段单一，多以奖励手段为主增加客户量，但这种推广方式的效果有限，而且还有部分用户下载后很少使用客户端，因此未能真正起到“引导群众，服务群众”的核心作用。县级融媒体的深度发展，不仅仅是“建好”的问题，更重要的是“用好”。如何抛弃“技术至上”的陈旧观念，把县级融媒体“用好”才是县级融媒体建设新阶段的难点和痛点。

2. 县级融媒体服务性不突出

当前，县级融媒体中心客户端的服务模式大致相似，都采取“新闻+政务+服务”的标准模式，这就使得县级融媒体同质化严重，普遍处于内容多原创度不高、服务功能覆盖广但服务能力有限的困境，是一个只有“壳”没有“核”的面子工程。

（1）新闻数量多综合性强，但县域针对性不强

在新闻数量方面，“爱系列”App专门设置了“新闻”专栏，可以看到不同地域的新闻，包括国际的、国内的、省级的、县级的、镇村的等，具有数量多、综合性较强的特点。但就来源看，新闻主要从《人民日报》、央视新闻、中国疾控等主流媒体的新闻搬运而来，只是跟拍领导活动，或者对其进行再加工处理，原创新闻较少，县域针对性不强。其他融媒体研究显示，信息的本县域针对性强弱影响到App的传播效果，作为县级融媒体，新闻的重心应该放在县级新闻的报道和传播，多设置县、镇、村级新闻动态，便于信息的传播。在新闻原创方面，“爱略阳”App安排得较为合理，该App的新闻板块设置了政务要闻、综合新闻、部门动态、镇村动态、七彩少年、消费扶贫6个专栏。其中，“政务要闻”板块主要是国际、国内其他省份的新闻，“综合新闻”“部门动态”和“镇村动态”主要为略阳县的县域新闻，综合来说略阳县域新闻比重较大，且原创新闻较多。而“爱杨凌”App把部分央视新闻原封不动“复制粘贴”在“杨凌头条”中，如2022年10月25日发表的《习近平在出席军队领导干部会议时强调认真学习宣传贯彻党的二十大精神奋力建军一百年奋斗目标》搬运自新华社，当日发表的另一篇《省委召开常委会（扩大）会议强调认真学习深入宣传全面贯彻党的二十大精神紧跟习近平总书记奋进中国现代化》全篇来

源于《陕西日报》。

（2）“硬新闻”为主，“软新闻”较少

根据“爱系列”App新闻文本的信息属性议题不同，我们可以将其分成党政新闻信息、综合新闻信息、经济建设类信息、社会民生信息、生活服务类信息、文化类信息、广告宣传类信息。其中，党政新闻类、综合新闻类在样本中所占比例最多，社会民生信息、生活服务信息偏少。而党政新闻、综合新闻都属于硬新闻，观众更容易第一时间在电视、广播、微信公众号等平台接收到。社会民生信息、生活服务等软新闻与人们生活息息相关，受关注度更高，受众更希望“爱系列”能为其提供相关服务。但实际上，陕西省县级融媒体中心移动客户端发布的新闻内容大部分是以央媒、省市级为主题的硬新闻，关于用户乐意观看的本地故事，如好人好事、劳动标兵、地方文化等本土化标志性事件较少，难以激发用户的归属感，不能影响当地居民“爱家乡”的意愿和行动。

（3）服务功能覆盖面广，但服务能力有限

调查发现，选取的7个样本App服务功能丰富，涉及医疗、社保、教育、生活等多种服务，最多有17种，最少也有5种。但在实际操作层面，部分功能出现未上线、查询失败、不详细显示、页面跳转等服务障碍情况。如，“爱富县”“爱绥德”“爱蓝田”“爱略阳”“爱合阳”“爱镇安”6个App在百姓问政板块中，根本无法提交诉求，并且没有错误提示信息，用户不能参与问政。“秦务员”板块中，药品目录、定点医院等6个医保服务以及法人信息、食品经营等6个其他服务，在查询过程中，出现跳转失败、空白页面、查询失败等报错。另外，还存在设计内容与实际需要衔接不上、不能完美匹配的问题。部分功能在App中不能得到应用，没能考虑到投入成本和产出效率，如服务板块的“活动”功能是空白页面，周边服务中的“地图”、特色服务中的“督查”等功能无法起到作用，造成资源浪费。

以上对新闻和服务板块的分析，反映出当前陕西省县级融媒体客户端的功能服务存在“求全而不求精”，虽然服务功能设计多元，但实际得到应用的少。现阶段，陕西省县级融媒体客户端未能正确了解自身的定位，对服务对象的需求也没能做到全面了解，功能服务更偏重于“展示”，在实际问题解决方面有所欠缺。

3. 融媒体从业人员服务意识欠缺，与新媒体结构不相符

由于任务紧急，县级融媒体中心对媒体人才的需求非常迫切，在短时间内只能从广播、电视、报纸等传统媒体合并中来，对于工作内容和运营方式也是沿用以往传统媒体的方式，与新媒体结构脱节，生产出的媒体内容也集中于政府领导层面，听不到群众的呼声。

（1）传播者本位意识严重，“用户至上”观念欠缺

县级融媒体仍具有传播者本位意识，也就是使用者被动地接收消息，媒体在传播中占据着主导地位，传播关系不够顺畅和对等，极大地影响信息内容传播效果。在新媒体时代，用户不只是接收信息，亦为信息之生成与传递者。陕西省县级融媒体中心客户端始终保持传统新闻“三多三少”的工作模式，只把“爱系列”客户端当成县级媒体信息传播的窗口，缺少对用户实际需求的调研，难以和受众产生共鸣，不利于客户端及时推进改革。另外，不完善的薪资体系、绩效考核机制以及工作激励方式，致使县级融媒体中心出现人才断层、人才流失的现象。人才断层主要是工作需要与人才结构之间的矛盾激化，传统媒体从业者多，新媒体人才少，出现“有设备不会用”的尴尬局面。与此同时，县级融媒体工作待遇有限、职业前景欠缺竞争力，导致县级融媒体在人才引进方面面临较大阻碍。而在自主培训方面，培训周期短、内容不足等问题也制约着县级融媒体中心的人才队伍建设。

（2）基层融媒体监督意识不足

在新闻工作中，舆论监督也是基层融媒体中心的服务内容之一。媒介监督是党和政府工作的重要帮手，应对社会上黑恶丑陋现象进行披露，从公正客观的视角进行报道。但县级融媒体中心不具备媒体监督的责任意识和政治担当，缺失新闻工作人员的专业素养。

4. 服务性需求表达缺乏，互动栏目回馈少

县级融媒体中心是党和人民的一座“连心桥”，在基层治理中起到沟通连接的作用，但就目前的陕西省县级融媒体中心的建设实际来看，融媒

体移动客户端并没有很好地发挥反映群众需求的作用。媒体一直作为党和政府的“喉舌”，在基层治理中“下达”的情况比较普遍，“上传”的效果有待商榷。现代治理理念强调协商民主，重视人民的地位和作用，但多数情况下政府决策都是由少数干部商议决定，再分发给人民，基层媒体俨然已经成为基层政府的“传话筒”。长此以往，人民群众的参与热情退化，民主政治变成一纸空文。县级融媒体移动客户端虽然一定程度上为民众参与民主政治提供了一些渠道，然而，由于宣传推广力度不够、人民认可度较低等，互动栏目反馈较少，很难和用户产生价值认同，而且在媒介融合的大众互动服务内容方面，平台设计仍然多偏向观赏性，无法真正解决观众问题需求，加大了观众对平台功能的不信任感，很难产生情感共振，未能实现“头部媒体”的下沉。

（三）县级融媒体助力农村公共文化服务路径

县级融媒体成为农村公共文化服务的供给主体，要占据传播领域的制高点，坚持以习近平新时代中国特色社会主义思想为指导，宣传党的理论创新成果和实践创新亮点，要做好国家政策宣传、农业技术知识推送、健康知识宣传等具体公共文化服务供给，引领文化供给内容主旋律。县级融媒体作为农村公共文化供给主体要增强对农村公共文化服务的供给深度和供给力度。

1. 树立“以人民为中心”理念，强化县级融媒体公共文化服务功能

县级融媒体文化服务功能建设和强化是基础设施建设的一部分，也是构建文化场域和信息平台的基础。县级融媒体起步于传统媒体，而传统媒体作为上层建筑，长期致力于内容生产，擅长思想引导和精神塑造，对服务功能少有涉足或缺乏了解，从业人员也缺乏社会治理视域下服务功能构建的视野和能力。这是当前融媒体中心服务功能彰显不足的主要原因。县级融媒体应树立服务思维，拓展对乡村公共文化服务的供给功能。县级融媒体中心建设的内生动力在于基层群众的根本需求。群众的文化需求推动了媒体生存和发展。群众在物质生活得到满足之后，对文化的需求越来越高，需要更具个性化，注重情感关注的文化产品。增强用户服务意识，为

群众提供高质量的公共文化服务，具有服务力的融媒体才能加强群众联系，增强用户黏性，从而实现传播力、影响力的提高，达到引导群众的目的。县级融媒体不再是县域的媒体机构而成为一个传播的节点和组织，可以更好地利用文化资源丰富、质量高、权威性强的优势，更好地满足基层群众的文化需求。

政府治理创新是当前我国加快建设创新型国家的重要组成部分，也是“互联网+政务服务”的重要目标。① 县级融媒体中心不仅将政府治理领域和范围延伸至更为广泛的社会化服务领域，使得政府治理的外延更为宽广、服务内容更加丰富、服务方式更为多样化，而且要形成政府服务跨界融合、互联互通、开放共享等方面的思维方式。县级融媒体中心建设应与时俱进，适应时代发展的特点和要求，变管控模式为服务模式，树立“以人民为中心”的理念，强化服务功能。县级融媒体中心不是各种媒体形态的简单相加和融合，是以服务基层群众的信息获取、信息服务和生产生活服务等环节更好地发挥服务功能，与基层群众的信息需求相匹配，以满足基层群众的信息需求。县域受众的信息需求具有一定的特殊性，一方面要求满足其知识信息需求，另一方面还要通过传播地域文化满足其情感需求。县级融媒体中心应该积极结合自身的特色从观念、体制机制、内容生产、传播方式等环节保持创新思维，积极利用好各种现代智媒技术、传媒渠道，创新内容生产，弘扬主旋律，呈现具有地域文化特色的内容、专业权威内容和场景化的多媒体内容。县级融媒体中心应充分发挥与群众联系最紧密的优势，成为为人民服务的传播制高点，更好地实现县级融媒体的价值功能，充分满足人民群众的信息需求，更好地契合人民对美好生活的期待。

2. 设置文化服务板块，提升服务平台质量

数字鸿沟的存在阻碍了传播有效性，由于数字共享依赖专有技术快速发展，是否拥有获取和处理信息的工具和是否擅长信息设备操作导致了数

① 黄斌．互联网推动政府治理创新变革的目标和路径［J］．西安财经大学学报，2021（1）：55-60.

字鸿沟的形成。从本质上来说，县级融媒体中心是基于移动互联技术和大数据搭建的一个网络虚拟空间。[①] 从互联网新兴传播路径上看，县级融媒体中心无法实现和受众的长效连接，尤其是从平台与社会化媒体的流量冲突上看，县级融媒体中心所推出的 App 平台用户数量增速滞缓，固有的话语体系和传播渠道使受众面临着审美疲劳，无法建立高效的传播路径，难以打通县级融媒体中心和地方受众之间的屏障，建立起与群众的有效连接，严重阻碍着县级融媒体中心服务功能的发挥。平台化、移动化、智能化、数据化是媒体融合的基本趋势，县级融媒体中心尤其要重视县域综合服务平台建设。县级融媒体中心在服务模式上，要依托基层用户，从获取地方资讯、探索当地环境、强化生活服务等方面入手，使县级融媒体成为强化基层服务、方便百姓生活服务与办事的重要平台。县级融媒体要在内容生产平台、用户数据平台和社会服务平台上充分发挥平台功能。县级融媒体综合服务平台基础薄弱，可借力中央、省级融媒体平台，借助于大数据平台信息技术，盘活基层用户数据，与当地政府、社会调查公司和大型计算机数据库相互合作，对融媒体中心的受众进行精准定位和充分挖掘。据实地调查，很多县级融媒体中心只是完成了组建，实现了“数字化”，离“数据化”还有很长的距离。县级媒体要嵌入大平台，要发展壮大获得更好的资源，就要形成广泛的社会连接，加大区域整合力度，避免融媒体中心陷入碎片化。县级融媒体中心应充分应用大数据，在综合服务平台上建立县域的大数据中心，拓展信息服务范围，成为具有独特优势的信息平台，才能在与各种自媒体的竞争中立于不败之地。

3. 贴近本土文化，传承优秀文化

县级融媒体中心应在做好基层政务新闻信息传播的同时拓展立体式服务渠道，更好地发挥县级融媒体中心的服务功能。在移动端的打造上，集结人力、物力和财力，尤其是要以打造体现集聚功能的客户端为目标，多措并举提供有吸引力的服务项目，扩大客户端下载量。县级融媒体应建立中间平台，提供外引内推的网络服务。根据乡村民众的文化需求，引入外

① 肖春飞．县级融媒体中心建设的价值观和方法论［J］．中国编辑，2019（8）：20-24.

部区域的产品和服务，再将乡村民众生产的文化产品和服务向外传播和销售。县级融媒体供给农村公共文化服务要体现本地化特色，贴近实际、贴近群众生活，传承乡村传统文化。县级融媒体应该以提高农村公共文化服务效能为目标，发挥平台的互联沟通作用，调动多元主体积极参与，发挥供给合力。根据不同乡村区位条件、文化和旅游资源禀赋的差异，探索多样化的文化供给模式，提供更符合群众需求的多样化公共文化服务和产品。县级融媒体要充分认识到在农村公共文化供给中的作用，充分发挥服务功能，探索农村居民公共文化服务需求的变化规律，依据现代信息技术，创新人才队伍培养，围绕优质文化内容生产、农村文化融合发展、农村文化产业发展等方面开拓创新，积极拓展县级融媒体赋能农村公共文化供给的实践领域，将更优秀的、更具吸引力的公共文化服务方案付诸实践。县级融媒体供给农村公共文化产品要围绕文化价值增值、优秀文化产品推送、文化志愿服务知识技术资源共享等重点领域，匹配各类文化资源数据库，搭建传播网络，将各类主体提供的文化信息资源向基层农民群众推送，强化资源的有效整合，确保农村公共文化服务供给的高质量推进，助力乡村文化振兴。

县级融媒体中心应积极履行公共文化服务职能，通过为用户提供高质量的公共文化服务增强用户黏性。县级融媒体中心应该以构筑成为农民群众精神家园、增强农民凝聚力的平台为目标，提供公共服务时要根据农村地区人员结构基本以老人、儿童和妇女为主的特点，突出对特定群体心理问题的关注，提供必要的心灵慰藉，为他们提供心理健康服务，如设立网上心理咨询室，针对留守儿童设立多种免费 AI 学习课程，给妇女提供免费瑜伽课、广场舞等视频。可以与自媒体、微信公众平台对接公益项目，如寻找丢失的老人孩子、捐赠步数助力环保等。服务功能越多，用户的黏性就越强，县域干部群众的关注度就越高。例如，邳州银杏融媒结合地方特色，拍摄了方言剧《逗是这个事》，它的社会反响较好，在抖音、快手、今日头条等平台上传播效率非常好，全网点击量超过了 2000 万。同时，方言剧中还融入了教育、政务、思想等各类话题热点，关注家庭教育、情感疏导等方面的内容，在每期 3~5 分钟的时间里，以发人深思的话题，达到教育和感染的目的，进一步提高了健康信息的普惠度，也充分满足了基层用户的信息汲取和知识传输需求。

4. 瞄准受众文化需求，提供精准化文化服务

县级融媒体中心开展服务是通过信息传播，提供符合受众要求的信息。传统媒体传播模式是传播主体决定传播内容。传统媒体在传播信息内容的选择上往往忽视受众的信息需求，不重视受众的社会阶层、心理特点、信息需求以及民族的差异，传播效果不佳。智媒时代，网络信息平台和社会化媒体纷纷入局传播领域，原有的地方媒体一家独大的传播格局被打破，县级媒体的信息传播主体地位被严重削弱，要重新获得县级媒体在本地传播区域中的主导地位需要强化服务属性和服务职能，从行政主导模式向市场主导模式转变，关键在于关注受众的信息需求。5G 技术带来的新机遇要求建立以受众信息需求为核心的信息生产和信息消费体制机制，满足受众的传播权、知情权，增强受众在信息生产和信息消费中的参与度和信任度，是县级融媒体中心服务创新的突破口，瞄准受众信息需求才能提供精准化的服务。实践中县级融媒体中心建设还和乡镇一级有距离，村民知晓率低，还不能很好地发挥服务功能。县级融媒体以本地区的社会经济发展实际为基础，建立双向互动的各项文化服务需求表达方式，及时了解本地区受众的生产生活服务需求，以利于更好地开展文化服务，为群众排忧解难，将文化服务延伸到乡镇、村一级。县级融媒体通过对县域数据的处理，集中赋能，协同调度，充分挖掘数据背后的新闻价值和传播价值，不断创新内容生产模式，提高内容信息供给的针对性和有效性。例如，根据 App 使用情况，分析终端用户的浏览、评论、转发等信息，研究其互动行为和资讯偏好的特征，利用算法模型，构建用户画像。依托平台大数据中心，获取用户数据，分析用户特点，精准提供服务。县级融媒体应该将服务坐标定位在本地，关注本地的人和事，挖掘出更接地气的信息，为县级群众和企业提供生产生活一站式服务，最终成为外界了解本地的一个窗口。调查地方群众对公共文化服务的需求，结果表明县域群众对农业技术知识、国家政策等公共文化服务有较高的需求，期待县级融媒体在解决消费维权和政府部门参与的问政服务方面提供更多的服务。

县级融媒体中心可以形成乡村治理、应急联动防控的新型方式，又能利用当地的媒体优势来畅通群众的公共文化服务需求表达，促进乡镇政府和市县文化部门的协同供给。县级融媒体中心利用具有贴近性服务功能的平台优势，立足用户智能化的基本特征，运用数据分析与算法识别等技术手段，挖掘用户核心需求与使用偏好，获取农村居民文化需求信息，准确把握基层受众的文化需求内容，提供更具针对性的文化服务形式和内容，满足不同群体的文化需求，在服务过程中内化主流舆论宣传。例如，陕西省县级融媒体中心借媒体融合发展之势，积极推进媒体中心开展文化服务活动，建设巩固基层文化宣传阵地。2019 年 4 月初，陕西广播电视台和陕西黄陵、蓝田、富县等省内 60 多家县级融媒体中心策划报道了“中华大祭祖——己亥（2019）清明公祭轩辕黄帝典礼”融媒体直播活动，形成了多个出口一个声音的全方位、广覆盖的传播矩阵，通过这种传播方式使传统文化深入人心，扩大了文化服务效果。陕西省渭南市合阳县传统文化底蕴深厚，《诗经》名篇“关雎”中有 30 多首描写的就是合阳的景物。合阳县融媒体中心利用优厚的文化资源，打造“伊尹故里，诗经合阳”的文化品牌，宣传地方传统文化。2019 年 10 月 7 日，合阳县融媒体中心策划组织了“重阳节晚会——夕阳无限好”，开展多个出口的文化传播，观看量达 15 万人次。县级融媒体中心“爱合阳”App 上线以后，策划以收集本地群众创作的诗歌和文章为主要内容的“诗意合阳”栏目，用户数量增加，充分地加强了与本地用户的互动和沟通，提高了用户的黏性。

二、发挥新时代文明实践中心文化服务功能

党的十八大以来，为了进一步加强改进基层宣传思想文化工作和精神文明建设，以习近平同志为核心的党中央做出了建设新时代文明实践中心的重大部署。新时代文明实践中心是学习宣传习近平新时代中国特色社会主义思想、宣讲党的方针政策、提升文明精神力量和社会文明程度的新载体。目前，新时代文明实践中心发挥理论宣讲、教育服务、文化服务、科技普及、健身体育等功效，打通宣传、教育、服务群众“最后一公里”，深入挖掘整理和保护抢救历史文化、民族文化、地名文化等本地文化资

源，打造乡风文明示范点，创新形式宣传展示社会主义核心价值观，打造了乡风文明墙画、家风灯笼、孝文化、敬业文化等乡风文明宣传，十分受村民和游客的欢迎。

新时代文明实践中心在现有场所的基础上进行了有效整合，充分利用现有的党群服务中心、综合性文化服务中心、文化场馆、中小学校舍、祠堂等基本公共服务资源，以及农家书屋、休闲广场等公共服务设施，实现了一个场所、多个主题、多种使用。新时代文明实践中心组建了以党政部门、社会组织和民间力量及农村党员和群众为主体的志愿服务队伍，常态化开展志愿服务活动。志愿服务活动主要包括：宣讲政策、关爱扶助以及应急救援等志愿服务，还有技能技术、农民增收、心理疏导、法律援助等志愿服务。新时代文明实践中心借助于大数据、人工智能新一代信息技术，通过线上网络平台，以“互联网+”的形式利用微博、微信、学习强国等网络平台打造了多层次、多网点的网络阵地，实现了信息互通共享。新时代文明实践中心开展活动以增强群众获得感和满足感为出发点、落脚点，为基层群众提供了丰富多样的优质的公共文化服务和产品。根据群众需求，深入了解农村、了解群众需求，精准地把优质公共文化服务产品配送到群众中。

陕西省铜川市耀州区新时代文明实践所促进乡风文明建设，推进公共文化服务的工作成效显著。耀州区新时代文明实践中心建设和乡村“复兴少年宫”被列入全国试点后，先后建成新时代文明实践中心展馆、耀州好人馆，全省首个乡村“复兴少年宫”挂牌投用，建成140个新时代文明实践所、站，打造了14个乡村“复兴少年宫”试点，乡风文明阵地建设实现了全覆盖。策划开展“五耀实践育文明党史故事百村行”新时代文明实践综合志愿服务活动，在活动中将耀·宣讲之党史宣讲、耀·朗读之红色故事朗诵等内容渗透其中，同时开展耀·传承之泥塑、面塑、剪纸、烙画展演，开展耀·振兴之科技培训，开展耀·新风之义诊等活动，文明之风遍拂镇村。

利用县级融媒体中心和新时代文明实践中心的传播平台大力开展优秀文化、传统文化的传播活动，发挥数字化技术优势，以数字技术赋能优秀传统文化的传播，用群众喜闻乐见的形式大力弘扬祖国优秀传统文化。鼓励广大农村群众创作优秀先进的文化作品，由传统的供给对象地位向供给主体转变，发挥内生力量成为优秀文化作品的创作者，增强他们的获得感和成就感。利用文化下乡、文化赶大集、文化“六进”等活动，广泛传播先进文化，占领文娱高地，用实际行动践行文化自信，巩固广大群众团结奋斗的共同思想基础，不断提升文化软实力和影响力。基层文化工作者要精准对接新时代群众文化新需求，打通公共文化服务惠及全民的“最后一公里”，立足基层，不忘初心，以乡村文化振兴为公共文化服务供给的目标，建立中国特色文化的“新舞台”，赋予乡愁文化底蕴，勇担乡村文旅融合创新发展的职责使命，让“非遗+乡村旅游+乡村产业+互联网”彰显文化的独特魅力，努力实现乡村文化全面振兴。

第七节　发展农村文化产业提高公共文化服务供给效能

文化是人类宝贵的精神财富，不仅能够滋养个人的精神世界，同时有助于提升国家综合实力。马克思主义认为，文化和经济之间存在相互贯通和相互交汇的双向作用，应该辩证地看待文化和经济的关系。① 2020 年，习近平总书记在湖南马栏山视频文创产业园考察时，指出文化产业是一个朝阳产业，其与科技的融合，既催生了新的文化业态、延伸了文化产业链，又集聚了大量创新人才。党的十九届五中全会提出“十四五”时期经济社会发展主要目标，进一步强调“社会文明程度得到新提高，公共文化服务体系和文化产业体系更加健全”，拉动经济增长。2022 年中央一号文件提出“启动实施文化产业赋能乡村振兴计划”。文化产业的发展是社会主义社会生产力发展进步的必然产物。随着我国市场经济的初步完善和现代化生产方式的不断进步，文化产业迅速发展起来，成为拉动经济增长的主要产业。在乡村振兴的战略背景下，农村文化产业是根据农村民族传统

① 郝智浩，许春玲．马克思的文化观及其现代价值意蕴［J］．人民论坛，2016（14）：182-184.

文化和当地特色文化资源，引入现代经济发展理念和产业经营概念形成的产业，能够推进文化意识渗透，实现文化大众化，具有社会和经济双重效益，是体现人类文明演进的纽带。

一、农村文化产业发展的积极作用

文化产业是利用文化资源从事文化产品生产和提供文化服务的经营性行业，是社会主义文化建设的重要组成部分。文化产业具有意识形态属性，又具有市场属性，意识属性是其本质属性。文化产业的发展要保持社会效益优先，体现社会主义先进文化的前进方向，能够推进社会主义文化大发展大繁荣。农村文化产业促进了农村经济发展，丰富了农村居民精神文化生活，促进了人的全面发展。

一是农村文化产业促进了农村经济发展及产业结构优化，是促进农村经济增长的重要产业。文化产业挖掘利用本地文化资源，通过制度创新和经营方式的创新，利用外部的各种文化资源，推动形成具有本土特色的文化产业体系。在新发展格局下，农村文化产业发展成为集教育、科技、旅游、文化为一体的产业，在后疫情时代具有推动经济高质量发展的作用。农村文化产业促进了文化消费。农村公共文化产业发展提供了大量优质的文化产品，提升了文化产品的消费能力，在满足人民精神文化需求的同时作为内需，对经济发展贡献力大。农村文化产业的发展有利于优质的文化产品数量增多、结构优化。农村文化产业促进了文化消费模式的改变。传统特色文化的宣传、推广滋生出了以民俗美食、传统工艺品为主的农村文化产品销售。农村的特色文化产品受到了城市消费者的青睐，有效地传承了传统文化和传统技艺，为乡村经济发展注入了新的动力。农村文化产业与互联网相融合形成了文化产业平台，传承了传统文化和民族文化及特色工艺品制作技术等。抖音或者快手等平台宣传了特色农产品，扩大了传播范围，运用电商带货模式促进了农民增收，展示和传播了农村特色文化，实现了农产品和传统手工艺品的销售。

二是农村文化产业的发展丰富了农村居民的精神文化生活，增强了农民的文化自信。文化产业的发展有利于培育国家文化软实力，同时也极大地满足了大众文化消费需求。文化产业具有经济和社会双重属性，在促进农村地区的经济发展让农村居民消费水平不断提升的同时，能够为农村文化发展带来一定的社会效益。农村文化产业的发展有助于提升农村文化自信，传统的文化元素与现代技术相融合，促进了现代经济发展方式在农村地区的应用，使农民形成了对于新时代经济发展的认同感，增强了农民对农村发展的自信。农村文化产业具有地域性、差异性和传承性的特点。农村地区的自然文化和人文文化资源比较丰富。对于民族文化、地方文化、民俗文化资源丰富的农村地区来说，农村文化产业兴旺可以促进农村文化资源的合理利用，为公共文化服务营造良好的文化氛围。农村文化产业发展带来了大量的外来资本参与，有效整治了乡村的生态环境，农村公共文化设施也得到了改善，促进了美丽乡村建设发展。具有特色的农村文化旅游产业充分利用了信息时代优势与“互联网+”形式，较低成本完成了农村文化产品和服务的推广和应用，增强了农村公共化服务供给的效能。

三是农村文化产业促进了人的全面发展。农村文化产业的发展扩大了享受文化权益的覆盖范围，优质的文化产品可以满足农村居民的文化需求，使农村居民精神得到陶冶，文化素质得到提升，精神文化生活质量得到提高。农村文化产业生产出大量的优秀产品，以满足城乡人民的精神文化需求，给人以精神获得感和满足感，促进了城乡融合，提升了人民的科学文化素质，促进了道德素质提升和正确价值观建立，从而促进人的全面发展。

农村文化产业的发展提升了农村经济发展整体水平，推动了产业结构的优化升级。农村文化产业聚集了农村的经济资源，以文化产业为中心延伸到各产业链，并带动其他相关产业的发展。农村文化产业发展为构建农村全新面貌，打造宜居环境，吸引更多的人才和资源向农村流动，实现乡村振兴战略目标提供了保障。

二、农村文化产业兴旺助推公共文化服务

相对于我国城市文化产业发展的程度和水平来说，农村的文化产业发

展较为落后，是文化产业发展的低洼地带，在产业化、市场化、规模化水平方面与城市文化产业发展具有很大的差距。农村地区文化市场发育不完善，文化产业发展落后，丰富的乡村文化资源被闲置浪费，没有转化成为高品质的文化产品。文化企业一般将发展目标放在城市，忽视了农村市场。农村的文化企业规模较小，缺乏科学的管理运营机制和营销能力。农村的文化品牌缺乏知名度，在市场竞争中处于弱势地位。农村文化产业发展对农村文化资源的利用率不高，不能充分整合利用开发农村丰富文化资源。农村文化产业以乡村文旅结合为主，农村文旅结合的旅游景点存在同质化现象，缺乏文化特色。地方政府将发展目标集中于更具有政绩效果的经济发展、城市建设上，缺乏支持农村文化产业发展的政策措施，对农村文化资源的开发利用不足，不能将优秀的传统文化保护和文化产品开发有机结合，农村文化产业发展滞后。为充分发挥农村文化产业助推公共文化服务作用，应注重以下几点。

（一）农村文化发展与保护

文化产业政策由自上而下转向融合设计、文化治理，发挥文化产业社会功能，并提升国家文化治理能力。农村文化产业发展要充分、科学和合理地理解农村传统文化产业化发展和保护的边界，对文化产业资源进行合理划分，对于可以进行产业化发展的资源，在现代市场经济体制和规则之下获得更多价值。对于一些不能进行产业化发展的文化资源，要建立有效的文化保护和发展机制，使文化资源获得有效的保护与传承。农村居民对文化生活的需求也逐渐增加，这也为推动文化产业发展提供了一定的动力。农村文化产业发展确保农村经济持续发展，加强农村特色文化融入文旅产业，支持地方文化产业的特色化发展，实行差异化策略，构建具有吸引力的农村文化产业，利用农村优秀的传统文化元素和丰厚的文化底蕴发展农村文化产业，满足农村经济发展的内生增长需求，从而构建具有中国特色的农村文化产业。

（二）农村文化产业利用数字信息技术

数字信息技术的普及为数字乡村建设提供了强大的技术支撑。① 数字降低了信息搜寻和信息匹配成本，农户获取信息的能力和生产经营决策的准确性得到提升，获得文化活动资源和信息数量、质量更好，节约了时间成本，提高了获取的便捷度。数字技术具有高渗透性和外部性特点，可以减少经济运行中的各种摩擦，降低交易成本，实现文化信息资源的共享和交易，可以打造更加开放的文化产业生态系统，使农村文化产业和城市文化产业之间的边界模糊，为农村和城市文化产业的融合发展提供了更加便捷的平台和有力的技术支撑。数字信息技术能够为农村文化产业发展带来规模效应和资源集聚效应，可以将农村分散的资金、技术、人才、信息等要素资源进行集聚和整合，促进农村文化产业集聚发展。依托先进的数字技术对乡村风貌精神进行记录、挖掘和展示，以多种形式如视频、音频等将乡村场景转化为动态的信息。农村具有丰富的文化资源，为农村文化产业的发展奠定了基础，要结合农村特色传统文化，打造数字创意发展新模式，与数字文化产品相结合，更新改造传统文化产业，构建出具有鲜明地域特色的农村文化产业。

（三）支持中小型文化企业向农村市场发展

中小型文化企业具有丰富的功能。一是规模通常较小。在企业治理方面更具有民主协商精神，服务基层和社区，更好地了解社会需求。二是具有一定稳定性。文化企业具有社会性和市场性，能够在公益事业领域开展创新，强化了地区的公共文化服务能力。中小型文化企业还能提供较多的工作岗位，为保障社会和谐稳定发挥重要作用。

（四）充分挖掘农村文化消费潜力

农村人口占我国总人口数约 1/3，有着广阔的文化需求和文化消费市场，尤其是在当前新冠疫情的复杂背景下，利用数字经济的强渗透性，积极推动农村地区文化产业转型升级，不仅有利于我国社会主要矛盾的解

---

① 任保平，迟克涵．数字经济支持我国实体经济高质量发展的机制与路径［J］．上海商学院学报，2022，23（1）：3-14.

决，破解发展不平衡不充分难题，同时还对培育文明乡风、推进乡村振兴战略的实施有着重要意义。一是要进一步加强农村数字网络基础设施的建设。全民共享5G技术红利，大力支持移动基站建设，加快5G网络在农村及偏远地区的推广与应用，为跨越城乡数字文化鸿沟搭建技术桥梁。推动光纤建设的不断延伸与宽带网络的全面覆盖，积极布局乡村网络体系，打通我国数字基础设施建设的“最后一公里”。二是多渠道增加农村居民收入，提升其消费购买能力。推动农村文旅服务，开发特色民俗资源，拓展农村居民收入渠道；鼓励年轻人从业于农村电商平台，推动物流快递网点建设，扩大农村就业范围；挖掘特色农产品，提升农产品附加值，不断增加农村居民人均可支配收入。在农村居民不断提高自身收入水平的同时，鼓励其增加电子产品与智能网络设备等方面的消费，改善上网硬件条件，满足其多元文化需求，农村居民可阅读网络文学与电子版书籍、观看网络体育赛事直播、享受在线教育资源等，从而激发农村数字文化消费潜力。三是向农村居民进行互联网等科学技术知识的普及。利用好各种短视频平台宣传渠道，以较为浅显易懂、易于接受的表达方式，宣传互联网发展史、大数据处理与应用、5G网络的优势等，让农村居民了解先进科技的发展历史与现状，掌握网络强国的重大战略部署背后的数字支撑与逻辑，培养农村居民数字科学素养；同时，要加强关于网络及电信诈骗的手段、危害等常识宣传，提醒人们通过正规渠道下载应用软件，学会甄别网络空间的信息，并注意保护个人及家人的隐私，增强农村居民的防骗意识，防止人们在购买网络视频账号、网络游戏皮肤等文化消费方面造成不必要的财产损失。

第八节 农村公共文化服务供给的评价和监督管理

一、农村公共文化服务效能评价

公共文化服务效能评价是依据国家基本公共文化服务指导标准以及地区公共文化服务发展实际的综合评估，在评估中强化评估结果的反馈和利用。政府可以根据评估结果，决定对地区公共文化服务专项经费的拨付以及奖惩力度，对农村公共文化服务供给的效能评估应坚持专业性、客观性和有效性，从而提高治理能力，实现公共文化服务供给的水平和质量全面提升。建立健全农村公共文化服务供给过程性评价体系，以效能作为评价标准，利用大数据对农村公共文化服务活动开展情况进行统计监测。公共文化服务供给效果评价实现透明化、便捷化，建立农村公共文化服务供给效能评价平台，根据反馈意见和评价结果适时调整供给的内容和方式，进一步提高群众的满意度和幸福感。农村公共文化服务供给以农村居民为服务对象，公共文化服务的效能以群众的满意度和参与率为评判标准。为了构建高质量的农村公共文化服务体系，相关机构的工作人员、专家学者要从提升农民满意度的视角出发，构建符合本地实际的公共文化质量体系，尤其是要将“人民群众的真实评价”作为农村居民的评价基准，通过适当增加指标权重，在服务质量、服务效果、民众满意度等方面逐步推进。

农村公共文化评估需要一个科学的评估体系，要按照综合性、系统性、以人为本、科学性的原则，兼顾硬性和软性供给两个方面。从文化民生到文化权益体现文化的跨界融合价值，评价公共文化服务效能。一方面，要关注文化发展对其他领域的贡献和带动价值，如对农业生产和农产品销售领域的引领和提升作用。在文化权益的保障方面设立文化及相关产业增加值占 GDP 比重、公共文化财政支出、有线广播电视入户率、每万人拥有“三馆一站”公用房屋建筑面积等硬性指标。另一方面，设置农村居民需求表达满意度及农村居民对公共服务满意度等软性评价指标。农村公共文化服务供给的评估体系要体现综合性、科学性和可行性，反映出农村公共文化供给在提升农村居民文化素质和促进农村经济社会发展方面的重要价值和作用。

在政府供给的层面，通过对政府公共文化服务方面的信息公开，建立科学全面的效果反馈机制，从而提升人民群众对文化服务的满意度。第一，以政府服务水平为导向，加强质量评估，构建一系列符合当地实际情况、提升农村居民文化服务质量的发展指标，增强政府提供文化服务的精准性。从财政的角度评价政府的供给质量，借助于财政转移支付、监督考核机制等方面，借鉴九年义务教育阶段的经费保障机制，进一步提高农村公共文化服务体系的改革经验。通过第三方评估等方式，建立完善的评价指标体系，确保评估的质量更加严谨和科学。第二，加强提升文化服务质量机制的建立。通过标杆机制、市场机制、全面质量管理体系、ISO 9001质量管理机制，综合计算农村地区文化服务的幸福指数。在创新村级层面的供给方式上，推进农村地区综合文化服务中心的运营机制体制，更好地发挥传统文化的资源优势，解决农村地区人民群众所面临的文化服务困境，进一步提升农民对公共文化服务的满意度。

调研中铜川市耀州区农村文化建设评价工作成效显著，其经验做法值得借鉴。建立规范化的创评体系，出台《铜川市耀州区文明村镇、文明单位创建管理办法》，修订完善2021年全区文明村镇、文明单位、文明校园创建测评指标，进一步规范了文明单位的创建管理，激发了各单位的创建积极性。现有国家级文明村（镇）4个、省级文明村（镇）3个、市级文明村（镇）32个、区级文明村（镇）25个。实施常态化创评，加强文明单位日常督查，通过召开培训工作会和约谈会、实地督查等方式，对精神文明建设工作进行培训、约谈。每月月底下发提醒函，对创建单位中网络测评得分相对滞后的予以通报提醒，及时跟进，全力督促，不断规范。

二、构建农村公共文化供给监督管理体系

农村公共文化服务供给的监管主体包括政府财政、审计、文化主管部门等内部主体以及社会组织、媒体从业者等外部主体，创新农村公共文化

服务供给监督管理机制，建立内部监督和社会化外部监督协同发展体系，推动政府监管和社会监督的良性互动和高效联动。在监管模式方面，传统监管模式是内部主体履行监管行为。文化主管部门既是农村公共文化服务的供给者，同时又是监督管理者。目前，应更加重视由外部监管主体进行监管。外部主体与公共文化服务供给主体没有直接利益关系，对服务的提供效果具有更为客观的评价。第三方机构或专家学者具有专业知识和评价能力，能够提出更具专业性的评估意见，监管更为有效。传统监管方式是政府部门到现场检查资料或听取汇报，但是，这种监管方式存在不深入、不全面、不真实的弊端。对于农村公共文化服务供给要采取日常监管和考核监督、公开监管和暗访监督、主动听取和群众反馈相结合的方式，及时听取反馈意见，提高服务水平和能力。政府部门应该建立监督平台，对开展公共文化服务活动进行监督管理，采用多种监管方式直接、全面地反映农村公共文化服务供给的状况，获取相关的数据和信息，有效解决公共文化服务供给中存在的问题，提高监管成效。农村公共文化服务供给流程包括需求、征询、产品供给、回馈，提升农村公共文化服务供给效能，实行全流程管理，精准识别需求，妥善解决农民的多元文化需求，实行精准供给并考核供给效果。产品供给中多元合作，联合供给，注重质量提升，提升公共文化服务设施质量和丰富文化活动形式。文化内涵凸显群众需求，融入传统文化精髓，重塑政府服务流程，提高服务意识，全流程追踪服务结果输出，测评服务效能，及时听取服务反馈意见，改善供给效能，实现供给和需求之间相连互通的闭环。

在农村公共文化服务供给方面，政府部门要提供全程监管，及时发现问题并处理。例如，将对农村公共文化服务供给的过程监督和结果评价有效结合，以保证服务项目按照预期目标实现，提高群众满意度。农村公共文化服务实行动态监测，把基层公共文化服务设施管护纳入公共文化服务考核指标。对在农村文化建设中做出突出贡献的农村基层公共文化场馆及文化协管员，予以表彰和奖励。对未按照规定向群众开放，未建立安全管理制度，未公示服务项目和开放时间，因管理不善造成损失，擅自改变农村基层公共文化设施的功能、用途或者挤占、挪用、出租农村基层公共文化服务的场地和设施设备的，责令限期改正；造成严重后果的，对直接负责的主管人员和其他直接责任人员依法给予处分，并移交纪检监察机关处理。

在监管主体方面，应该加强第三方的参与度。第三方参与监管可以进行满意度调查或出席专家座谈会，发表专业性意见，以为政府部门对农村公共文化服务供给的监管和评估提供参考。政府部门对公共文化服务的预算支出、购买项目的明细、提供服务项目等信息进行公开，以便接受社会、媒体和群众的监督。建立健全公共文化服务效果的跟踪反馈制度，对公共文化服务供给中的问题进行问责，保障农村居民的知情权、参与权和监督权。将农村公共文化服务活动的主体、内容、对象和程序进行信息公开，健全农村居民意愿表达机制，构建供给主体与需求主体畅通的沟通渠道。在农村公共文化服务供给方面，要引导农村居民关注农村公共文化服务供给的状况，通过宣传培养农村居民的文化权利意识，激发农民群众参与农村公共文化服务的热情，通过开展调查访谈、调查问卷等方式以及微信、微博、手机 App 等新媒体方式了解农村居民对公共文化服务供给的意见，引导农村居民在新媒体平台反馈自己对公共文化服务供给的建议，对政府的公共文化服务职能履行情况进行监督。充分发挥新闻媒体在农村公共文化服务供给方面的监督作用，新闻媒体主动关注政府在农村公共文化服务供给中政策制定及落实，报道政府对农村公共文化服务供给方面的相关内容和信息，及时向农村居民宣传和公开农村公共文化服务供给的内容和方式。新闻媒体也可以督促政府及时改进在农村公共文化服务供给中存在的问题，监督政府部门及时解决问题，以保护农村居民的文化权益。

参考文献

［1］安德鲁·米尔纳，杰夫·布劳伊特. 当代文化理论［M］. 刘超，肖雄，译. 南京：江苏人民出版社，2018：19-51.

［2］包国宪，赵晓军. 新公共治理理论及对中国公共服务绩效评估的影响［J］. 上海行政学院学报，2018，19（2）：29-42.

［3］彼得·德鲁克. 卓有成效的管理者［M］. 许是祥，译. 北京：机械工业出版社，2005.

［4］蔡武进，黄舒沁. 我国城镇居民公共文化参与的满意度状况及其回应路径：基于9省54市（县）的调研数据分析［J］. 江汉论坛，2022（6）：136-144.

［5］曹爱军，杨平. 公共文化服务的理论与实践［M］. 北京：科学出版社，2011.

［6］曹海琴，刘志宽，陈冬梅. 公共文化服务均等化与政府的责任［J］. 统计与管理，2012（6）：137-138.

［7］陈波，丁程. 中国农村居民文化参与分析与评价：基于场景理论的方法［J］. 江汉论坛，2018（7）：139-144.

［8］陈波. 公共文化空间弱化：乡村文化振兴的"软肋"［J］. 人民论坛，2018（21）：125-127.

［9］陈波. 新时代下财政支持公共文化建设的思路与路径选择［J］. 湖北社会科学，2018（10）：32-37.

［10］陈庚，崔宛. 乡村振兴中的农村居民公共文化参与：特征、影响及其优化：基于25省84个行政村的调查研究［J］. 江汉论坛，2018（11）：153-160.

［11］陈海兰. 当前中国农村文化建设的结构性缺陷及其优化研究［D］. 武汉：中共湖北省委党校，2013.

［12］陈建. 发达国家的公共文化治理模式［J］. 图书馆论坛，2019（12）：151-157.

［13］陈建. 超越结构性失灵：农村公共文化服务供给侧改革研究［J］. 图书馆建设，2017（9）：37-43.

［14］陈建. 国家与社会关系视角下我国乡村公共文化治理变迁与展望［J］. 图书馆建设，2022，314（2）：159.

［15］陈建. 以中国式现代化全面推进公共文化服务治理的基础与路径［J］. 图书馆论坛，2023，43（1）：30-39.

［16］陈世香，王余生. 基层治理现代化：社区公共文化服务的社会化研究：基于三个社区文化活动中心的比较分析［J］. 辽宁大学学报（哲学社会科学版），2017，45（4）：11-17.

［17］陈燕芽，郑永君. 公共文化供给如何改善农民生活：基于267村3445户农民调查数据的分析［J］. 图书馆，2018（4）：44-51.

［18］陈宜，王征兵. 壮大农村集体经济：实现共同富裕的实践探析——以陕西省L区为例［J］. 人文杂志，2022（9）：94-102.

［19］丛志强，黄波，段红娇，等. 乡村家庭资源共享设计研究：来自浙黔两省的乡村公共文化建设实践［J］. 装饰，2022（4）：34-41.

［20］崔丽华. 在现代化进程中铸建乡村精神家园：以农村文化礼堂建设为例［J］. 理论视野，2018（11）：68-71.

［21］范红丽，杨嘉乐，张晓慧. 社会文化组织对农村居民幸福感的影响：基于中国劳动力动态调查数据的分析［J］. 中国农村观察，2022（4）：170-184.

［22］范子艾，东晓. 地方公共文化服务效能的构成要素与影响机制研究［J］. 领导科学论坛，2020（15）：30-44.

［23］方付建. 协同治理视域下农村公共服务信息化改革研究［J］. 中南民族大学学报（人文社会科学版），2015（6）：134-138.

［24］傅才武，刘倩. 农村公共文化服务供需失衡背后的体制溯源：

以文化惠民工程为中心的调查［J］. 山东大学学报（哲学社会科学版），2020（1）：47-59.

［25］傅才武，许启彤. 基层文化单位的效率困境：供给侧结构问题还是管理技术问题：以5省10个文化站为中心的观察［J］. 山东大学学报（哲学社会科学版），2017（1）：50-59.

［26］高宏存. 从文化小康成就经验看文化强国建设路向［J］. 行政管理改革，2022（2）：15-25.

［27］高宏伟，李阳，王金桃. 新型城镇化发展的三维逻辑研究：政府、市场与社会［J］. 经济问题，2018（3）：100-105.

［28］高静，王闪闪，丁甜甜. 需求导向下农村公共文化服务供给模式研究：重庆实践［M］. 重庆：重庆大学出版社，2019.

［29］高原丽. 以文化自信自强铸就社会主义文化新辉煌［J］. 奋斗，2022（21）：31-33.

［30］巩村磊. 论当前农村公共文化服务缺失与机制构建［J］. 山东农业大学学报（社会科学版），2010（6）：16.

［31］郭际，易魁，于丽霞. 乡村文化与旅游业态的多维耦合互动机制探索［J］. 企业经济，2022（11）：134-141.

［32］郭秋玲. 乡村振兴与农村文化产业协调发展研究［J］. 农业经济，2021（11）：77-78.

［33］郭如才. "建设什么样的乡村、怎样建设乡村"的新探索：学习习近平关于实施乡村振兴战略重要论述［J］. 党的文献，2022（4）：26-32.

［34］郭晓勇，张静，杨鹏. 党建引领乡村治理：生成逻辑、价值旨归与优化向度［J］. 西北农林科技大学学报（社会科学版），2022，22（5）：1-9.

［35］何爱萍，张志敏. 马克思主义经济学与西方经济学的比较研究［M］. 北京：中国经济出版社，2012.

［36］胡鞍钢，周绍杰. 2035中国：迈向共同富裕［J］. 北京工业大学学报（社会科学版），2022，22（1）：1-22.

［37］胡守勇．农村公共文化产品和服务供给研究综述［J］．河南大学学报（社会科学版），2014（2）：74-81，95.

［38］胡运哲．打通农村公共文化服务的“最后一公里”［J］．人民论坛，2020（1）：54-55.

［39］黄碧蓉．改革开放以来中国共产党农村文化建设的主要经验及启示［C］//中国国际共运史学会 2019 年年会暨学术研讨会论文集，2019：40-52.

［40］黄雪丽．我国农村公共文化服务“悬浮化”的阐释：基于历史制度主义的分析视角［J］．图书馆论坛，2018（2）：29-35.

［41］霍明，赵伟，张复宏．社区信息化与农村社区协同治理研究［J］．情报杂志，2016，35（5）：173-179.

［42］纪东东，文立杰．公共文化服务供给侧结构性改革研究［J］．江汉论坛，2017（11）：24-29.

［43］蒋曼曼．乡村公共文化服务人才现状与建议：以浙江 475 名乡镇文化员调研为例［J］．安徽农业科学，2022，50（10）：256-258，274.

［44］杰夫·布劳伊特，安德鲁·米尔纳．当代文化理论［M］．刘超，肖雄，译．南京：江苏人民出版社，2018：13-16，28.

［45］金栋昌，韦东增，徐梦真．以学科交叉融合促进公共文化服务高质量发展：第二届“公共文化服务高质量发展与交叉学科创新论坛”综述［J］．图书馆论坛，2022（7）：1-6.

［46］金晓彤，左晓萌，赵雨柔．我国民间资本与农村文化产业融合发展研究：乡村振兴战略背景下的内在逻辑、现实困境与推进路径［J］．延边大学学报（社会科学版），2020，53（6）：73-79，141-142.

［47］克鲁克洪．文化与个人［M］．高佳，译．杭州：浙江人民出版社，1986：6.

［48］李丹，刘雅琼．论标准化工作与基层图书馆的可持续发展［J］．图书情报工作，2012（21）：11-15，9.

［49］李凤亮，刘晓菲．新发展格局中的文化消费走向［J］．山东社会科学，2022（6）：171-180.

[50] 李国新. 完善农村公共文化服务政府购买政策与机制 [J]. 行政管理改革, 2019 (5): 24-26.

[51] 李灏哲, 李海金. 县域治理中的地方社会精英: 基于D县的参与式观察 [J]. 西北农林科技大学学报 (社会科学版), 2022, 22 (5): 42-51.

[52] 李佳, 陈炼. 农村公共文化产品供给研究 [M]. 北京: 人民出版社, 2020.

[53] 李金龙, 刘巧兰. 话语赋权: 农村公共文化服务高质量供给的基本保障 [J]. 图书馆建设, 2018 (10): 23-31.

[54] 李静晨, 牛贵杰. 河南省农村文化产业发展路径探析 [J]. 河南农业, 2020 (10): 25-26.

[55] 李璐. 乡村振兴视域下乡村文化建设路径研究: 以陕西宝鸡千阳县为例 [J]. 智慧农业导刊, 2022, 2 (20): 120-122.

[56] 李少惠, 韩慧. 西部农村公共文化服务供给效率及收敛性分析 [J]. 深圳大学学报 (人文社会科学版), 2020, 37 (6): 54-63.

[57] 李少惠, 王苗. 农村公共文化服务供给社会化的模式构建 [J]. 国家行政学院学报, 2010 (2): 46-47.

[58] 李少惠, 余君萍. 公共治理视野下我国农村公共文化服务绩效评估研究 [J]. 图书与情报, 2009 (6): 51-54.

[59] 李少惠, 赵军义. 农村居民公共文化服务弱参与的行动逻辑: 基于经典扎根理论的探索性研究 [J]. 图书与情报, 2019 (4): 84-91.

[60] 李秀敏. 学术期刊文献中的公共文化服务研究热点 (2007—2018年) [J]. 图书馆建设, 2019 (5): 13-20.

[61] 李燕凌, 朴鑫宇, 李慧. 基于"互联网+"的京津冀农村公共文化服务供给模式研究 [J]. 产业与科技论坛, 2020 (2): 2.

[62] 李志, 毛惠玉. 贫困地区农村文化建设的居民满意度及提升对策探讨: 基于重庆市的调查研究 [J]. 重庆工商大学学报 (社会科学版), 2020, 37 (1): 87-98.

[63] 廖小丹, 吴艳东. 中国式现代化新道路视域下人的精神利益实

现探析［J］. 理论导刊，2022（9）：85-91.

［64］廖晓明，徐海晴. 新时代农村公共文化服务供需问题探析［J］. 长白学刊，2019（1）：149-155.

［65］刘红. 乡村振兴背景下农村公共文化服务体系建设研究［J］. 社会科学战线，2022（3）：255-259.

［66］刘力，阮荣平. 农村公共文化需求排序及其影响因素研究［J］. 图书馆，2019（5）：57-62.

［67］刘熙瑞，段龙飞. 服务型政府：本质及其理论基础［J］. 国家行政学院学报，2004（5）：25-29.

［68］刘宇，何小芊. 农村公共文化服务的"效率困境"问题剖析：基于乡镇文化站的考察［J］. 地域研究与开发，2022，41（2）：127-132.

［69］刘玉堂，李少多. 论新乡贤在农村公共文化服务体系建设中的功能：基于农村公共文化服务供需现状［J］. 理论月刊，2019（4）：125-131.

［70］刘作翔. 从文化概念到法律文化概念——"法律文化"：一个新文化概念的取得及其"合法性"［J］. 法律科学（西北政法学院学报），1998（2）：10-19.

［71］卢瑶. 马克思主义公共产品理论视域下的生态环境损害赔偿研究［D］. 武汉：华中科技大学，2018.

［72］罗嗣亮. 乡村文化振兴要处理好五对关系：基于习近平相关重要论述的分析［J］. 党的文献，2021（6）：48-53.

［73］罗云川，李彤. 公共文化资源共享治理策略探析［J］. 图书馆工作与研究，2016（4）：28-32.

［74］罗哲，唐迩丹. 农村公共文化服务的结构转型：从"城市文化下乡"到"乡村文化振兴"［J］. 四川师范大学学报（社会科学版），2019，46（5）：129-135.

［75］马梧桐，张世颖. 数字图书馆用户信息需求影响因素研究［J］. 情报科学，2016，34（12）：92-96，107.

［76］马骁. 农村文化建设与乡村振兴的双向互动［J］. 人民论坛，

2019（5）：134-135.

［77］马永全. 论乡村教师作为乡村公共服务人才［J］. 教师教育研究，2022，34（3）：27-32.

［78］苗美娟. 地方公共文化服务保障立法研究：以北京市为例［J］. 图书情报工作，2022，66（3）：36-44.

［79］彭益民. 构建农村公共文化服务评估指标体系的探讨［J］. 武陵学刊，2015，40（5）：48-55.

［80］邱星，董帅兵. 新时代的乡愁与乡村振兴［J］. 西北农林科技大学学报（社会科学版），2022，22（3）：11-22.

［81］任鹏飞. 农村公共文化服务第三方评估研究：理论溯源、功能审视与实践反思［J］. 图书馆建设，2018（11）：17-22.

［82］任倩. 习近平关于农村公共文化服务建设的重要论述研究［D］. 成都：西华大学，2021.

［83］萨瓦斯. 民营化与公私部门的伙伴关系［M］. 周志忍，等，译. 北京：中国人民大学出版社，2002：5.

［84］邵明华，刘鹏. 数字赋能农村公共文化服务高质量供给：价值意蕴、动力机制与路径创新［J］. 图书馆论坛，2023（1）：1-9.

［85］圣章红. 中国公共文化服务体系的现代性解读与建设路径［J］. 湖北大学学报（哲学社会科学版），2016，43（4）：137-142.

［86］石亚军，高红. 政府职能转移与购买公共服务关系辨析［J］. 中国行政管理，2017（3）：11-14，156.

［87］时伟. 大学生融入乡村文化建设的有效路径［J］. 人民论坛，2022（Z1）：120-122.

［88］宋晓玲，贾旭东. 农村文化资源的活用及其模式［J］. 江苏行政学院学报，2019（5）：31-37.

［89］宋元武，徐双敏. 国外农村公共文化服务供给实践与经验借鉴［J］. 学习与实践，2016（11）：115-122.

［90］孙静. 马克思主义文化观引领农村文化建设的价值与路径［J］. 沈阳农业大学学报（社会科学版），2020，22（5）：583-587.

［91］孙娜．乡村振兴背景下核心价值观大众化路径研究［J］．农村经济与科技，2022，33（10）：236-239.

［92］孙云倩．农村文化礼堂"图书馆+"建设模式探析［J］．图书馆研究与工作，2021（9）：16-20，43.

［93］唐丹丹，郑永君．农家书屋政策执行的"内卷化"困境：基于全国267个村庄4078户农民的分析［J］．图书馆建设，2020（1）：159-169.

［94］唐皇凤，吴昌杰．构建网络化治理模式：新时代我国基本公共服务供给机制的优化路径［J］．河南社会科学，2018，26（9）：7-14.

［95］唐鸣，陈鹏．网络化治理背景下社区公共服务供给探究［J］．新疆师范大学学报（哲学社会科学版），2017，38（3）：82-88.

［96］陶俊，杨敏红．农村公共文化服务体系与乡村旅游的融合发展：以浙江德清总分馆改革为例［J］．图书馆论坛，2022，42（2）：45-55.

［97］田野，袁祖社．大数据发展中的文化遗失与找寻［J］．人文杂志，2022（10）：55-62.

［98］王丹利，陆铭．农村公共品提供：社会与政府的互补机制［J］．经济研究，2020（9）：155-173.

［99］王焕伟．激发社会力量活力参与公共文化建设［N］．中国文化报，2018-04-04（03）.

［100］王军伟，杨太康．农村公共文化服务供需矛盾分析：以西安为例［J］．西安财经学院学报，2017，30（5）：78-82.

［101］王君，侯晓斌．旅游经济学视阈下对公共文化服务的思考：基于供需矛盾与实现路径［J］．经济问题，2022（11）：90-95.

［102］王平，李舒杨．公共文化研究：从概念出发［J］．图书馆论坛，2022，42（5）：79-85.

［103］王瑞光．乡村文化振兴与非物质文化遗产的价值呈现［J］．济南大学学报（社会科学版），2021，31（2）：37-43，158.

［104］王世龙，谢梅．农村地区文化需求差异性研究：以成都地区为例［J］．农村经济，2014（9）：113-117.

［105］王雪丽，王瑞文．基层公共文化服务效能困境：成因与破局——

基于“三圈理论”的阐释［J］. 图书馆工作与研究，2020（2）：19–28.

［106］王彦. 农村公共服务供给中的村民参与：供给过程与服务类型的二元分析［J］. 求实，2017（1）：77–86.

［107］王杨. 从脱轨到耦合：公共文化服务供给的价值诉求［J］. 求实，2019（6）：54–66，109.

［108］王滢涛. 公共文化治理：理念、模式与实践路向［J］. 图书馆杂志，2022（12）：1–11.

［109］魏浩天，魏宪朝. 需求侧视阈下农村公共文化服务精准供给的实践路径［J］. 安徽农业科学，2022，50（15）：241–243，246.

［110］文吉昌，薄海. 习近平关于中华优秀传统文化重要论述的逻辑理路［J］. 理论导刊，2022（10）：4–10，40.

［111］文军，刘雨航. 面向不确定性的乡村数字化建设及其实践启示［J］. 西北农林科技大学学报（社会科学版），2022，22（5）：62–71.

［112］闻言. 深入实施乡村振兴战略谱写“三农”发展新篇章：学习《习近平关于“三农”工作论述摘编》［J］. 上海农村经济，2019（8）:4–9.

［113］吴理财，解胜利. 中国公共文化服务体系建设40年：理念演进、逻辑变迁、实践成效与发展方向［J］. 上海行政学院学报，2019（5）：100–111.

［114］吴理财. 以财政标准化投入推进农村公共文化服务均等化发展［J］. 行政管理改革，2019（5）：33–36.

［115］习近平. 高举中国特色社会主义伟大旗帜 为全面建设社会主义现代化国家而团结奋斗：在中国共产党第二十次全国代表大会上的报告［J］. 中华人民共和国国务院公报，2022（30）：4–27.

［116］习近平. 全面加强知识产权保护工作 激发创新活力推动构建新发展格局［J］. 求是，2021（3）：13.

［117］肖会敏，任亚丹，高丽萍. 数字图书馆服务质量影响因素分析［J］. 数学的实践与认识，2017，47（16）：290–295.

［118］徐海晴. 新时代农村公共文化服务供需失衡问题研究［D］. 南昌：南昌大学，2019.

［119］徐秦法，刘星亮. 新时代乡村文化建设的需求转向与实践策略［J］. 中国行政管理，2021（4）：65-69.

［120］徐双敏，宋元武. 当前农村公共文化服务供需契合状况实证研究［J］. 学习与实践，2015（5）：67-75.

［121］徐勇. 乡村文化振兴与文化供给侧改革［J］. 东南学术，2018（5）：132-137.

［122］许波荣. 新型乡村软治理的逻辑理路、再造困境与优化路径［J］. 理论导刊，2022（8）：77-83.

［123］许丹. 中国农村公共文化服务制度创新动力分析：基于理性选择制度主义的考察［J］. 行政论坛，2021，28（2）：90-98.

［124］许小玲. 韧性治理视域下农村贫困地区乡村振兴实践路径研究［J］. 理论月刊，2021（7）：59-65.

［125］许源源，邓敏. 农村公共文化服务供给中新乡贤的作用研究：一个"双层认同与行动模型"的分析框架［J］. 东北大学学报（社会科学版），2021，23（2）：48-55.

［126］薛宝贵，刘志祯. 收入分配视角下消费驱动型经济的构建［J］. 改革与战略，2022，38（1）：117-128.

［127］闫小斌，段小虎，贾守军，等. 超越结构性失衡：农村公共文化服务供给驱动与需求引导的结合［J］. 图书馆论坛，2018，38（6）：31-36.

［128］闫小斌. 启蒙：农村公共文化服务之初始价值与使命［J］. 图书馆建设，2018（5）：8-12.

［129］严火其，刘畅. 乡村文化振兴：基层软治理与公共性建构的契合逻辑［J］. 河南师范大学学报（哲学社会科学版），2019（2）：46-51.

［130］燕响. 我国农村公共文化服务存在的问题与对策研究［D］. 哈尔滨：黑龙江大学，2020.

［131］杨逢银. 需求导向型农村社区服务网络化供给模式研究：基于浙江舟山"网格化管理、组团式服务"的分析［J］. 浙江学刊，2014（1）：209-216.

[132] 杨林，杨广勇. 基本公共文化服务供给质量评价及其改进：来自山东省的实践 [J]. 山东社会科学，2020 (2)：105-111.

[133] 游祥斌，杨薇，郭昱青. 需求视角下的农村公共文化服务体系建设研究：基于H省B市的调查 [J]. 中国行政管理，2013 (7)：6.

[134] 余敏，完颜邓邓. 公共数字文化服务需求影响因素研究 [J]. 图书馆，2020 (3)：14-20.

[135] 俞雅乖. 农村公共服务供给：模式创新与城乡均等化 [M]. 北京：中国人民大学出版社，2014.

[136] 袁锐. 农村公共文化服务的供需失衡难题何解 [J]. 人民论坛，2019 (14)：138-139.

[137] 曾凡军，韦彬. 整体性治理：服务型政府的治理逻辑 [J]. 广东行政学院学报，2010 (1)：23.

[138] 张婵娟，尚虎平. 农村基本公共服务“过犹不及”诱致的逆向不均等：面向东中西部24个乡村的实证探索 [J]. 行政论坛，2020，27 (6)：146-153.

[139] 张红萍. 用户需求对图书馆文献资源建设、管理与服务促进机制：基于扎根理论的研究 [J]. 农业图书情报学报，2022 (9)：95-103.

[140] 张洁钰，廖小琴. 融媒体时代青年意识形态认同形塑：逻辑、方法与机制 [J]. 理论导刊，2022 (6)：56-62.

[141] 张梅梅，陈建. 农村公共文化服务研究热点与趋势：基于CiteSpace的可视化分析 [J]. 安徽行政学院学报，2022 (2)：37-45.

[142] 张明海. 论新时代文明实践中心的功能及其拓展 [J]. 理论视野，2021 (12)：46-52.

[143] 张鹏，杨涛，刘艳娜. 新时代全民健身促进乡风文明建设的发展路径研究 [J]. 沈阳体育学院学报，2021，40 (5)：76-81，89.

[144] 张青. 农村公共文化服务需求表达流程设计 [J]. 北京行政学院学报，2017 (3)：41-47.

[145] 张世定. 改革开放以来中国共产党乡村文化建设研究 [D]. 兰州：兰州大学，2019.

［146］张晓明，李河. 公共文化服务：理论和实践含义的探索［J］. 出版发行研究，2008（3）：5-8.

［147］张振鹏. 公共文化产品服务供给数字化运营机制［J］. 山东社会科学，2022（2）：84-92.

［148］张志胜. 农村公共文化服务的农民自主供给［J］. 科学社会主义，2016（5）：79-84.

［149］赵东. 乡村振兴中特色文化产业链构建及其实践［J］. 学术交流，2021（7）：130-140.

［150］赵军义，李少惠，朱侃. 公共文化服务研究的主要视角及重点关切［J］. 图书馆，2019（7）：50-56，78.

［151］赵雪，李紫烨. 文化哲学视阈内文化强国战略的意识形态逻辑［J］. 理论导刊，2022（8）：122-127.

［152］赵友华，张慧敏. 公共文化服务效能提升的智能图景与现实逻辑［J］. 图书馆，2020（3）：1-6.

［153］甄惠. 提升农村公共文化服务水平需“精准滴灌”［J］. 人民论坛，2019（32）：138-139.

［154］钟卓良，韦少雄. 高效能型乡村治理：生成机理、现实困境与实现路径［J］. 理论导刊，2022（10）：81-88.

［155］周鸿雁. 我国公共文化服务供给侧存在的问题及对策：从公众评价的视角［J］. 华中科技大学学报（社会科学版），2016（6）：21-27.

［156］周三多，陈传明，贾良定. 管理学：原理与方法［M］. 上海：复旦大学出版社，2014.

［157］朱旭光，王莹. 公共文化服务绩效评估体系研究：基本框架与政策建议［J］. 中国出版，2016（21）：29-32.

［158］庄锡昌，等. 多维视野中的文化理论［M］. 杭州：浙江人民出版社，1987：1.

［159］左兰. 农村公共文化供需矛盾何解［J］. 人民论坛，2019（7）：140-141.

［160］GURI A I，OSUMANU I K，BONYE S Z. Eco-cultural tourism

development in Ghana: Potentials and expected benefits in the Lawra municipality [J]. Journal of Tourism and Cultural Change, 2021, 19 (4): 458-476.

[161] MCNEELY J A. Today's protected areas: Supporting a more sustainable future for humanity [J]. Integrative Zoology, 2020, 15 (6): 603-616.

[162] REAL B, BERTOT J C, JAEGER P T. Rural public libraries and digital inclusion: Issues and challenges [J]. Information Technology & Libraries, 2014, 33 (1): 6-24.

[163] TULIMIERO M, GARCIA M, RODRIGUEZ M, et al. Overcoming barriers to health care access in rural Latino communities: An innovative model in the Eastern Coachella Valley [J]. The Journal of Rural Health, 2021, 37 (3): 635-644.

[164] WANG B. Research review on accessibility and equalization of public cultural services in Chinese rural areas [J]. Pacific International Journal, 2022, 5 (2).

附录　农村公共文化服务需求问卷

问卷编号：　　调研时间：　　调研地点：　　调查员：

农村公共文化服务需求问卷

尊敬的女士/先生：

您好！我们是“农村公共文化服务供给改革研究——基于供需视域”课题组，此次调研是为了了解农村地区公共文化的供给现状及群众对公共文化的需求情况，从而为完善农村地区的公共文化供给提供参考。本问卷采取不记名方式，个人基本情况信息我们会严格保密，只作资料收集和分析之用，问卷中的问题填答没有对错之分，只需按照实际情况填写即可。谢谢！

（1、2两题可以由调查者直接填写）

1. 您居住的地方属于：

（1）城区　（2）乡镇　（3）农村　（4）其他（请注明________）

2. 居住的社区类型：

（1）农村　（2）城中村及老城区　（3）单位社区或保障性住房社区　（4）普通商品房小区　（5）其他（请注明________）

3. 您的性别是：

（1）男　（2）女

4. 您现在的年龄是：

（1）0~18岁　（2）19~25岁　（3）26~45岁　（4）46~65岁　（5）66岁及以上

5. 您的最后学历为：

(1) 小学及以下　(2) 初中　(3) 高中或中专　(4) 大专　(5) 大学本科及以上

6. 您认为您目前的健康状况：

(1) 非常差　(2) 比较差　(3) 一般　(4) 比较好　(5) 非常好

7. 您家的家庭经济状况在所在地（村或社区）属于哪一档？

(1) 远低于平均水平　(2) 低于平均水平　(3) 平均水平

(4) 高于平均水平　(5) 远高于平均水平

8. 您感觉您所在的村/社区经济水平如何？

(1) 很差　(2) 比较差　(3) 一般　(4) 比较好　(5) 很好

9. 您平时做以下活动的频率是：

活动内容	频率
看书/报纸/杂志	(1) 从来没有　(2) 一年不到1次　(3) 一年1~2次　(4) 一年几次　(5) 大概一月1次　(6) 一月2~3次　(7) 差不多每周都有　(8) 一周几次　(9) 几乎每天
看电视	(1) 从来没有　(2) 一年不到1次　(3) 一年1~2次　(4) 一年几次　(5) 大概一月1次　(6) 一月2~3次　(7) 差不多每周都有　(8) 一周几次　(9) 几乎每天
出去看电影	(1) 从来没有　(2) 一年不到1次　(3) 一年1~2次　(4) 一年几次　(5) 大概一月1次　(6) 一月2~3次　(7) 差不多每周都有　(8) 一周几次　(9) 几乎每天
听/观看戏曲等	(1) 从来没有　(2) 一年不到1次　(3) 一年1~2次　(4) 一年几次　(5) 大概一月1次　(6) 一月2~3次　(7) 差不多每周都有　(8) 一周几次　(9) 几乎每天
跳广场舞	(1) 从来没有　(2) 一年不到1次　(3) 一年1~2次　(4) 一年几次　(5) 大概一月1次　(6) 一月2~3次　(7) 差不多每周都有　(8) 一周几次　(9) 几乎每天
学习农业技能	(1) 从来没有　(2) 一年不到1次　(3) 一年1~2次　(4) 一年几次　(5) 大概一月1次　(6) 一月2~3次　(7) 差不多每周都有　(8) 一周几次　(9) 几乎每天

续表

活动内容	频率
学习健康知识	(1) 从来没有　(2) 一年不到 1 次　(3) 一年 1~2 次　(4) 一年几次　(5) 大概一月 1 次　(6) 一月 2~3 次　(7) 差不多每周都有　(8) 一周几次　(9) 几乎每天
学习外出务工技能	(1) 从来没有　(2) 一年不到 1 次　(3) 一年 1~2 次　(4) 一年几次　(5) 大概一月 1 次　(6) 一月 2~3 次　(7) 差不多每周都有　(8) 一周几次　(9) 几乎每天
其他	(请注明____________)

10. 过去一年，您对以下事物的使用情况（活动的参与情况）是：

	从不	很少	有时	经常	非常频繁
报纸	1	2	3	4	5
杂志	1	2	3	4	5
广播	1	2	3	4	5
电视	1	2	3	4	5
互联网（含手机上网）	1	2	3	4	5
社区/村镇宣传栏	1	2	3	4	5
当地组织的文化宣传	1	2	3	4	5

11. 您所在的村/社区是否举办过以下公共文化活动（包括宣传栏、集体组织等形式），以及频率如何？

	没有举办过	很少举办	有时举办	经常举办
放电影	1	2	3	4
文艺演出	1	2	3	4
组织群众歌舞活动	1	2	3	4
农业技术知识培训	1	2	3	4
进行外出就业指导	1	2	3	4
花会、灯会、庙会活动	1	2	3	4
健康知识宣传	1	2	3	4
国家政策宣传	1	2	3	4
儿童早期阅读	1	2	3	4

12. 您是否参加过以下公共文化活动？以及频率如何？

	没有参加过	很少参加	有时参加	经常参加
放电影	1	2	3	4
文艺演出	1	2	3	4
组织群众歌舞活动	1	2	3	4
农业技术知识培训	1	2	3	4
进行外出就业指导	1	2	3	4
花会、灯会、庙会活动	1	2	3	4
健康知识宣传	1	2	3	4
国家政策宣传	1	2	3	4
儿童早期阅读	1	2	3	4

13. 您对您所参加的以下公共文化活动满意度如何？（没有参加过不填）

	非常不满意	比较不满意	一般	比较满意	非常满意	没有参加过
放电影	1	2	3	4	5	0
文艺演出	1	2	3	4	5	0
组织群众歌舞活动	1	2	3	4	5	0
农业技术知识培训	1	2	3	4	5	0
进行外出就业指导	1	2	3	4	5	0
花会、灯会、庙会活动	1	2	3	4	5	0
健康知识宣传	1	2	3	4	5	0
国家政策宣传	1	2	3	4	5	0
儿童早期阅读	1	2	3	4	5	0

14. 您所在的村/社区是否拥有以下公共文化服务设施？

	没有	有		没有	有
体育场地	0	1	老年活动中心	0	1
图书馆	0	1	政策或其他知识宣传栏	0	1
公共网吧	0	1	无线网络	0	1
有线数字电视	0	1	其他（请注明）		

15. 您是否使用过以下公共文化设施？以及频率如何？

	没有使用过	很少使用	有时使用	经常使用
体育场地	1	2	3	4
图书馆	1	2	3	4
老年活动中心	1	2	3	4
政策或其他知识宣传栏	1	2	3	4
公共网吧	1	2	3	4
无线网络	1	2	3	4
有线数字电视	1	2	3	4

16. 您对您所使用的以下公共文化设施满意度如何？（没有使用过不填）

	非常不满意	比较不满意	一般	比较满意	非常满意	没有使用过
体育场地	1	2	3	4	5	0
图书馆	1	2	3	4	5	0
老年活动中心	1	2	3	4	5	0
政策或其他知识宣传栏	1	2	3	4	5	0
公共网吧	1	2	3	4	5	0
无线网络	1	2	3	4	5	0
有线数字电视	1	2	3	4	5	0

17. 您所在的村/社区有没有反映公共文化需求的渠道（如对不满意的服务或设施的意见，想获得更多的公共文化服务/设施等）？

（1）有 （2）没有 （3）不知道

18. 您自己或者周围人有没有过反映自己公共文化需求的经历？

（1）有过（答20题、21题） （2）没有（跳答22题）

19. 您自己或周围人是什么原因反映自己的公共文化需求？

（1）公共文化服务设施的质量问题 （2）对公共文化服务内容不满意 （3）想获得更多（更高质量）的公共文化设施 （4）想获得更多（更高质量）的公共文化服务 （5）其他（请注明）________

20. 您自己或周围人对公共文化需求的处理结果是否满意？

（1）非常不满意　（2）比较不满意　（3）一般　（4）比较满意　（5）非常满意

21. 您自己或周围人为什么没有过反映自己公共文化需求的经历？

（1）没有遇到过类似需求　（2）不知道渠道

（3）知道渠道但不想反映　（4）对结果不满意

22. 您觉得目前政府提供的公共文化资源是否充足？

（1）非常充足　（2）比较充足　（3）一般　（4）不太充足　（5）非常不充足

23. 您觉得目前公共文化资源在我国不同地区间（如本县/市/省和外县/市/省等）的分配是否均衡？

（1）非常不均衡　（2）不太均衡　（3）一般　（4）比较均衡　（5）非常均衡

24. 您觉得目前公共文化资源在我国城乡间（如本县/市/省和外县/市/省等）的分配是否均衡？

（1）非常不均衡　（2）不太均衡　（3）一般　（4）比较均衡　（5）非常均衡

25. 您觉得目前获得公共文化服务是否方便？

（1）非常不方便　（2）不太方便　（3）一般　（4）比较方便　（5）非常方便

26. 综合考虑各个方面，您对于当前公共文化服务的总体满意度如何？如果 0 分代表完全不满意，10 分代表完全满意，您给打（　）分？

27. 您认为您周围的公共文化存在哪些问题？（选出最重要的 1~5 项）

（1）文化服务种类少　（2）文化服务频率低　（3）文化服务质量不高　（4）文化服务与自己的需求不匹配　（5）文化设施种类少　（6）文化设施数量太少（7）文化设施质量不高　（8）文化设施不能满足自己的需求　（9）无法向管理部门表达自己的文化需求　（10）其他（请注明）________

28. 您对以下公共文化服务的内容需求程度如何？

	一点儿也不需要	不太需要	一般	比较需要	非常需要	无所谓
放电影	1	2	3	4	5	0
文艺演出	1	2	3	4	5	0
组织群众歌舞活动	1	2	3	4	5	0
农业技术知识培训	1	2	3	4	5	0
进行外出就业指导	1	2	3	4	5	0
花会、灯会、庙会活动	1	2	3	4	5	0
健康知识宣传	1	2	3	4	5	0
国家政策宣传	1	2	3	4	5	0
儿童早期阅读	1	2	3	4	5	0

29. 您对以下公共文化设施需求程度如何？

	一点儿也不需要	不太需要	一般	比较需要	非常需要	无所谓
体育场地	1	2	3	4	5	0
图书馆	1	2	3	4	5	0
老年活动中心	1	2	3	4	5	0
政策或其他知识宣传栏	1	2	3	4	5	0
公共网吧	1	2	3	4	5	0
无线网络	1	2	3	4	5	0
有线数字电视	1	2	3	4	5	0

30. 总体来看，您目前的公共文化需求（或者说政府应如何完善公共文化服务）主要集中在？（选出最重要的2~3项）

（1）提高公共文化的种类　（2）增加提供公共文化的次数

（3）提高所提供的公共文化的质量　（4）扩大公共文化设施的种类

（5）增加公共文化设施的数量　（6）提高所提供的公共文化设施的质量　（7）完善民众对公共文化的意见反映

31. 您对公共文化服务还有什么想法？请写在以下空白处。

问卷至此结束，衷心感谢您的参与！